首批国家级线上一流课程配套教材
云南省普通高等学校"十二五"规划教材
高等院校经济管理类专业"互联网+"创新规划教材

东南亚南亚商务环境概论

（第3版）

主编 韩越

Introduction to Southeast Asia and South Asia Business Environment

内容简介

本书共 22 章，分为东南亚国家商务环境和南亚国家商务环境两大部分。每个部分包括区域商务环境特点、区域经济一体化和国别商务环境特点。国别商务环境包括简史和自然、政治、经济、社会、文化、商业。

本书是首批国家级一流线上金课"东南亚南亚商务"的配套教材，内容按照"区域+国别"知识体系编写，是数字化新型教材，为读者提供 MOOC 视频、课件等丰富的教学资源。

本书具有很强的针对性和实用性，不仅适合作为高校教材，也适合作为面向东南亚南亚开展区域经贸合作的政府、企业人员的培训教材。

图书在版编目(CIP)数据

东南亚南亚商务环境概论/韩越主编. —3 版. —北京： 北京大学出版社，2023.1
高等院校经济管理类专业"互联网+"创新规划教材
ISBN 978-7-301-33199-6

Ⅰ. ①东… Ⅱ. ①韩… Ⅲ. ①国际商务—经济环境—东南亚—高等学校—教材 ②国际商务—经济环境—南亚—高等学校—教材 Ⅳ. ①F733

中国版本图书馆 CIP 数据核字(2022)第 139271 号

书　　　名	东南亚南亚商务环境概论（第 3 版） DONGNANYA NANYA SHANGWU HUANJING GAILUN (DI-SAN BAN)
著作责任者	韩　越　主编
策 划 编 辑	王显超
责 任 编 辑	张　越　李娉婷
数 字 编 辑	金常伟
标 准 书 号	ISBN 978-7-301-33199-6
出 版 发 行	北京大学出版社
地　　　址	北京市海淀区成府路 205 号　100871
网　　　址	http://www.pup.cn　新浪微博：@北京大学出版社
电 子 邮 箱	编辑部 pup6@pup.cn　总编室 zpup@pup.cn
电　　　话	邮购部 010-62752015　发行部 010-62750672　编辑部 010-62750667
印 刷 者	北京溢漾印刷有限公司
经 销 者	新华书店
	787 毫米×1092 毫米　16 开本　16.5 印张　381 千字 2010 年 2 月第 1 版 2015 年 6 月第 2 版 2023 年 1 月第 3 版　2024 年 1 月第 2 次印刷
定　　　价	52.00 元

未经许可，不得以任何方式复制或抄袭本书之部分或全部内容。
版权所有，侵权必究
举报电话：010-62752024　电子邮箱：fd@pup.cn
图书如有印装质量问题，请与出版部联系，电话：010-62756370

本书编撰人员与分工

主　编：韩　越

副主编：张光平　杨晓辉

统　稿：韩　越　张光平　杨晓辉

参编人员：（按章节顺序排列）
　　　　　韩　越（第1章）
　　　　　侯宇霞、陈俊营、张　宇（第2、3、4、5章）
　　　　　廖四华、张晓磊（第6、7、8、9章）
　　　　　文淑惠、方俊智（第10、11、13章）
　　　　　杨晓辉、赵　茂（第14、17、18章）
　　　　　韩　越、郭秋平（第15、16、22章）
　　　　　宋剑奇、彭　浩（第12、19、20、21章）

前言
PREFACE

　　东南亚和南亚国家在推进"一带一路"倡议中具有极其重要的战略地位，是"一带一路"的陆海交汇地带，不仅起到连接陆上丝绸之路与海上丝绸之路的战略枢纽作用，更是推进"一带一路"建设的优先方向和重要合作伙伴。党的二十大报告指出，当前，世界百年未有之大变局加速演进，中国同东南亚、南亚国家开展贸易、投资、经济合作和各类商务活动日益频繁，境外投资环境也更加复杂多变，急需大量具备相关专业知识背景，同时熟悉东南亚南亚国家商务环境、法律法规和商务实践的高级复合型应用人才，而此类人才的缺乏也成为制约"一带一路"建设的主要因素之一。

　　国内外针对东南亚和南亚国家的研究成果十分丰富。国内的社会科学院系统、政府研究机构、高校学术研究机构及旅游、新闻媒体、出版机构等对东南亚和南亚国家的政治、经济、社会、历史、文化等领域进行了广泛而深入的研究。成果包括学术刊物、年鉴、研究报告、学术论文、专著及知识性、普及性的读物等。进入 21 世纪以来，东南亚和南亚国家国别研究成果日渐增多，"一带一路"官方网站、商务部"走出去"公共服务平台等也提供了信息和统计数据。在国外，除了东南亚和南亚本地区的研究机构、高校及其研究成果，美国、日本和欧洲的许多国家都设有专门的独立研究机构，许多国外的高校也设有东南亚和南亚国家专业研究所和地区专门化课程。此外，一些国际机构每年还出版年鉴和统计类书籍，如世界银行、亚洲开发银行、联合国系统的专业出版物等。这些成果都为本书的编写提供了有价值的参考。

　　《东南亚南亚商务环境概论》于 2010 年首次出版，当时的初衷在于综合已有的研究成果，将积累的知识系统化、课程化，以培养特色人才为目的，来填补此类专业人才培养的空白。2010 年，《东南亚南亚商务环境概论》出版之际，正值中国构建沿边开放新格局的重要历史阶段。云南、新疆、黑龙江成为中国面向西南、西北和东北开放的"桥头堡"，形成了沿边陆路开放战略布局的三个重要方向。2015 年，《东南亚南亚商务环境概论（第 2 版）》出版，针对东南亚、南亚国家商务环境的新变化，对中国与东南亚、南亚国家间经贸合作的新领域、新情况进行了相应的补充和修订。2018 年是中国提出"一带一路"倡议 5 周年，由本书编者主持的在线开放课程"东南亚南亚商务"建设完成并在中国大学慕课（MOOC）和学堂在线平台上线，获得首届中国大学最美慕课全国二等奖，2020 年，获得首批国家级一流线上金课。慕课（MOOC）建设进一步推广了本书在面向东南亚、南亚区域经贸人才培养和课程体系建设上的成果应用，受益面从在校生扩大至社会学习者。当前，世界各国正面临深刻复杂的国际政治经济变局，我国在全球经济和区域经济稳定和发展中正发挥着日益重要的作用。2015年，国家将云南省定位为面向东南亚和南亚国家的辐射中心，2019年，国家又批准设立中国（云南）和中国（广西）自由贸易试验区。这一系列举措就是要坚定不移地扩大沿边开放，推进面向东南亚和南亚国家的高水平开放，进一步加深我国同东南亚和南亚国家的经贸合作。要实现这一目标，人才是关键因素。因此，本书在前两版的基础上，结合东南亚、南亚各国的新变化，中国同东南亚和南亚国家经贸合作的新情况、新进展，进行了较大的修改和补充，体现了党的二十大报告中推动共建"一带一路"高质量发展的内在要求。

本书作为国内第一本面向东南亚和南亚国家商务环境领域的教材，理论体系严密、体例新颖，内容涵盖历史、地理、政治、经济、社会、文化、商业等方面的知识，数据较新，案例丰富。同时，本书具备国际化视野，为培养熟悉东南亚和南亚国家贸易体系的专业人才提供了合理的知识结构和有效的途径，具有很强的针对性和实用性，不仅适合高校使用，也适合作为从事面向东南亚和南亚国家开展合作的政府、企业人员的培训教材使用。

本书是首批国家级一流线上金课的配套教材，第3版的新特色是数字化教材建设，即教材与教学视频及各种课件、视频、图片等教学资料紧密结合、配套使用。本书编者在爱课程网站和学堂在线建有国家级金课"东南亚南亚商务"。该课程是国内MOOC平台第一门面向东南亚和南亚国家商务领域的"一带一路"课程，理论体系严密，内容丰富，涵盖东南亚南亚在"一带一路"建设中的地位和作用、商务环境、法律法规、贸易投资、商务实践等九个方面的知识。课程网站提供了完备的教学视频、模拟试题及教学课件等丰富的教学材料，为线上线下混合式教学提供了充足的资料，能够使本课程的教学内容更加丰富，教学手段更加多元化，从而使教师在课程"两性一度"建设中有更大的发挥空间。

本书分为东南亚国家商务环境和南亚国家商务环境两大部分。

第1部分（第1~13章）包括了第1篇（中南半岛湄公河流域国家）和第2篇（东南亚海岛国家），讲述了东南亚各国的经济贸易、市场和商务环境特点。

第2部分（第14~22章）介绍了南亚各国的经济贸易、市场及商务环境特点。

每一部分首先介绍该地区整体经济贸易、市场及商务环境特点，进而针对每个国家的商务环境，从简史、自然环境、政治环境、经济环境、社会环境、文化环境、商业环境等方面进行系统阐述。另外，每部分还介绍了东南亚地区和南亚地区经济一体化的知识。部分章节末附有思考题，以便读者复习和巩固所学知识。

由于编者水平有限，书中难免有不足之处，恳请广大读者批评指正。

编　者

2022年5月

资源索引

目录

第1篇 中南半岛湄公河流域国家

第1章 东南亚国家经济贸易、市场及商务环境特点 ……… 3

第2章 泰国 ……… 8
- 2.1 简史 ……… 8
- 2.2 自然环境 ……… 8
- 2.3 政治环境 ……… 10
- 2.4 经济环境 ……… 12
  - 2.4.1 经济计划及发展状况 ……… 12
  - 2.4.2 经济结构 ……… 13
  - 2.4.3 经济基础设施 ……… 13
  - 2.4.4 外资、贸易、金融与外汇 ……… 14
- 2.5 社会环境 ……… 17
- 2.6 文化环境 ……… 18
- 2.7 商业环境 ……… 19
  - 2.7.1 贸易政策与法规 ……… 19
  - 2.7.2 投资政策与法规 ……… 20
  - 2.7.3 商务活动 ……… 21
- 本章小结 ……… 22
- 思考题 ……… 22

第3章 缅甸 ……… 23
- 3.1 简史 ……… 23
- 3.2 自然环境 ……… 23
- 3.3 政治环境 ……… 25
- 3.4 经济环境 ……… 26
  - 3.4.1 经济发展概述 ……… 26
  - 3.4.2 经济结构 ……… 27
  - 3.4.3 经济基础设施 ……… 27
  - 3.4.4 投资、贸易、金融与外汇 ……… 29
- 3.5 社会环境 ……… 30
- 3.6 文化环境 ……… 31
- 3.7 商业环境 ……… 32
- 本章小结 ……… 33
- 思考题 ……… 34

第4章 越南 ……… 35
- 4.1 简史 ……… 35
- 4.2 自然环境 ……… 35
- 4.3 政治环境 ……… 37
- 4.4 经济环境 ……… 38
- 4.5 社会环境 ……… 42
- 4.6 文化环境 ……… 43
- 4.7 商业环境 ……… 44
- 本章小结 ……… 46
- 思考题 ……… 46

第5章 老挝 ……… 47
- 5.1 简史 ……… 47
- 5.2 自然环境 ……… 48
- 5.3 政治环境 ……… 49
- 5.4 经济环境 ……… 50
- 5.5 社会环境 ……… 54
- 5.6 文化环境 ……… 55
- 5.7 商业环境 ……… 56
- 本章小结 ……… 58

思考题 ·········· 59
第6章 柬埔寨 ·········· 60
6.1 简史 ·········· 60
6.2 自然环境 ·········· 60
6.3 政治环境 ·········· 62
6.4 经济环境 ·········· 63

6.5 社会环境 ·········· 67
6.6 文化环境 ·········· 68
6.7 商业环境 ·········· 69
本章小结 ·········· 71
思考题 ·········· 71

第2篇 东南亚海岛国家

第7章 印度尼西亚 ·········· 75
7.1 简史 ·········· 75
7.2 自然环境 ·········· 76
7.3 政治环境 ·········· 77
7.4 经济环境 ·········· 78
7.5 社会环境 ·········· 82
7.6 文化环境 ·········· 83
7.7 商业环境 ·········· 84
本章小结 ·········· 87
思考题 ·········· 87

第8章 马来西亚 ·········· 88
8.1 简史 ·········· 88
8.2 自然环境 ·········· 88
8.3 政治环境 ·········· 90
8.4 经济环境 ·········· 91
8.5 社会环境 ·········· 94
8.6 文化环境 ·········· 95
8.7 商业环境 ·········· 96
本章小结 ·········· 99
思考题 ·········· 99

第9章 菲律宾 ·········· 100
9.1 简史 ·········· 100
9.2 自然环境 ·········· 100
9.3 政治环境 ·········· 102
9.4 经济环境 ·········· 103
9.5 社会环境 ·········· 106
9.6 文化环境 ·········· 108
9.7 商业环境 ·········· 109
本章小结 ·········· 111
思考题 ·········· 112

第10章 新加坡 ·········· 113
10.1 简史 ·········· 113
10.2 自然环境 ·········· 113
10.3 政治环境 ·········· 115
10.4 经济环境 ·········· 116
10.5 社会环境 ·········· 119
10.6 文化环境 ·········· 121
10.7 商业环境 ·········· 123
本章小结 ·········· 127
思考题 ·········· 127

第11章 文莱 ·········· 128
11.1 简史 ·········· 128
11.2 自然环境 ·········· 128
11.3 政治环境 ·········· 129
11.4 经济环境 ·········· 131
11.5 社会环境 ·········· 133
11.6 文化环境 ·········· 134
11.7 商业环境 ·········· 134
本章小结 ·········· 136
思考题 ·········· 136

第12章 东帝汶 ·········· 137
12.1 简史 ·········· 137
12.2 自然环境 ·········· 137
12.3 政治环境 ·········· 138
12.4 经济环境 ·········· 139
12.5 社会环境 ·········· 141
12.6 文化环境 ·········· 142
12.7 商业环境 ·········· 143
本章小结 ·········· 144
思考题 ·········· 144

第 13 章　东南亚地区经济一体化 ·················· 145

13.1　东盟经济一体化的国际背景 ················ 145
  13.1.1　东盟经济一体化的外部原因 ········· 146
  13.1.2　东盟经济一体化的内部原因 ········· 146
13.2　东盟经济一体化的目标和进程 ············· 147
  13.2.1　自由贸易区进程及时间安排 ········· 148
  13.2.2　自由贸易区的内容和框架 ············ 149
13.3　东盟经济一体化对东南亚经济发展的影响 ················ 151
13.4　东盟经济一体化发展的制约因素与发展趋势 ············ 153
本章小结 ·············· 155
思考题 ················ 155

第 3 篇　南亚国家商务环境

第 14 章　南亚国家经济贸易、市场及商务环境特点 ········· 159
思考题 ················ 164

第 15 章　印度 ·········· 165
15.1　简史 ············· 165
15.2　自然环境 ······ 166
15.3　政治环境 ······ 168
15.4　经济环境 ······ 170
15.5　社会环境 ······ 174
15.6　文化环境 ······ 177
15.7　商业环境 ······ 178
本章小结 ············· 181
思考题 ················ 182

第 16 章　巴基斯坦 ··· 183
16.1　简史 ············· 183
16.2　自然环境 ······ 183
16.3　政治环境 ······ 185
16.4　经济环境 ······ 186
16.5　社会环境 ······ 189
16.6　文化环境 ······ 191
16.7　商业环境 ······ 192
本章小结 ············· 194
思考题 ················ 195

第 17 章　孟加拉国 ··· 196
17.1　简史 ············· 196
17.2　自然环境 ······ 196
17.3　政治环境 ······ 197
17.4　经济环境 ······ 199
17.5　社会环境 ······ 202
17.6　文化环境 ······ 203
17.7　商业环境 ······ 204
本章小结 ············· 206
思考题 ················ 206

第 18 章　斯里兰卡 ··· 207
18.1　简史 ············· 207
18.2　自然环境 ······ 207
18.3　政治环境 ······ 209
18.4　经济环境 ······ 210
18.5　社会环境 ······ 213
18.6　文化环境 ······ 214
18.7　商业环境 ······ 216
本章小结 ············· 218
思考题 ················ 219

第 19 章　尼泊尔 ······ 220
19.1　简史 ············· 220
19.2　自然环境 ······ 221
19.3　政治环境 ······ 222
19.4　经济环境 ······ 223
19.5　社会环境 ······ 226
19.6　文化环境 ······ 227
19.7　商业环境 ······ 227
本章小结 ············· 229

思考题 ································ 229

第 20 章　不丹 ······················ 230
20.1　简史 ···························· 230
20.2　自然环境 ······················ 230
20.3　政治环境 ······················ 231
20.4　经济环境 ······················ 232
20.5　社会环境 ······················ 234
20.6　文化环境 ······················ 235
20.7　商业环境 ······················ 236
本章小结 ······························ 237
思考题 ································ 237

第 21 章　马尔代夫 ················ 238
21.1　简史 ···························· 238
21.2　自然环境 ······················ 238
21.3　政治环境 ······················ 239
21.4　经济环境 ······················ 240
21.5　社会环境 ······················ 242
21.6　文化环境 ······················ 243
21.7　商业环境 ······················ 244
本章小结 ······························ 245
思考题 ································ 245

第 22 章　南亚地区经济一体化及区域合作 ······················ 246
22.1　一体化初期表现——南亚区域合作联盟建立 ·············· 246
22.2　一体化提速——建立自由贸易区 ···························· 247
22.3　南亚次区域经济合作 ········ 248
22.4　对南亚经济一体化的评述 ··· 250
本章小结 ······························ 252
思考题 ································ 252

参考文献 ···························· 253

第 1 篇

中南半岛湄公河流域国家

第 1 章

东南亚国家经济贸易、市场及商务环境特点

拓展视频 1-1

东南亚是第二次世界大战后期才出现的一个新的地区名称,它指亚洲东南部,包括越南、老挝、柬埔寨、泰国、缅甸、马来西亚、新加坡、印度尼西亚、文莱、菲律宾和东帝汶共 11 个国家。国际上习惯把越南、老挝、柬埔寨、泰国和缅甸这 5 个国家称为东南亚的"陆地国家"或"中南半岛国家",而将马来西亚、新加坡、印度尼西亚、文莱、菲律宾和东帝汶这 6 个国家称为东南亚的"海岛国家"。

东南亚北接东亚大陆,南眺澳大利亚,东濒太平洋,西临印度洋,毗邻南亚的孟加拉国和印度,是连接三大洲(亚洲、非洲、大洋洲)、两大洋(太平洋、印度洋)的桥梁。除老挝外,东南亚其他国家都是沿海国家。印度尼西亚有 1.7 万多个岛屿,被誉为"万岛之国"。从地形地貌上看,东南亚明显分为大陆(半岛)和海岛两大部分。半岛地势北高南低,多山地、高原,山脉呈南北走向,河流大多自北向南流。海岛散布在太平洋和印度洋海域,火山众多。东南亚群岛区和半岛南部属热带雨林气候,高温多雨、终年无雪、四季不分;半岛北部属亚热带森林气候。

东南亚地处热带,自然资源丰富,是世界上稻米的主产区之一,泰国、越南、缅甸有"世界三大谷仓"的美誉。东南亚的矿产、石油等资源储量大,印度尼西亚是石油输出国。马来西亚、泰国、印度尼西亚是世界上天然橡胶的主产国。

第二次世界大战结束后,东南亚各国先后取得独立。由于长期受外来文化,特别是宗教文化的影响,加之后期的殖民统治,使得东南亚国家的政治体制类型呈现多样性、复杂性和多变性的特点。首先,东南亚国家的政治体制大体可以分为 4 种类型:①实行人民代表大会制度和共产党一党执政的社会主义国家,如越南和老挝;②实行议会共和制,如新加坡、印度尼西亚、菲律宾和东帝汶;③实行君主制或君主立宪制,如文莱、泰国、柬埔寨和马来西亚;④实行联邦议会制,如缅甸。即使是同一类型的政治体制,由于国家间经济、社会发展状况的差异,在国家机构组织形式、权力来源方式、职位任期等方面也有所不同。因此,多样性的政治体制是东南亚国家的一个鲜明特点。其次,东南亚汇集了世界三大宗教:伊斯兰教、佛教和基督教。在东南亚的一些国家中,宗教影响着国家的政治体制,从而导致了东南亚国家政治体制的复杂性。最后,东南亚国家的政治体制仍处于变革时期。由于在很大程度上受独立前宗主国政治体制的影响,加上东南亚各国经济发展较

快，因此使原本就存在的民族矛盾、社会矛盾更加突出，导致政体和政府的不稳定性和多变性。

出于对地区安全和社会发展的考虑，为解决区域内政体多样性带来的矛盾和冲突，东南亚国家于1967年8月成立了"东南亚国家联盟"（简称东盟），最初的5个创始成员国分别是：印度尼西亚、马来西亚、菲律宾、新加坡和泰国。随后文莱、越南、老挝、缅甸、柬埔寨也相继加入。东盟以促进地区经济一体化、社会、文化和科技发展为目标，平等协作，互相支援，与其他国际和地区组织保持紧密、互利的合作，在鼓励农业和工业发展、扩大贸易、改善交通运输、提高人民生活水平等方面发挥着重要作用。

东南亚国家的经济自20世纪60年代中期以来保持快速增长，20世纪70年代，年均增长率达到7.4%；20世纪80年代中期有所放缓，经过调整后，截至20世纪80年代末，年均增长率达8.6%，居世界前列。20世纪90年代，东南亚经济发展迅猛，区域合作迅速加强，成为世界经济增长最快的地区之一。新加坡已进入中等发达国家的行列，印度尼西亚、菲律宾、马来西亚和泰国的现代化建设突飞猛进。20世纪80年代以来，越南、老挝、柬埔寨及缅甸的政局趋于稳定，经济逐步好转，开始走上改革开放和向市场经济过渡的发展道路。

1997年，受亚洲金融危机的影响，东南亚国家出现了严重的经济衰退。主要原因有以下4个方面：①以出口为导向的劳动密集型工业发展优势逐渐丧失，产业结构调整滞后，致使竞争力下降，出口增长缓慢，经常项目赤字居高不下；②经济增长过分依赖外资和国际市场，债务负担加重；③金融改革和金融管理混乱；④在开放条件和应对全球化的管理能力尚不充分的情况下开放金融市场，危机爆发时措施不力等。在金融危机的冲击下，为尽快摆脱经济衰退，东南亚国家出台了一系列战略调整措施，包括调整产业结构、加快发展科技和教育、加强区域经济合作、继续对外开放、强化金融改革、进行资本重组、完善监管机制、削减预算赤字、降低利率、刺激内需等。经过各国的努力，截至2000年，绝大多数东南亚国家经济恢复增长，并开始进入新一轮快速增长期，越南、新加坡、马来西亚的年经济增长率均超过7%，老挝和柬埔寨增长率也分别达到了6.5%和4.6%，其余大部分国家的经济增长水平均超过同期世界平均水平。

进入21世纪，东南亚国家加快了区域经济一体化进程，进一步优化产业结构，加大对知识密集型产业的投资引导，大力发展科教事业，许多国家采取的刺激内需措施已初见成效，整个区域的经济实力在不断增强。

根据世界银行统计数据，2019年，东南亚地区的经济增长率约为6.9%。经济增长较快的国家分别是越南、柬埔寨、印度尼西亚和菲律宾。究其原因，旺盛的内需是东南亚经济保持稳定增长的主要因素，多元化的对外贸易也有效缓解了因对美国贸易下滑带来的不利影响。

由于独立后政治体制和经济发展道路的不同，东南亚各国经济发展不太平衡，差距较大。总体来看，新加坡、马来西亚、泰国、菲律宾、印度尼西亚、文莱这6个国家的经济发展水平要远远高于越南、老挝、柬埔寨、缅甸这4个国家，而东帝汶，则排在11国之末。从地理位置上看，东南亚国家大致呈"南富北穷"的状况。东南亚国家的经济体制大体上分为：①实行市场经济体制的国家，如新加坡、马来西亚、泰国、菲律宾、印度尼西亚、文莱和东帝汶；②从计划经济向市场经济过渡的国家，如越南、老挝、柬埔寨、缅甸。根据经济发展水平，东南亚国家按收入状况大体可以分为：①高收入国家，如新加坡和文莱；②中等收入国家，如马来西亚、泰国、菲律宾和印度尼西亚；③低收入国家，如越南、柬埔寨、老挝、缅甸和东帝汶。

从经济结构上来看，除新加坡外的东南亚国家均以农业为基础产业。部分国家的农业比重逐步降低，工业和服务业的比重不断上升。虽然进行了经济结构的调整，但东南亚国家仍存在产业结构单一、工业创新能力较差、国际竞争力弱等问题。在东南亚国家中，新加坡和菲律宾的服务业比重较高，柬埔寨、马来西亚和越南的服务业增长较快。

进入21世纪以来，东南亚国家经济增长情况呈现以下特点：①普遍加大了对农业的投资力度，加快了对传统农业的改造，农业仍保持着在经济发展中的基础作用；②工业方面，几乎所有东南亚国家都加快了现代工业化的进程，制造业、出口加工业在经济发展中占据主导地位，发展迅猛；③产业结构不断升级和优化，服务业发展较快。据世界银行统计，近年来东盟经济呈稳定增长态势，东盟经济总量从2016年的25978.4亿美元增长至2019年的31798.2亿美元，占世界经济总量的比重从3.4%上升至近4.2%。2020年，受新冠肺炎疫情影响，东盟经济总量降至30021.6亿美元，占世界经济总量的比重下滑至3.9%。东盟GDP约3万亿美元，萎缩5.4%。

在贸易方面，东盟国家纷纷采取措施促进对外开放，加快了建立东盟自由贸易区和投资区的步伐，减低关税和减少非关税壁垒。通过签署《东盟自由贸易区共同有效普惠关税方案协议》，使各成员国在降低地区内关税税率方面取得显著进展。根据世界银行《2020年营商环境报告》，全球190个经济体中，东盟有7个国家排名在100位之内，其中新加坡排名第2位。据东盟初步统计，2020年，东盟对外货物贸易总额2.66万亿美元，下降5.5%，这主要源于新冠肺炎疫情对全球供应链的冲击。其中，出口额1.39万亿美元，下降2.1%；进口额1.27万亿美元，下降8.6%。

从商品出口目的地来看，东盟主要出口目标市场为中国、美国、日本、韩国、印度、澳大利亚、荷兰和德国；主要进口来源地为中国、日本、美国、德国、沙特阿拉伯、印度、澳大利亚和阿联酋。在不断做大区域外贸易的同时，东盟区域内贸易也发展迅速。2020年，东盟进出口贸易额26626.2亿美元，其中出口13946.8亿美元，进口12679.4亿美元。贸易额居前三位的国家是新加坡、越南和泰国，合计占东盟货物进出口总额的63.3%。贸易顺差前三位的国家是新加坡、泰国和印尼，菲律宾、柬埔寨和缅甸呈现贸易逆差。

随着中国经济的持续高速增长和中国—东盟自由贸易区的建立，中国与东盟经贸合作进一步加深，中国在东南亚地区国际贸易中的地位不断上升。2020年，尽管受到新冠肺炎疫情的负面冲击，中国—东盟货物贸易仍实现逆势较快增长，双边贸易达6846亿美元，增长6.7%，占我国外贸总额比重14.7%。东盟超过欧盟历史性成为中国第一大货物贸易伙伴，这是东盟继2019年超过美国成为我国第二大贸易伙伴后实现的又一突破。中国也连续12年保持东盟第一大贸易伙伴地位。其中，中国对东盟出口3837.2亿美元，自东盟进口3008.8亿美元。

在利用外资方面，东南亚各国积极改善国内投资环境，放松对投资领域的限制，充分利用外资作为本国经济发展的基础条件。东南亚各国利用外资的过程大体可以分为3个阶段：从各国独立至20世纪60年代中期为第一阶段。这一时期，东南亚的投资来源主要是英国、法国、美国及荷兰等原殖民地宗主国,投资领域集中在采矿业、经济作物种植业和商业、服务业等方面;20世纪60年代中期至20世纪80年代中期为第二阶段。此时期东南亚国家先后颁布了一系列有关外资的法令、法规,以更大程度地吸引外资,同时加强交通、通信和能源等基础设施建设,改善投资环境;20世纪80年代中期至今为第三阶段。此阶段东南亚地区投资来源发生改变,日本、新加坡、中国和韩国的资金比重增加较快,美国和英国的投资所占比例下降。1987年,日本取代美国成为新加坡的最大投资国,其后又陆续成为其他东盟国家的最大投资国。

20世纪80年代后期以来,缅甸、越南、老挝和柬埔寨等经济相对落后的东南亚国家也纷纷开放市场,颁布外国投资法,出台各种招商引资的优惠条例,加大吸引外资的力度,以振兴本国经济。缅甸成立了由全体部长组成的"外国投资委员会",制定了一系列鼓励外商投资的有关法律、法规和政策;1988年,老挝颁布相关法律鼓励外商以独资、合资的形式在老挝开展投资活动。柬埔寨同样视外国直接投资为经济发展的主要动力。虽然柬埔寨无专门的外商投资法,但政府对外资与内资基本给予同等待遇。越南条件优惠、形式灵活、吸引外资的领域广泛、向外资企业征收的所得税低。

从外资进入东南亚国家的部门看,主要集中在制造业领域,特别是化学、纤维、电子电器、汽车及零配件等部门。利用外资对东南亚国家的经济发展起到了重要作用,成为东南亚国家经济增长的直接动因之一。首先,外资进入有效地弥补了东南亚国家的资金短缺,还带来了先进的生产技术、专业知识、管理经验和情报信息,并为东南亚国家提供了从原料采购到商品销售的全球性网络。其次,外资以直接投资的方式进入生产出口产品的部门,促进了东南亚国家的出口增长,从而推动了该地区出口导向型经济的快速增长。据东盟秘书处2021年6月数据统计,2020年,东盟吸收外资总额1373.42亿美元,同比减少13.55%。2007—2014年,东盟经济总量增长了1万亿美元,并首次超过中国,成为全球吸引外资最多的发展中经济体。自古以来,东南亚与中国就有着密切的联系。20世纪90年代以来,随着大湄公河次区域经济合作、东盟—中国自由贸易区建设以及孟中印缅地区经济合作的不断加强,东南亚与中国在基础设施、贸易、投资、能源、通信信息、人力资源开发、环境保护、航运等诸多领域展开了全面的合作。进入21世纪以来,东南亚与中国的合作已经成为世界经济快速发展的一个重要组成部分和热点,既对亚太和东亚地区的经济增长起到积极的推动作用,也对中国西部大开发和西部对外开放产生了重大影响。中国-东盟自由贸易区是我国最早建立的自由贸易区,也是发展得最好的自贸区,中老铁路、老挝赛色塔综合开发区、柬埔寨暹粒新机场、西港特区等"一带一路"标志性工程,生动诠释了党的二十大报告提出的推进高水平对外开放,推动共建"一带一路"高质量发展的宏伟蓝图。

2013年,中国提出"一带一路"倡议后,得到了东盟国家的支持。中国商务部提出共同推进"一带一路"建设、着力推动中国—东盟互联互通、继续深化产能投资合作、加快落实发展合作、邀请东盟方参与中国国际进口博览会、推动中国—东盟自贸区升级《议定书》全面生效等合作,倡议一经提出,立即得到东盟经贸部长们的一致响应。据中国商务部统计,截至2020年年底,中国在东盟国家累计投资总额1276.13亿美元,占中国对外直接投资存量的4.9%。中国对外直接投资流量前20位目的国(地区)中,东盟占7个。随着东盟经济共同体的深入推进,东盟和中国双方经贸合作将会进一步加强。同时,随着东盟"10+3""10+6"机制和区域全面经济伙伴关系进一步完善,该地区经贸合作获得新动力,迎来更多的发展机遇和更广阔的合作空间。

长期以来,东南亚还是华侨、华人人数最多、分布最密集的地区,华侨、华人是该地区重要的社会经济力量。特别是自20世纪60年代中后期以来,华侨、华人经济得到了长足的发展。东南亚华人资本的经营领域逐渐从流通领域转移到生产领域,投资趋向由单一行业向多元化转变,投资地点遍及亚洲、北美、欧洲等。

东南亚在长期的历史发展过程中,形成了不同的文化价值取向,成为一个极富文化多样性的地区。该地区生活着400~500个民族,有学者形象地把东南亚称为"世界民族博物馆",其中民族较多的国家有印度尼西亚、菲律宾、老挝、泰国和马来西亚。东南亚共有25种语言和250多种方言。

东南亚地处三大洲、两大洋交叉的十字路口,历史上中国文化、印度文化、阿拉伯文化和西方文化都对这一地区产生过影响,世界三大宗教在东南亚均有传播。经过长期的发展,在保持自身传统文化的同时,东南亚融合了来自世界不同地方的文化,逐渐形成具有本地区特色的、丰富多彩的民族文化。例如,新加坡深受中国传统文化影响,菲律宾受天主教文化影响。在宗教方面,各国往往以一种宗教为主,同时多种宗教并存。例如,柬埔寨、缅甸、泰国和老挝是典型的佛教国家,同时国内还存在伊斯兰教、基督教、印度教等;菲律宾主要信仰天主教;印度尼西亚、马来西亚、文莱、东帝汶主要信仰伊斯兰教;新加坡则儒教、佛教、道教、伊斯兰教并存。

尽管东南亚各国在宗教文化方面具有多样性和差异性,但在一些传统文化、民族习俗和原始宗教信仰上仍有许多相同之处。东南亚国家还保持了以水稻种植为特征的农业文明,形成现代东南亚发达的稻作文化和长期存在的村社文化,构成东南亚社会鲜明的地区特征。

总之,东南亚社会、民族、文化、宗教、语言、习俗和政治经济体制具有多样性和差异性。东盟作为一个整体积极参与国际政治、经济、文化的交往与合作,发挥了积极的作用,大大提升了东南亚各国参与国际竞争的实力,也使该地区的经贸投资环境更具活力和吸引力。作为推进中国"一带一路"倡议的优先方向和重要合作伙伴,东南亚将在促进地区和世界经济发展中发挥重要的作用。

第 2 章

泰　　国

泰国全称泰王国。

2.1　简　　史

泰国古称暹罗，1238 年，素可泰王朝在泰北建立了第一个较为统一的国家。泰国先后经历了素可泰王朝、大城王朝、吞武里王朝和曼谷（却克里）王朝。16 世纪，葡萄牙、荷兰、英国、法国等殖民主义者先后入侵泰国。1896 年，英法签订条约，规定暹罗为英属缅甸和法属印度支那之间的缓冲国。暹罗成为东南亚唯一没有沦为殖民地的国家。19 世纪末，拉玛四世王开始实行对外开放，五世王借鉴西方经验进行社会改革。1932 年 6 月，民党发动政变，改君主专制为君主立宪制。1939 年更名泰国，意为"自由之地"，后经几次更改，1949 年正式定名泰国。现任国王玛哈·哇集拉隆功，为拉玛十世王，2019 年 5 月 4 日—6 日举行加冕仪式。

2.2　自然环境

1. 位置与面积

泰国位于中南半岛中南部，国土面积约为 51.3 万平方千米。它与柬埔寨、老挝、马来西亚、缅甸接壤，东南临泰国湾（太平洋），西南濒安达曼海（印度洋）。泰国在地理上具有非常重要的战略位置，是东南亚与南亚、东方与西方文化的主要交汇点。

2. 地形和地貌

泰国地势北高南低，由西北向东南倾斜，50% 以上为平原和低地。北部、西部为山地，北部因他暖山，为全国最高峰。中部河网密集，湄南河纵贯南北，为全国第一大河，有难河、宾河、汪河、荣河等支流，其流域土地肥沃，盛产水稻，素有"泰国粮仓"之称。东北部是呵叻高原，北到湄南河，南到柬埔寨边境的扁担山。东南沿海地区有著名的旅游胜地芭提雅。南部遍布无数海滩与岛屿，形成了南部半岛。

3. 气候与降水

泰国大部分地区属热带季风气候，全年分为三季：热季（2—5月中旬）、雨季（6—10月中旬）、凉季（11月—次年2月）。热季和凉季很少下雨，因此也叫干季或旱季。泰国年平均气温为27.7℃，由于地形不同，全国各地气温有一定差异。例如，中部地区年平均气温为32℃、南部半岛地区年平均气温为27℃。

泰国的降雨量比东南亚其他国家少，年平均降水量1100毫米，平均湿度为66%~82%。不同地区降水量存在差异，如中部地区的年平均降水量不到1500毫米，东北部地区年平均降水量为1000毫米。

4. 资源禀赋

泰国的自然资源主要有矿产、森林和能源资源。

(1) 矿产资源

泰国的矿产资源分为三类，即燃料矿、金属矿和非金属矿。燃料矿有天然气、石油、煤炭和油页岩。金属矿有锡、钨、锑、铅、铁、锌、铜、钼、镍、铬、铀等。非金属矿有钾盐、重晶石等，其中钾盐储量居世界首位。

(2) 森林资源

2020年，泰国全国森林面积约1995万公顷，森林覆盖率约为20%。泰国北部森林最多，约占全国森林面积的43%；其次为东北部和中部，分别占23%和20%；南部森林少，约占12%。森林主要有常绿林和落叶林两大类，常绿林约占森林面积的一半，其余为落叶林和其他树林。常绿林树种有野黄兰、三条筋树、陀螺状龙脑香、香灰莉、安息香、南海蒲桃及兰科植物、藓类植物、棕榈、各种竹、藤，以及红树属、苏铁和聂帕桐等；落叶林树种有柚木、心叶水杨梅、东印度栋木、槟榔青、榄仁树、钝叶娑罗树、青龙木、瘤萼龙脑香、紫檀、黄檀及塞尼亚属、栎属、烤属树木等。

(3) 能源

泰国能源主要包括石油、天然气、生物能源、煤炭、水力和电力。石油总储量2559万吨，天然气蕴藏量约3659.5亿立方米，钾盐储量4367万吨，褐煤蕴藏量约20亿吨。石油和天然气国内储量和开发都不足，主要依靠进口。生物能源（如柴、木炭和米糠）都是在国内生产，而水电有本地的也有购自缅甸和老挝的。泰国的水力资源约为2417万千瓦，主要分布在湄南河上游、湄公河上游、夜功河上游以及南部北大年河等处。泰国能源消费增速较快，能源消费总量逐年攀升，能源短缺、能源依赖程度加大，石油资源长期依靠进口。泰国的民用供电系统为交流电压220V/50Hz，工业用电为交流电压380V/50Hz，电费采用分时段费率计收。

5. 人口

截至2020年年底泰国全国总人口约为6522.8万。全国共有30多个民族，泰族为主要民族，占人口总数的40%，其余为老挝族、华族、马来族等。

6. 首都和主要城市

首都曼谷，面积1569平方千米，户籍人口约549万（2020年12月），是泰国主要的人口集中地。曼谷位于湄南河畔，是泰国最大城市、东南亚第二大城市，也是泰国的政治、经济、文化、交通中心。泰国第二大城市是清迈府，面积3905平方千米，人口约176万（2020年12月）。清迈建于1296年，是泰国著名的历史文化古城，也是泰国北部政治、经济、文化教育中心。首府清迈市面积40平方千米，人口约13万。

7. 行政区划

泰国全国分北部、中部、南部、东部和东北部五个地区。以府作为基本的行政区划，由中央政府直接管辖。泰国全国共分有77个府，府下设县、区、村。府的地方行政长官称"府尹"，各府府尹为公务员，由内政部任命；县是隶属于府的行政区划，县长由内务部直接任命；区是隶属于县的行政区划，区长由村长会议选举产生，区委会每五年选举一次；村是最基层的行政单位，村长由全村居民选举产生，无固定任期。

首都曼谷是唯一的府级直辖市，曼谷市长由直选产生，任期五年。

2.3　政治环境

1. 政治体制

泰国实行君主立宪制。国王是国家元首和军队的最高统帅，是国家主权和统一的象征。国会（分上议院和下议院）行使立法权；内阁对国会负责，行使行政权；法院代表国王行使司法权。

泰国的政府机构组成包括总理府、19个政府部委、6个不隶属总理府或部委的政府部门和7个依照宪法成立的独立机构。总理是政府首脑，由国会选举经国王任命产生，任期为4年。

总理在解散议会前需得到政府批准；在不信任案期间不得解散议会。总理和政府成员随着政府更迭而易人，但是负责政府日常行政和业务工作的政府各部常务次长以下官员一般不受政府更迭的影响，以保证政府职能机制的正常运转。根据泰国2017年4月正式颁布实施的新宪法规定，下议院500名议员中，350名由人民直选产生，150名由各政党通过所获选票比例推举。另外，新宪法规定将上议院人数增加至250人，全部由军方"全国维持和平委员会"任命，其中6个席位由武装部队最高司令、海陆空三军司令、国家警察总监及国防部次长6人自动担任。上议院有权与下议院一起决定总理人选，且对政府具有监督、进谏的权力，并有权通过和废除法律，以及有权推动对总理的弹劾。

2. 政党

泰国主要党派有民主党、泰爱泰党、为泰党、国民力量党、泰自豪党、远进党等。

3. 司法体制

1932年6月，泰国颁布了第一部宪法，现行宪法于2017年4月6日经哇集拉隆功国王御准生效，系泰国第20部宪法。

泰国属大陆法系，以成文法作为法院判决的主要依据。司法系统由宪法法院、司法法院、行政法院和军事法院构成。宪法法院主要职能是对议员或总理质疑违宪、但已经国会审议的法案及政治家涉嫌隐瞒资产等案件进行终审裁定,以简单多数裁决;由1名院长及14名法官组成,院长和法官由上议长提名呈国王批准,任期9年。行政法院主要审理涉及国家机关、国有企业及地方政府间或公务员与私企间的诉讼纠纷。行政法院分为最高行政法院和初级行政法院两级,并设有由最高行政法院院长和9名专家组成的行政司法委员会。最高行政法院院长任命须经行政司法委员会及上议院同意,由总理提名呈国王批准。军事法院主要审理军事犯罪和法律规定的其他案件。司法法院主要审理不属于宪法法院、行政法院和军事法院审理的所有案件,分最高法院、上诉法院和初审法院三级,并设有专门的从政人员刑事厅。另设有司法委员会,由最高法院院长和12名分别来自三级法院的法官代表组成,负责各级法官任免、晋升、加薪和惩戒等事项。司法法院下设秘书处,负责处理日常行政事务。

最高法院是泰国最高的司法审判机关,最高法院大法官是最高执法者,由国王任命。同时,根据新的宪法,最高法院权力得以扩大,可以直接审判涉嫌贪污的政治人物。

4. 对外关系

泰国奉行独立自主的外交政策,重视周边外交,积极发展睦邻友好关系,维持大国平衡。泰国重视区域合作,2012—2015年担任中国—东盟关系协调国,积极推进东盟一体化和中国—东盟自贸区建设,支持东盟与中日韩合作。泰国重视经济外交,推动贸易自由化;发起并推动亚洲合作对话机制。泰国积极参加亚太经济合作组织、亚欧会议、世界贸易组织(World Trade Organization,WTO)、东盟地区论坛、博鳌亚洲论坛、澜沧江—湄公河合作、大湄公河次区域经济合作等多边合作机制。泰国是东盟创始成员国,重视同东盟各国的友好合作,与除菲律宾外的其他8个东盟成员国建立了内阁联席会议机制,倡建泰国、老挝、柬埔寨、缅甸、越南五国经济合作战略,推动泰马、泰缅、泰老边境经济区发展。2018年6月泰国主办"伊洛瓦底江—湄南河—湄公河三河流域经济合作战略"第八届峰会。泰国积极发展与伊斯兰国家的关系。泰国谋求在国际维和、气候变化、粮食安全、能源安全及禁毒合作等地区和国际事务中发挥积极作用。2016年,泰国担任77国集团主席国。2019年,泰国担任东盟轮值主席国。2022年,泰国任亚太经济合作组织东道主。

中泰两国自1975年7月1日建交以来,在友好、平等、互利、互惠基础上,双方在政治、经济、贸易、科技、文化、卫生、教育、体育、司法、军事等各个领域的友好合作关系得到顺利的发展,签署了多项政府间合作协议。2001年8月,中泰两国政府发表《联合公报》,就推进中泰战略性合作达成共识。2012年4月,中泰两国建立全面战略合作伙伴关系。2013年10月,中泰两国政府发表《中泰关系发展远景规划》。2014年12月,中泰两国政府签订《关于在泰国2015年至2022年交通基础设施发展战略框架下开展铁路基础设施发展合作的谅解备忘录》。2017年9月,两国签署《中华人民共和国政府和泰王国政府关于共同推进"一带一路"建设谅解备忘录》。2019年11月,两国发表《中华人民共和国政府和泰王国政府联合新闻声明》。

2.4 经济环境

2.4.1 经济计划及发展状况

第二次世界大战结束后,泰国政府开始推行在经济上较为全面、系统的对外开放政策。对外,泰国与国际货币基金组织签署协议,加入了西方金融和贸易体系,聘请世界银行专家协助泰国制定经济发展战略;对内,全面实施以私有化为核心的市场经济政策。泰国在向美国全面开放的同时,也对日、英、法等西方发达国家敞开了大门。1962 年泰国颁布了新的投资法,对外资给予特殊优惠待遇,通过法律的形式,保证私有财产的合法性,保证不对本国和外国投资者的企业和财产进行国有化和征用。同时使国家和政府的职能明确化,不再干预绝大部分经济部门和领域。泰国从 1961 年开始实施国家经济和社会发展五年计划,从总体上看,第二次世界大战后泰国的经济发展进程基本可分为以下四个阶段。

1. 进口替代阶段(1954—1971)

经过第二次世界大战结束后近十年的经济重建,20 世纪 50 年代初,泰国国民经济已基本恢复到战前水平,部分农产品产量甚至已超过战前水平,为工业发展奠定了物质基础。1961—1971 年,也被称为"泰国工业革命"时期,通过发展进口替代的内向型经济,泰国初步摆脱了日用工业制成品严重依赖进口的局面。

2. 出口导向阶段(1972—1981)

进口替代战略有效地推动泰国经济的发展,随着工业化的推进,弊端也在显现。泰国政府逐步引导国内企业向出口导向型产业方向发展,并且取得了显著的成效。

3. 产业调整阶段(1982—1996)

1982—1986 年,泰国开始调整产业结构和经济布局;1987—1991 年,泰国经济受东亚新一轮产业转移的影响,国民经济再次实现高速增长;1992—1996 年,泰国国民经济持续高速增长。

4. 复苏与转型阶段(1997 年至今)

1997 年,亚洲金融危机全面爆发,泰铢汇率从年初的 25.6 铢兑换 1 美元降至年底的 53 铢兑换 1 美元。泰国证券交易所指数落至十年来最低点,泰国经济形势随着亚洲金融危机在东亚的扩散进一步恶化,出现了近半个世纪以来的首次负增长。

2002—2006 年,政府推行国际国内市场共同拉动经济增长的"双引擎"发展战略。2007—2011 年,以泰国国王首倡的"知足经济"为指导原则,推动泰国经济发展模式向"中间道路"转型。2012—2016 年,政府重点立足国内资金来源,实施复苏治理计划。2017—2021 年,以泰国经济和社会更加强大、坚实和可持续为总目标,提出"泰国 4.0 战略"高附加值经济模式,要将泰国经济升级到 4.0,推动更多高新技术和创新技术应用,使创新成为推动泰国经济增长的主要动力。

 **背景知识**

"知足经济"是普密蓬国王于1997年的寿诞演讲中首次提出的发展理念。尽管将"知足经济"列为指导原则，但因宏观经济的压力，所以最终实施的依然是扩张性的"双引擎战略"，而不是强调适度性的"中间道路"。"知足经济"包括适度、明智、自我防范能力三项原则，以及知识、道德两项要素。"知足经济"的三项原则和两项要素之间相辅相成，构成协调的综合结构，从而有助于应对全球化所引发的多层次冲击和风险。

2.4.2 经济结构

从1961年至今，泰国的经济结构发生了巨大的变化。1961年，农业GDP占比40.4%，制造业仅占11.9%。20世纪80年代，电子工业等制造业发展迅速，产业结构变化明显，经济持续高速增长，人民生活水平相应提高，居民教育、卫生、社会福利状况不断改善。到1989年，制造业所占比例已为25.4%，而农业仅为15.2%。泰国1996年被列为中等收入国家，1997年亚洲金融危机后陷入衰退，1999年经济开始复苏。2003年7月，泰国提前两年还清金融危机期间国际货币基金组织提供的172亿美元贷款。

2020年，泰国GDP为5064亿美元。旅游业是泰国服务业的支柱产业，也是泰国外汇收入的主要来源之一。高科技产业的发展在泰国成为政府扶持的目标。泰国在电子工业、通信器材、工厂和办公室使用的电子工具、精密测量仪器和生物工程等方面已具备了一定的生产和开发能力。

2.4.3 经济基础设施

1. 交通运输

泰国的交通以公路运输和航空运输为主，各府、县都有公路相连，四通八达。

（1）公路和铁路

泰国的公路交通运输业较发达，公路网覆盖全国城乡各地，分为国道及附属公路、地方公路、特别高等级公路。据泰国交通部统计，2020年泰国全国公路总里程约70.22万千米，其中：国道及附属公路10.05万千米，地方公路60.15万千米，特别高等级公路225千米。

泰国铁路运输系统相对较落后。据泰国交通部统计，2020年泰国铁路网里程约4952千米。4条主要铁路干线以曼谷为中心向北部、东部、南部及东北部延伸。北部到清迈，东部到老挝边境，南部到马来西亚国境。另还有10条支线。除了曼谷到阿瑜陀耶附近有一段90千米的复线，其余全部是单线。从中国云南昆明连接越南、柬埔寨、泰国、马来西亚和新加坡的铁路大部分路段由现有的铁路连接而成。

泰国首都曼谷是东南亚城市轨道交通最发达的城市之一，现在有5条正在服务中心的捷运系统，分别是机场线、蓝色线、深绿色线、浅绿色线和紫色线，覆盖曼谷中心城区的大部分地区及众多商业、住宅和旅游区。截至 2019 年年底，曼谷城市轨道系统总运行里程是 151 千米，现在依然有多条轨道交通线在建，预计到 2025 年曼谷的城市轨道交通线的总长度将达到 540 千米。

(2) 水运

泰国的水运分为海运和河运两种。湄公河和湄南河为泰国两大水路运输干线。内陆水道长 4000 千米，海运线可达中国、日本、美国和新加坡。全国共有 47 个港口，其中海湾港口 26 个，国际港口 21 个。泰国的货物可从泰国的 8 个国际深水港进出泰国，最大的港口在曼谷。曼谷港既是河港，又是海港，承担全国 95% 的出口量和几乎全部进口商品的吞吐量。除上述大港口外，在泰国湾西岸和安达曼海沿岸还有 30 多个小港，其中一半是渔港；另一半既是渔港，又兼作进出口和沿海运输的商港。

(3) 空运

泰国航空业比较发达。航空客运已成为外国游客入境泰国的主要运输方式，乘飞机入境泰国的外国游客人数占入境泰国的外国游客总人数约 80%。在货物运输方面，由于航空货运的费用较高，航空货运总额仅分别占国内货运比重和国际货运比重的 0.02% 和 0.3%。泰国全国共有 74 个机场，包括 36 个商业机场和 38 个非商业机场。共 53 个国家和地区 80 家航空公司设有赴泰国固定航线，89 条国际航线可达欧洲、美洲、亚洲及大洋洲的 40 多个城市，国内航线遍布全国 21 个大、中城市。北京、上海、广州、昆明、成都、汕头、香港等都有固定航班往返曼谷。

2. 通信

泰国电信业比较发达，各种形式的电信网络已经覆盖了全国各地，包括固定电话、移动电话、非对称数字用户线宽带互联网、卫星调制解调器及拨号入网服务等。随着泰国政府计划在全国范围扩大电信网络，泰国进入宽带时代。

3. 电力

泰国自身发电能力基本能满足国内需求，中资企业前往投资设厂一般不需要自备发电设备，但伴随经济发展，电力供需矛盾日益突出。泰国电力局数据显示，2021 年 4 月，泰国总装机为 46095.87 兆瓦，其中国家电力局发电占 34.79%，独立发电商（IPP）发电占 32.27%，小型发电商（SPP）发电占 20.53%，外国进口占 12.41%。泰国电力行业研究报告 2021—2022 年数据显示，2020 年，泰国用电量同比萎缩 3.1%，旅游、酒店、商场、餐饮等行业用电量大幅下滑；占总用电量 44% 的工业部门用电量同比缩减 4.6%，而非工业商业部门的用电需求同比大跌 10%；相比之下，家用电量攀升 7.4%。

2.4.4　外资、贸易、金融与外汇

1. 外资

泰国投资环境优良，在吸收外资方面取得了显著成绩。1961 年，泰国开始实行开放的市场经济政策，采取一系列优惠政策鼓励外商赴泰投资。1987—1990 年为外国对泰投资高峰期。1997 年，受亚洲金融危机冲击，外国对泰投资大幅下降。近年来，泰政府加大投入，大力推进"泰国 4.0"战略和"东部经济走廊"发展规划，加强基础设施建设，

完善立法，创造良好环境吸引外资。据联合国贸发会议《2021年世界投资报告》统计，截至2020年年底，泰国共吸收外资167.2亿美元。泰国主要投资来源地有日本、中国、欧盟各国、东盟各国、美国、印度和韩国等。

泰国主要对美国、东盟和中国投资。随着中国—东盟自由贸易区的建立，泰中之间的投资合作增长迅速。泰国在华投资的公司主要有正大集团、盘谷银行等。据中国商务部统计，2020年中国对泰国直接投资流量18.8亿美元。截至2020年年底，中国对泰国直接投资存量88.3亿美元。2020年，泰国企业对中国投资流量1.08亿美元；截至2020年年底，泰国企业累计对华直接投资44.84亿美元。2020年，泰国新增对中国投资非金融类1.1亿美元，同比增长2.7%。

 背景知识

"泰国4.0战略"是2016年泰国总理巴育提出推行的新经济发展模式，拟在未来20年将泰国经济发展提升到一个基于高附加值的发展阶段，被称为"泰国4.0"阶段。这一战略主张在经济活动中发挥创新性、创造性和技术应用能力。泰国希望通过推进4.0战略，将传统的农业种植模式转型为智能化的农业，将传统的中小企业转型为智能型的中小企业，将传统的服务业升级为具有高附加值的服务业。

2015年，泰国推出了"东部经济走廊"（Eastern Economic Corridor，EEC）发展规划。EEC旨在促进高端产业方面的投资，加强区域及全球的互联互通，目标是使其成为东盟最先进的经济发展中心。EEC是泰国唯一国家级经济特区，是泰国政府近30年来提出的最重大的投资规划，EEC项目也是实施最大规模、行动最彻底的投资项目。根据泰国政府的规划，EEC有望成为东盟海上交通中心，连接缅甸土瓦深水港、柬埔寨西哈努克港和越南头顿港。EEC横跨北柳府、春武里府和罗勇府三个东部大府，在此设立经济特区，总面积1.33万平方千米，目标定位高科技产业集群。EEC计划2017—2021年投资440亿美元，兴建15个重大项目，通过大力发展基础设施，如新铁路、新城镇、机场扩建、码头建设，以及现代化产业等系列投资优惠政策吸引新产业，将泰国东部打造为一个集海陆空三维交通系统为一体的国际交通要塞。

2. 贸易

对外贸易在国民经济中具有重要地位。泰国政府一直坚持多层次的对外经贸发展原则，积极参与世贸组织，融入全球经济一体化，努力推动亚太经合组织、东盟自由贸易区、大湄公河次区域合作等的发展，顺应区域经济一体化的趋势，主动与各国谈判并签订自由贸易协定。泰国与澳大利亚、新西兰、日本、印度、秘鲁等国家有双边优惠贸易安排，并通过东盟与中国、韩国、日本、印度、澳大利亚和新西兰等国签订了自贸区协议。2020年，泰国贸易总额4458.6亿美元，同比下降8.1%。其中出口2339.5亿美元，同比下降5.9%；进口2119.1亿美元，同比下降12.4%。工业产品是出口主要增长点。中国、日本、东盟、美国、欧盟等是泰国重要贸易伙伴。

中国已成为泰国第一大贸易伙伴。两国间的贸易范围也在不断扩大，据中国商务部统计，2020年，中泰货物贸易总额986.3亿美元，同比增长7.5%，其中，中国向泰国出口505.3亿美元，同比上升10.8%；中国从泰国进口481亿美元，同比上升4.2%。

泰国对中国出口前五大产品品类为电机电气、机械设备、塑料及制品、钢材和钢铁制品；泰国从中国进口前五大产品品类为机械设备、电机电气、橡胶及制品、水果和塑料制品。

3. 金融

20世纪80年代中后期，泰国政府开始顺应国际金融自由化趋势，改革金融体制，放松外汇、利率管制，准许开办新银行，成立曼谷境外金融体系，准许外资银行经营离岸金融业务。

泰国主要商业银行有盘谷银行、开泰银行、泰国汇商银行等。其中，盘谷银行是东南亚最大的国际性商业银行。

泰国证券交易所（以下简称"泰国证交所"）是泰国唯一的证券交易市场，于1975年4月正式开始运行，负责二级市场交易及负责处理公司申请上市，包括确保申请人的资格、提交准确信息和文件。泰国证券交易所也负责建立揭露上市公司必要信息和监督上市公司全部交易活动。泰国还设有中小企业交易板块，主要为中小企业上市募集资金提供机会。截至2021年3月，共有639家企业在泰国证交所上市，179家企业在中小企业交易板块上市。

泰国货币单位为铢。1铢等于100士丁。泰铢可自由兑换货币。截至2020年年底，泰国外汇储备2581亿美元。

4. 外汇

（1）外国货币

外国货币可以无限制地转移或带入泰国。任何人从国外接受等值于100万美元或以上的外币，必须立即将其汇回并出售给授权银行，或在收到后的360天内将其存入授权银行的外币账户中。外国人在泰国的暂住时间不超过3个月，外国使馆，包括外交特权和豁免权的工作人员在内的国际组织，以及在国外永久居留或在国外工作的泰国移民不受上述条例限制。

（2）本国货币

泰国对可以带入泰国的泰铢钞票的数量没有限制。到越南、中国（仅云南省）和泰国边境国家旅行的人最多可携带200万泰铢，到其他国家旅行的人最高可携带5万泰铢。任何人将总值超过45万泰铢或1.5万美元或等值的泰铢钞票、外币钞票或可转让货币工具带进或带出泰国，必须向海关官员申报。

（3）资金进入

泰国鼓励企业投资资金汇入泰国，汇入资金币种和金额没有特别限制和要求。手续办理需遵循开户银行的具体规定执行。

（4）资金汇出

外汇账户的余款，如投资基金、分红和利润及贷款的偿还和支付利息等，在所有适用税务清算之后，可以自由汇出。

2.5 社会环境

1. 社会组织

泰国有严格的社会等级制度,分为如下不同的阶层,依次为佛教僧侣、王和王室成员、军人、商人、公务员、工人和农民。

2. 家庭与社会生活

泰国是一个礼仪之邦,被誉为"微笑国度"。泰国人性情温和、注重礼仪、尊重长辈。泰国人对男性长辈称伯伯、叔叔;对女性长辈称大妈、婶婶、姑姑;对平辈称兄、姐、弟、妹;对儿童称小弟、小妹;对广大群众称乡亲、父老;最熟悉的人之间则称兄道弟。泰国实行一夫一妻制,结婚前一般都举行订婚仪式,婚礼上先由僧侣主持宗教仪式表示祝福,然后宴请宾客。

3. 医疗卫生

泰国拥有国际先进水平的医疗队伍和现代化的医疗器械,在国际上赢得了较高的声誉。泰国已成为全球最大的医疗旅游目的地之一,就医环境好,服务全面周到。从 2003 起,提高卫生服务水平已纳入泰国政府施政纲领,政府制定医疗卫生方面的法律法规,致力于提高医疗卫生服务质量;利用更多公共资源和国际援助加强卫生建设,鼓励私人投资卫生领域;陆续在各府、县、区建立医院和医疗中心。泰国共有 400 多家私立医院。

4. 教育

泰国实行 9 年制义务制教育。中小学教育为 12 年制,即小学 6 年、初中 3 年、高中 3 年。中等专科职业学校为 3 年制,大学一般为 4 年制,医科大学为 5 年制。著名的高等院校有朱拉隆功大学、农业大学等。此外还有兰甘亨大学和素可泰大学等开放大学。

5. 科技

自 20 世纪 80 年代以来,泰国政府十分注重科技在社会经济发展中的作用。泰国努力促进科技在农业和工业中的应用,治理污染方面表现特别突出,启动了水质量检测项目,建立了空气质量监测网络体系。泰国在自然资源和环境发展方面开展了大量的科研工作,进行自然水资源管理,从湄公河引水灌溉农田,启动了水消费项目。泰国积极进行生物多样性的研究和开发工作,建立环境研究站,将物质生产和社会经济联系起来研究生态系统的变化。

泰国主要国家级科研中心有国家生物控制研究中心、泰国放射中心等。

6. 文学艺术

泰国的文学艺术带有浓郁的宗教色彩。泰国人擅长文学创作,民间口头文学、宗教文学和宫廷文学构成了泰国古代文学。进入 20 世纪,泰国文学受到西方文化影响,新文学诞生。泰国有200多位有影响的作家，专业作家20多位。中国的《三国演义》在泰国流传甚广，对传播中国历史文化，增进两国人民之间的了解起到了重要的作用。

图 2.1　孔剧

泰国最古典的民族戏剧是孔剧（图2.1）。此外，泰国戏剧还有无面具舞剧和哑剧等形式。

泰国的音乐分为宫廷音乐和民间音乐。泰国传统音乐的曲调和乐器都与佛教的盛典仪式有关。泰国的乐器主要是笛、鼓、排铃、木琴、锣等。

泰国舞蹈具有悠久的历史。泰国舞蹈分为古典舞剧和民间舞蹈。泰国民间舞蹈最具特色和流传最广的是南旺舞，南旺舞在泰语中为圆舞的意思。在重大的民间节日的庆贺中，人们都要欢聚一堂跳南旺舞。

7. 新闻出版与传媒

泰国主要泰文报纸有《泰叻报》《每日新闻》等，主要中文报纸有《新中原报》《世界日报》等，主要英文报纸有《曼谷邮报》《民族报》等。泰国通讯社是泰国大众通讯社辖下的3个部门之一。它主要负责发布国内新闻，向该机构辖下的电台和电视台供稿，同时接受国际新闻。

泰国的广播电台有230多家，其中由政府民众联络厅掌管的有59家。泰国国家广播电台为国家电台，设有国外部，用泰、英、法、中、马来、越、老、柬、缅、日等语言广播。

泰国的无线电视台共有6家，都设在曼谷，大部分电视节目通过卫星转播，电视网覆盖全国。

8. 体育设施

泰国有一批设施良好的体育场馆，著名的有法政大学体育中心、华目国家体育中心。

2.6　文化环境

1. 民族

泰国全国共有30多个民族。泰族为主要民族，其余为老挝族、华族、马来族、高棉族、苗族等。泰族人曾称"暹罗人"，属汉藏语系壮傣语族民族，和中国的傣族、壮族族源相近，在全国都有分布，主要信仰佛教。华人在泰国人数上仅次于泰族，华人移民泰国是在19世纪下半叶到20世纪30年代这段时间，大多数居住在首都和外府城市。

2. 宗教

泰国主要有佛教、伊斯兰教、天主教和印度教。宗教在泰国的社会生活中占有十分重要的地位，佛教既是泰国的国教，也是泰国宗教和文化的重要组成部分，对当地政治、经济、社会生活和文化艺术等领域有重大影响,在泰国享有崇高地位。全国90%以上的民众信仰佛教。因此,泰国素有"黄袍佛国"的美称。佛寺不仅是信徒的宗教活动场所,而且也是村落的社会、文化活动中心。泰国建立现代教学系统之前,佛寺是泰国传统文化和佛学教育的重要场所。僧侣在泰国享有崇高地位。政府重要活动及民间婚丧嫁娶等一般都由僧侣主持宗教仪式并诵经祈福。

马来族信奉伊斯兰教,伊斯兰教是泰国第二大宗教,泰国还有少数民众信仰基督教、天主教、印度教和锡克教。

3. 语言

泰国的官方语言为泰语和英语。泰国每个地区都有自己的方言,但泰国政府规定以中部首都曼谷地区的方言为标准泰语。泰语中还有许多巴利语、梵语的词汇,这是随着早期佛教在泰国的传播而产生的结果。王室用语则大量来自高棉语和巴利语。社会、政治方面的词汇和一般科技词汇大多是以巴利语和梵语的词根为基础创造的。

4. 重要节日

泰国节日较多,除国际性节日如元旦外,许多与宗教相关的节日及王室纪念日都是法定节假日。泰国法定节假日主要有万佛节、宋干节等。

2.7 商业环境

2.7.1 贸易政策与法规

1. 贸易主管部门

泰国贸易主管部门是商业部,对外业务部门主要包括贸易谈判厅、国际贸易促进厅和对外贸易厅等。

2. 贸易相关法律法规

泰国与贸易相关的主要法律有1979年《出口和进口商品法》、1999年《反倾销和反补贴法》和2007年《进口激增保障措施法》等。

3. 关税与非关税措施

泰国对绝大多数工业原材料和必需品征收零关税,对部分原材料、电子零配件及用于国际运输的交通工具、化工原料等征收1%的关税,对初级产品和资本货物大部分征收5%的关税,对中间产品和成品征收10%~20%的关税,对需要保护的特殊产品征收30%的关税。泰国仅对部分产品实施禁止进口、关税配额和进口许可证等管理措施。

4. 进出口限制

(1) 进口限制

禁止进口产品主要是涉及公共安全和健康、国家安全等的产品,关税配额产品主要为农产品。泰国进口许可管理的产品清单由泰国商业部负责制定，包括关税配额产品、加工品等。泰国对WTO成员方实施的平均关税为11.2%。泰国规定42种产品需要进口许可，包括原材料、石油、工业原料、纺织品、医药品及农产品。

（2）出口限制

泰国除通过出口登记、许可证、配额、出口税、出口禁令或其他限制措施加以控制的产品外，大部分产品可以自由出口。泰国受出口管制的产品有45种，主要为大米、皮毛皮革、柚木与其他木材、橡胶、钢渣或铁渣等。

2.7.2 投资政策与法规

1. 主管部门与法律法规

泰国主管投资促进的部门是泰国投资促进委员会，负责根据1977年颁布的《投资促进法》及1991年第二次修正和2001年第三次修正的版本制定投资政策，具体负责审核和批准享受泰国投资优惠政策的项目、提供投资咨询和服务等。

2. 投资方式

外籍人在泰国开展投资经营活动的方式可分为以下两类：一是按照泰国法律在泰国注册为某种法人实体，具体形式有独资企业、合伙企业、私人有限公司和公众有限公司等；二是成立合资公司，通常指一些自然人或法人根据协议为从事某项商业活动而组建的实体。根据泰国《民商法典》，合资公司不是法人实体，但是根据《税法典》，合资公司在缴纳企业所得税时被视为单一实体。

3. 投资优惠政策

泰国投资促进委员会根据七年投资促进战略（2015—2021年），给予行业、地区、税务和非税务等方面的投资优惠政策。

（1）行业鼓励政策

泰国主要以投资所属的行业为基础，按行业的重要性给予不同程度的优惠政策，另外也按项目所在地区及价值的不同给予额外的优惠。

泰国投资促进委员会将鼓励投资的行业分为A1、A2、A3、A4、B1、B2六类，最高可获"8免5减半"的税收优惠并附加其他非税收优惠权益。另外，泰国对未来十大重点产业也设有配套投资促进优惠政策。

A1类：知识型产业。

A2类：发展国家基础设施的行业。

A3类：对国家发展具有重要意义，并且在国内相关投资极少的高科技行业。

A4类：技术不如A1和A2类先进，但能增加国内原材料价值及加强产业链发展的行业。

B1/B2类：虽没有使用高科技，但对产业链发展仍具有重要性的辅助产业。

（2）地区鼓励政策

BOI对鼓励投资的地区在行业优惠政策基础上给予不同程度的额外优惠政策。泰国重点鼓励投资的地区为东部经济走廊、南部经济走廊和边境经济特区。此外，在20个人均收入较低的府投资也可享受到一些额外优惠。根据泰国投资促进委员投资优惠政策,对在东部经济走廊中投资的企业,泰国投资促进委员按其所处所在区域及所在行业不同,给予不同程度的税收及非税收优惠。

(3) 税务和非税务优惠政策

税务上的优惠权益,主要包括免缴或减免法人所得税、免缴或减免机器进口税、减免必需的原材料进口税、免缴出口产品所需要的原材料进口税等。非税务上的优惠权益,主要包括允许引进专家技术人员、允许获得土地所有权、允许汇出外汇及其他保障和保护措施等。

4. 投资限制

(1) 行业限制

根据《外籍人经商法》(1999)有关规定,泰国限制外国人投资的行业有以下3类:因特殊理由禁止外国人投资的业务、须经商业部长批准的项目、本国人对外国人未具竞争能力的投资业务。

(2) 土地限制

原则上禁止外国人拥有土地所有权,有特殊法律许可的除外。凡需在泰国持有土地的外国人,必须按内务部规定从国外携入不少于4000万铢,并经内务部长批准,可以拥有不超过1莱(泰国面积单位,1莱=1600平方米)的土地,作为其居住用地。上述外国人还必须满足以下条件:①其在泰国投资必须是有益于泰国经济社会发展或满足泰国投资促进委员会规定可予以投资促进的项目;②投资持续时间不少于3年;③持有的土地应在曼谷市区、芭提雅或其他《城市规划法》规定的居住用地范围内。

2.7.3 商务活动

1. 商务礼仪

泰国人注重礼仪,泰国商界比较注重着装,正式场合特别是在访问政府部门时,一般着深色西装,也可着长袖衬衫打领带。根据泰国人文环境特点,泰国人做决策花费时间较长,因此与泰国人做生意要保持耐心。

2. 会议

展示会的对象是群体时,说话声音不要太大,吐字要缓慢清晰。与泰方人员讨论企划案时,领队必须对通盘的计划有相当程度的了解,每位成员必须了解其所负责的部分。访问泰国的成员中一定要包括通晓财务和货运的人。

3. 陈述企划

在正式会议上,必须备妥银行、官员等写的推荐信及其他相当的信誉保证,也要求对方公司提供同样的文件。准备一套印刷精美的展示文件,附上泰文翻译。展示文件中要包括公司简介手册,高阶职员的名称及头衔,并简述公司的理念、价值、使命感和成就。

4. 谈判时间安排

在泰国文化中,人际关系不但是获得合约的保证,而且还是保证整个企划成功的关键。在泰国与各相关单位和部门人员的会晤，要提前预约，并保证准时。

本章小结

泰国历史悠久，农业发达，林业资源丰富，石油主要依靠进口。泰国坚持对外开放，是一个自由的市场经济国家。泰国人主要信仰佛教，宗教文化渗入社会各个层面，对国家政治、经济、教育、商务活动各方面产生影响。泰国政治局势总体保持平稳。政府将发展经济、改善民生作为施政重点，取得较好社会反响，这也是泰国经济能保持持续发展态势的重要原因。泰国是一个在政策上兼具灵活性与应变性的国家，能够根据国际和国内形势做出适当调整。因此，在泰国从事商务活动也应做好这方面的准备。总体而言，遵守国际惯例，融入当地文化，遵纪守法、严守规则、诚信经营、合作共赢、有序竞争是"走入泰国"的企业应坚持的基本原则。

思 考 题

1. 在泰国经商、旅游、从事公务活动应遵循的主要规矩、注意事项和禁忌是什么？
2. 外国人在泰国投资会碰到什么样的风险？
3. 泰国贸易限制的内容是什么？
4. 泰国非关税壁垒有何特点？

第 3 章

拓展视频 3-1

缅　　甸

缅甸全称缅甸联邦共和国。

3.1　简　　史

1044 年，缅甸进入封建社会时期，经历了蒲甘王朝、东吁王朝和贡榜王朝，缅甸封建社会政治经济制度得到发展。英国殖民者先后于 1824 年、1852 年、1885 年通过 3 次英缅战争将缅甸置于英国的殖民统治之下，1886 年将缅甸划为印度的一个省。

英国在对缅甸进行全面殖民统治期间，大肆掠夺缅甸的资源，对缅甸输入资本主义的生产和生活方式，使缅甸社会经济发生了巨大的变化，形成了畸形的殖民地社会经济。

1942—1945 年，缅甸被日本占领，日本投降后仍被英国控制。1948 年 1 月 4 日，缅甸宣告独立。此后，缅甸开始了艰难的复兴与发展。1962 年，奈温将军发动军事政变推翻吴努政府，成立革命委员会，推行"缅甸式社会主义"。1988 年，由于"发展"的失败，全国爆发反政府示威游行。1988 年 9 月，以国防部长苏貌将军为首的军队接管政权，成立"国家恢复法律和秩序委员会"，宣布废除宪法，解散人民议会和国家权力机构，改国名为"缅甸联邦"，军队接管了政权。2011 年，缅甸联邦议会召开首次会议，正式将国名改为"缅甸联邦共和国"。

3.2　自　然　环　境

1. 位置与面积

缅甸位于中南半岛西部，国土总面积约为 67.66 万平方千米。缅甸北部和东北部与中国毗邻；东南部与泰国、老挝交界，西部和西北部与孟加拉国和印度接壤，西南濒临孟加拉湾和安达曼海。

2. 地形和地貌

缅甸的地形地貌特征是以山地和高原为主，地势北高南低，山脉河流均呈南北走向，三面环山,一面临海。境内的高山和大河把缅甸大致分为三个部分:西部山地为南北走向,而中部向西突进的弓形山脉,包括了北段的那加山脉、南段的阿拉干山脉,北段缅印边境一带山高路险,丛林密布,难以通行,一些山口为古代交通要道;掸邦高原因居民多为掸族而得名,地势由西向东南倾斜,高原上有多个山间盆地,南部较平坦,萨尔温江干、支流纵贯其间,河谷为重要农业区;伊洛瓦底江谷地介于西部山地和掸邦高原之间,部分地区为伊洛瓦底江、钦敦江等的冲积平原,分为上游谷地、中游谷地和下游谷地。

缅甸的海岸线分为三段:北段为阿拉干海岸,有较宽的平原,海岸与阿拉干山脉平行,有多处半岛和岛屿、海港;中段为伊洛瓦底江三角洲和河流的出海口;下段为丹那沙林海岸,大小岛屿星罗棋布。

3. 气候与降水

缅甸属热带季风气候。全年可明显地分为3季:3—5月为热季;6—10月为雨季;11月—次年2月为凉季。缅甸年平均气温为27℃,1月平均气温为20~25℃;4月平均气温为25~30℃。缅甸全年雨量充沛,沿海阿拉干和丹那沙林地区年降雨量为3000~5000毫米,伊洛瓦底江三角洲和北部山地年平均降雨量为2000~3000毫米,伊洛瓦底江中部平原降雨相对较少,降雨量年平均为500~1000毫米。

4. 资源禀赋

缅甸自然条件优越,各类资源十分丰富,主要自然资源有农业资源、林业资源、水利资源和矿产资源。

(1) 农业资源

农业是缅甸国民经济的基础,农业产值占国民生产总值的四成左右。缅甸乡村人口约占总人口的70%,其中大多以农业和畜牧业维生。缅甸的主要农作物有水稻、小麦、玉米、豆类等常规作物,和橡胶、甘蔗、棉花、棕榈等工业用作物。豆类是缅甸出口创汇的最主要农产品。2018年,缅甸豆类出口额占农产品出口额的一半以上。缅甸土地资源丰富,全国可耕地面积约1800万公顷,实际耕种面积为1100万公顷,可垦荒地还有640万公顷。

(2) 林业资源

截至2020年9月底,缅甸全国林地面积约3440万公顷,原始森林面积134万公顷。森林覆盖率为41.3%(2018年9月),主要分布在北部、西部、南部。中部勃固山脉是柚木的主要产区。缅甸植物种类约8570种,林业种类约2300种,其中乔木约1200余种。缅甸盛产柚木和各种硬木,可供采伐的柚木面积约610万公顷,世界60%的柚木储量和国际市场上75%的柚木均产自缅甸。缅甸还盛产檀木、鸡翅木、铁力木、酸枝木、花梨木等硬木,硬木潜在年产量约130万吨。此外,缅甸还有丰富的竹类和藤木资源。2014年4月开始,缅甸政府禁止原木出口;2017年11月底,缅甸国家投资委员会暂停审批使用缅甸原始森林出产的木材原料加工厂项目。

(3) 水利资源

缅甸国内河流密布,淡水资源十分丰富,伊洛瓦底江和萨尔温江两大水系覆盖全国,河流纵横交错,主要河流有伊洛瓦底江、萨尔温江、钦敦江和湄公河。其中伊洛瓦底江、萨尔温江和湄公河均发源于中国。伊洛瓦底江为缅甸第一大河,流域面积43万平方千米,萨尔温江为缅甸第二大河，流域面积约20.5万平方千米。湄公河主要流经缅甸掸邦与老挝、泰国的边境线。缅甸水利资源丰富，水利资源占东盟国家水利资源总量的40%，但由于缺少水利设施，尚未得到充分利用。缅甸利用水力发电潜力很大，截至2018年9月底，缅甸水力发电装机占总装机的57.7%。

（4）矿产资源

缅甸矿产资源丰富，主要有6个成矿带。矿产资源主要有锡、钨、锌、锑、宝石和玉石等。缅甸的宝石、玉石、翡翠举世闻名。缅甸商务部数据显示，2018/2019财年缅甸出口矿产品14.7亿美元。石油和天然气在内陆及沿海均有较大蕴藏量。

5. 人口

缅甸总人口约为5458万人（2020年4月）。缅甸人口排前六位的省邦分别是仰光省、曼德勒、伊洛瓦底省、掸邦、实皆省和勃固省。根据缅甸政府最新发布的《2019年人口普查调查》初步结果显示，2014—2019年，缅甸在人口、社会经济和发展等主要指标方面取得进步。国民预期寿命从2014年的64.3岁增加至2019年的69.4岁，新生儿死亡率从61.8‰降至30.9‰。

6. 首都和主要城市

2005年以前，缅甸首都是仰光，人口530多万人，是缅甸的第一大经济中心。2005年11月，缅甸将首都迁至内比都，距仰光390千米，全市总面积2725平方千米，人口约92万人。同缅甸有外交关系的国家将使馆设在仰光。缅甸的主要城市有仰光、曼德勒、蒲甘。

7. 行政区划

全国分七个省、七个邦和联邦区。省是缅族主要聚居区，邦为各少数民族聚居地，联帮区是首都内比都。

3.3　政　治　环　境

1. 政治体制

缅甸政治体制是总统共和制。1974年，缅甸制定了《缅甸社会主义联邦宪法》。1988年，成立"国家恢复法律和秩序委员会"。军队接管政权，掌管国家立法、行政和司法权。政府把促进民族和解、努力发展经济、积极改善民生、扩大国际生存空间作为巩固军人执政地位的主要措施。2008年5月，缅甸新宪法草案经全民公决通过，并于2011年1月31日正式生效。2021年2月1日，缅甸总统温敏、国务资政昂山素季及一些民盟高级官员被军方扣押。缅甸军方随后宣布，开始实施为期一年的紧急状态，国家权力被移交给国防军总司令。

2. 主要政党

进入议会的缅甸主要政党有全国民主联盟、联邦巩固与发展党、若开民族发展党、掸族民主同盟、民族团结党等。

3. 司法体系

缅甸司法体系由四级法院和检察院构成，设最高法院和最高检察院，下设省邦、县及镇区3级法院和检察院。缅甸最高法院为国家最高司法机关，最高检察院为国家最高检察机关。

4. 对外关系

缅甸奉行"不结盟、积极、独立"的外交政策，按照和平共处五项原则处理国与国之间关系，不依附任何大国和大国集团，在国际关系中保持中立，不允许外国在缅甸驻军，不侵犯别国，不干涉他国内政，不对国际和地区和平与安全构成威胁，是"和平共处五项原则"的共同倡导者之一。1988年，军政府上台后，以美国为首的西方国家对缅甸实施经济制裁和贸易禁运，终止对缅甸经济技术援助，禁止对缅甸进行投资。1997年，缅甸加入东盟后，与东盟及周边国家关系有较大发展。缅甸政府积极推进民族和解，与西方国家关系逐步缓和。截至2019年7月，缅甸与世界上123个国家建立有外交关系。由于受欧美等西方国家的制裁，缅甸外交的重点主要集中在东亚地区和周边国家，交往比较多的是中国、印度、日本、韩国和东盟各成员国。

缅甸与中国的关系十分紧密，缅甸是最早承认中华人民共和国的国家之一。1950年6月8日，中缅两国正式建立外交关系。1960年，两国政府签署了《中华人民共和国和缅甸边界条约》，圆满地解决了两国历史遗留的边界问题。此后两国领导人一直保持着互访的传统，人民之间也保持亲密的相互往来。进入21世纪以来，中缅两国各领域友好交流与合作进一步加强，双方在政治、经济、贸易、科技、军事、文化、体育等各个领域的交流合作不断扩大。2011年5月27日，中缅两国宣布建立全面战略合作伙伴关系。2021年，缅甸政局变化后，中国政府表示希望缅甸各方从国家民族的根本和长远利益出发，在宪法和法律框架下通过对话协商，妥善处理分歧，维护政治和社会稳定，以和平方式解决出现的问题，继续有序推进国内民主转型进程。

3.4 经济环境

3.4.1 经济发展概述

缅甸独立以来，其经济发展大致经历了以下三个阶段。

1. 1948—1961年

吴努执政时期的主要任务是改造殖民地经济结构，制定国家经济发展计划，发展民族经济，积极发展对外经济关系，争取国际援助。这一时期缅甸经济年平均增长率达到5.6%，总体经济已恢复并超过第二次世界大战前的最高水平。

2. 1962—1987年

缅甸开始实行国有化运动，1974年，以宪法的方式确定了缅甸的计划经济体制。缅甸将外国资本和一部分民族资本收归国有，集中财力建立国营企业，严格限制私人经济发展、实行土地国有化为中心的农村土地改革，不允许外国在缅甸进行投资，只接受不损害缅甸利益的有限国际援助，自力更生，发展经济。这一阶段的缅甸经济发展严重受阻，1985 年以后，缅甸经济迅速滑坡，1987 年，联合国将缅甸列为"最不发达国家"之列。

3. 1988 年至今

由于经济日益恶化，缅甸的经济、政治形势发生动荡。政府被迫宣布进行经济改革，推行市场经济和逐步开放，缅甸经济状况有较大改善。1995 年，政府制定了五年经济发展计划，以优先发展农业，带动其他产业发展。同时加强基础设施建设，降低通货膨胀为主的政策使缅甸经济走入健康轨道。但是，由于受 1997 年的金融危机和欧美发达国家持续的经济制裁的影响，缅甸多年没有完成经济计划。2015 年，缅甸虽然允许外资银行进入后情况有所改善，但仍有很大的提升空间；政府宏观调控能力较弱，缺乏成熟的调控机制，汇率和利率形成机制缺乏灵活性，对外商的投资收益有一定影响。2020 年，缅甸 GDP 总量为 761.86 亿美元，GDP 增长率为 －10%，人均 GDP 约为 1390 美元。

3.4.2　经济结构

缅甸经济的基本结构特征是以农业为主体，初期工业化发展，服务业相对落后。其基本的产业构成是农、林、渔、矿产品生产、初级加工制造业和商业服务业。2019 年，缅甸农业、工业和服务业的 GDP 占比分别为 21.35%、37.96% 和 40.68%。

3.4.3　经济基础设施

缅甸的基础设施总体上较落后，交通不发达，运输能力弱，通信价格高，电力基础薄弱，制约着经济的发展。随着"一带一路"设施联通的推进，缅甸的经济基础设施有了较快发展。

1. 交通运输

交通运输以水运为主，铁路大多为窄轨。

（1）水运

缅甸主要港口有仰光港、勃生港和毛淡棉港，其中仰光港是缅甸最大的海港。2018 过渡财年，缅甸港口总吞吐量为 898.3 万吨；缅甸交通与通讯部数据显示，内河航道 14842.6 千米，水路运输旅客达 498.7 万人次。

（2）陆路交通

缅甸政府大力修筑公路和铁路，陆路交通有所改善。据缅甸建设部高速公路局公布的相关数据显示，截至 2018 过渡财年末，缅甸公路总里程为 4.19 万千米，铁路总长为 6112.29 千米。连接中国与缅甸的公路主要有滕密公路。

仰光有环城铁路，全长约 45.9 千米，连接缅甸市区与城郊，全程耗时约 3 小时。缅甸尚无城市地铁。2017 年 4 月，缅甸交通与通讯部提出，将优先对现有铁路中的五段铁路进行升级改造，这五段铁路分别为：仰光—曼德勒铁路、曼德勒—密支那铁路、仰光—毛淡棉铁路、仰光—卑谬铁路，以及仰光—勃固铁路。2020 年 4 月，缅甸政府与日本国际协力机构就借款 406 亿日元用于仰光—曼德勒铁路改善一期项目达成共识，项目将对仰光到东吁的现有铁路及相关设施进行现代化改造，以提高铁路运输能力，项目预计将于 2023 年完工。

（3）航空

缅甸主要航空公司有缅甸航空公司、缅甸国际航空公司、曼德勒航空公司、仰光航空公司、甘波扎航空公司、蒲甘航空公司、亚洲之翼航空公司、金色缅甸航空公司等。缅甸主要机场有仰光机场、曼德勒机场、内比都机场、黑河机场、蒲甘机场、丹兑机场等，其中仰光机场、曼德勒机场和内比都机场为国际机场。

2. 能源

缅甸能源资源比较丰富，主要的能源开发是石油与天然气、电力和通信等。

（1）石油与天然气

缅甸石油与天然气资源主要分布在缅甸中部和沿海地区，石油开采有百余年历史。缅甸共有 104 个油气开采区块。中缅天然气管道已于 2013 年 7 月建成通气；中缅原油管道已于 2015 年 1 月完工并进入试投产。据缅甸商务部统计，探明天然气 8.1 万亿立方英尺，共有陆地及近海油气区块 77 个。2018 过渡财年，缅甸天然气出口额约占缅甸出口总额的 13.2%，已成为亚太地区天然气储量第七大国家。

（2）电力

据《2019 年缅甸年鉴》统计，截至 2018 过渡财年末，缅甸全国电力总装机容量为 5651 兆瓦，其中水电 3259 兆瓦，天然气电 1779 兆瓦，火电 496 兆瓦，柴油发电 117 兆瓦。总发电量为 111.29 亿千瓦时，总消耗电量为 94.73 亿千瓦时。缅甸工业用电仍有缺口，但随着越来越多的电站项目建成投产及输电线路的完善，工业、居民用电将有保障。据缅甸电力能源部统计，2019 年 12 月缅甸实现全国 50% 家庭供电。

缅甸于 2014 年制定了《国家电力发展规划》，通过使用太阳能发电板等方式实现离网电源初步供电；通过增加发电量，新建输变电线路，优化配网等方式，最终将在 2030 年实现电力全覆盖。

（3）通信

从 20 世纪 90 年代以来，缅甸通信虽然已有一定发展，但基础设施落后。进入 21 世纪以来，缅甸通信业发展较快，吸引外资额仅次于制造业，排名第二。缅甸交通与通信部公布的数据显示，缅甸共有约 5530 万户为电话用户，其中约 3998.87 万户为移动电话用户；电话交换台中 442 个为自动交换台，6 个为人工接线台。全国共有 1388 个邮局，网络用户为 4027.17 万户。

在国际通信方面，缅甸不仅开通了国际卫星电话，而且可以通过亚欧海底光缆 2 万条线路与 33 个国家和地区直接连通，并能通过这些国家和地区同世界其他国家和地区进行通话。中国移动和中国联通 GSM 电话可在缅甸使用。

3.4.4 投资、贸易、金融与外汇

国际货币基金组织在 2020 年 4 月的《世界经济展望》中预测，2020 年，全球仅 10% 的国家预期可实现经济增长，缅甸是其中之一。

1. 投资

根据联合国贸易和发展会议公布的《2020年世界投资报告》，截至2019年年底，缅甸吸收外国直接投资累计341.3亿美元。截至2020年4月底，缅甸主要直接投资来源地分别为新加坡、中国、泰国和英国。截至2020年6月底，缅甸吸收外国投资累计已达860多亿美元；主要投资领域为交通通信业、制造业、电力、房地产、酒店和旅游业等。

在缅甸的经济发展进程中，投资不足一直是经济发展的障碍，主要有以下三方面的原因。

第一，缅甸自独立以来经济发展一直受政治不稳定的干扰，没有长期稳定的国家经济发展战略规划，以及1962—1988年的计划经济造成的低增长，导致资本形成十分缓慢，资本积累的问题至今没有得到很好的解决。

第二，1988年以后，缅甸虽然颁布了缅甸《外国投资法》，但是由于西方国家的经济制裁，以及缅甸国内投资环境差，风险较大，实际外国投资到位率较低。

第三，缅甸经济政策方面存在问题，如汇率政策和汇率管理不合理，汇率严重扭曲。缅甸有利可图的产业限制较大，还保留了大量国家垄断企业，外资和私人资本在实际的运作中被歧视问题依然存在，在一定程度上限制了外资和私人资本的投入。

2. 贸易

2001年以后，随着经济增长和政府的贸易政策调整，缅甸放宽对外贸的限制，允许私人经营外贸业务，并开放了同邻国的边境贸易，出口增加，外贸逆差逐步减少。缅甸通过15个边境贸易点，主要与中国、泰国、印度和孟加拉国等邻国开展边境贸易。中缅边境的木姐口岸是缅甸最大的边境贸易点。

2020年，缅甸对外贸易额为430.45亿美元，其中出口额220.94亿美元，进口额209.51亿美元。缅甸主要出口产品为天然气、玉石、大米等；主要进口产品为石油与汽油、商业用机械、汽车零配件，以及中间产品等。位居缅甸前5位的贸易伙伴依次为中国、泰国、新加坡、日本和印度。

2020年，中缅双边贸易额达188.9亿美元，同比增长1%，其中中国对缅甸出口额125.5亿美元，同比增长16.7%；从缅甸进口额63.4亿美元，同比增长36.4%。中国为缅甸第一大贸易伙伴、第一大出口市场和第一大进口来源地。

3. 金融

缅甸的国有银行主要有：缅甸中央银行、缅甸经济银行、缅甸投资与商业银行等。缅甸允许私人开办银行，允许外国银行在缅设立代表处。缅甸私人银行主要有：妙瓦底银行、甘波扎银行、合作社银行等。中国工商银行、越南投资与发展银行等20余家外国银行在缅甸设有代表处。

4. 外汇

缅甸尚未完全解除外汇管制，缅币不得出入缅甸国境。缅甸的外汇管理主要由缅甸中央银行外汇管理局负责，对外贸易主要以美元或欧元结算，结算方式主要是银行信用证和汇款。2016年12月，中国工商银行仰光分行获准办理人民币项下的兑换和结算业务，中缅之间正常贸易的人民币结算迈出了第一步；2017年12月，中国工商银行仰光分行获缅甸中央银行批准，可以办理人民币与缅币之间的兑换和人民币汇款业务。

缅甸法定货币是缅币，面额主要有10000、5000、1000等，可自由兑换。

3.5　社会环境

1. 家庭与社会生活

家庭仍然是缅甸社会生活的重要方面，缅甸实行一夫一妻制，家庭结构也比较稳定，长幼尊卑有序。家庭作为最基本的社会单元对经济社会的发展发挥重要作用。缅甸各族人民有着自己的宗教、文化价值观和生活习俗，他们对于生老病死、婚丧嫁娶、饮食起居等有着不同的方式和态度。

2. 科教

19世纪末之前，缅甸实行文化教育与宗教灌输合一的教育制度。寺庙教育作为缅甸基础教育的组成部分受到政府重视，寺庙既是信徒朝圣礼佛的地方，也是教育的中心。缅甸教育分学前教育、基础教育和高等教育。缅甸共有基础教育学校40876所，大学与学院108所，师范学院20所，科技与技术大学63所，部属大学与学院22所；著名学府有仰光大学、曼德勒大学等。

3. 医疗机构

根据缅甸卫生与体育部公布的数据，截至2016/2017财年末，缅甸共有公立医院1115所，医生10479名，护士20881名，主要传染病有登革热、疟疾、肝炎、肺结核。由于缅甸投资和医疗人力资源不足，在边远地区缺医少药的情况还十分严重。

4. 新闻出版与传媒

缅甸官方对新闻和媒体的控制较严，主要的国家通讯社有缅甸通讯社，最主要的电视媒体是缅甸国家电视台和妙瓦底电视台。缅甸之声广播电台是缅甸最有影响力的广播电台。缅甸官方报纸有《缅甸新光报》和《缅甸镜报》，私营报刊主要有《缅甸时报》《七日周刊》等。缅甸全国有约180种杂志和期刊。缅甸全国共有177个电视转播站，全国大部分地区均能收看电视节目。

5. 体育设施

缅甸现有体育场223处，体育馆78个；较为著名的有曼德勒巴图运动场等。

3.6 文化环境

拓展视频 3-2

1. 民族

缅甸共有 135 个民族，主要有缅族（约占 65％）、掸族（约占 8.5％）、克伦族（约占 6.2％）、若开族（约占 5％）、孟族（约占 3％）、克钦族（约占 2.5％）、钦族（约占 2.2％）、克耶族（约占 0.4％）等。这些民族按语言谱系分类，大致可以划分为 3 个语系，即汉藏语系、孟高棉语系和汉泰语系。缅族主要分布于缅甸的中部地区和主要河流的冲积平原地区，其他民族主要分布于缅甸高原山区、半山区及沿边地区。缅甸各个民族的社会生产力发展水平不均衡，包括缅族在内的大部分民族都是农耕民族，尤其是高原山区及沿边地区的少数民族经济发展更为落后。

2. 宗教

佛教传入缅甸已有上千年历史，宗教思想已深入社会生活的各个角落，形成缅甸人民根深蒂固的思想体系。缅甸 85％以上的人信仰佛教，佛教不但是缅甸人的宗教信仰，而且是他们道德教育的源泉。缅甸是个信仰自由的国家，不同宗教享有平等发展的权利，每年都有许多宗教的仪式、节日。

缅甸文化深受佛教文化影响，各民族的文字、文学、音乐、舞蹈、绘画、雕塑、建筑及风俗习惯等都留下佛教文化的烙印。缅甸独立后，始终维护民族文化传统，保护文化遗产。传统文化在缅甸有广泛影响，占主导地位。

3. 语言

缅甸共有 100 多种民族语言，官方语言为缅甸语，英语是商务常用外语。

4. 风俗习惯

（1）饮食习惯

缅甸人的早餐有米粉、面条或炒饭，也有喝咖啡、红茶和吃点心的；午餐和晚餐为正餐，以米饭为主食。缅甸的菜肴特点为油多、带酸辣、味重，常用各种幼果、鲜菜嫩叶当作小菜，蘸佐料吃。缅甸人进餐时将米饭盛在盘子里，用手抓着吃。随着社会发展，缅甸用刀、叉、勺进食的人逐渐增多。

（2）服饰

缅族服饰不论男女都穿筒裙，男上衣为无领对襟长袖短外衣，女上衣为斜襟短外衣。每逢重要场合，缅甸男性大多戴缅式礼帽，女性大多挽发髻，戴鲜花，喜爱用香木浆涂在脸上，有清凉、防晒、护肤作用。缅甸人在任何场合均穿拖鞋，军人除外。

（3）人名

缅甸人只有名字，没有姓，但要在名字前加一冠称，以示性别、长幼和尊卑。对长辈或有地位的男性，名字前冠以"吴"，对平辈冠以"哥"，对晚辈冠以"貌"；对长辈或有地位的女性冠以"杜"对晚辈或平辈的女性冠以"玛"。一些知识分子在自己名字前冠以"耶波",意为同志。

(4) 皈依礼

按缅甸佛教习惯,男性在成人前,一般从五六岁起,都要举行剃度仪式,进寺庙当一次和尚,时间可长可短,一般为一个星期,这样才算成人,在社会上才会受到尊敬。

(5) 缅历新年(泼水节)

泼水节是缅甸人民的传统节日,为缅历新年,类似中国的春节。泼水节一般在公历 4 月中旬,通常历时 3~4 天。按照缅甸风俗,节日期间,不分男女老少,可以相互泼水,泼水节的水象征着幸福吉祥,表示除旧迎新。

(6) 禁忌

缅甸人忌讳抚摸小孩的头。小孩双手交叉胸前,表示对大人的尊敬。

5. 重要节日

独立节(1月4日)、建军节(3月27日)、泼水节(4月中旬)等。

3.7 商业环境

1. 贸易法规与政策

(1) 贸易主管部门

缅甸贸易主管部门为缅甸商务部,负责办理批准颁发进出口营业执照、签发进出口许可证,管理举办国内外展览会、办理边境贸易许可、研究缅甸对外经济贸易问题、制定和颁布各种法令法规等。

(2) 贸易政策与法规

缅甸与贸易有关的主要法律有《缅甸联邦进出口贸易法》(2012)、《重要商品服务法》(2012)、《竞争法》(2015)、《竞争法》实施细则(2017)、《消费者保护法》(2019)、《破产法》(2020) 等。1988 年以来,缅甸政府实行市场经济,允许私人从事对外贸易,对外贸易实行许可证管理制度。农民可自由经营农产品,私人可经营进出口贸易,并开放了同邻国的边境贸易。

(3) 贸易限制

《缅甸海关进出口程序》(1991) 对禁止进出口的物品做了详细规定。

2. 投资法规与政策

(1) 投资主管部门

缅甸投资委员会是主管投资的部门,由相关经济部门领导组成,国家投资与对外经济关系部下属的投资与公司管理局主管公司设立及变更登记、投资建议分析及报批、对投资项目的监督等日常事务。

(2) 投资法规与政策

缅甸 2016 年 10 月颁布《缅甸投资法》,2017 年 3 月发布《缅甸投资法实施细则》,对在缅投资有关事宜做出了规定。

(3) 投资行业管理

2017年4月，缅甸发布4类限制投资行业：只允许国营的行业、禁止外商经营的行业、外商只能与本地企业合资经营的行业、必须经相关部门批准才能经营的行业。

2017年6月，缅甸投资委员会公布鼓励投资的10个行业，包括：农业及相关服务行业；畜牧业及渔业养殖；有助于增加出口的行业；进口替代行业；电力行业；物流行业；教育服务；健康产业；廉价房建设；工业园区建设。

(4) 土地使用

根据现行的缅甸土地相关法规，甸禁止外国人及外资企业获得土地的所有权或者长期租赁土地（时长超过1年），但获得缅甸投资委员会许可的外国人或者外资企业可以长期租赁土地（最长不超过70年）。

(5) 税收优惠

《缅甸投资法》规定了按照投资地域区分的免税政策，共分3类地区：第一类为最不发达地区（简称一类地区），第二类为一般发达地区（简称二类地区），第三类为发达地区（简称三类地区）。在一类地区投资的企业至多连续7年免征所得税，二类地区至多免征5年，三类地区至多免征3年。

(6) 公司注册

根据《缅甸公司法》，外国主体既可注册外资公司或外资公司分支机构，也可与缅甸国民或相关政府部门、组织共同组建合资公司。外国企业也可依照缅甸投资与公司管理局的相关规定设立海外法人等机构。

3. 商务礼仪

与缅甸人交往时应注意了解他们的价值观、行为方式、风俗习惯。在缅甸进行商务活动必须持有有效的护照和签证。进入缅甸前先了解相关的法律法规、办事程序、节假日，通常通过法律咨询公司、商务中介或商业伙伴等来了解。

(1) 社交礼仪

和缅甸人第一次会面通常不谈论重要的商务问题，可准备一些小礼品，如水果、甜食或精美的工艺品均可。在正式场合应着庄重服饰，男士穿西装、打领带；女士穿套装、礼服等。缅甸人喜欢保守和间接的交流方式，说话轻声，一般不握手，仅微笑点头。给缅甸人递送东西、名片的时候应用右手。

(2) 时间与谈判风格

与缅甸人约会时要准时。因为缅甸许多公司是国有的，所以必须与政府官员、机关部门和公司打交道。商业活动成功与否通常取决于与当地政府和商业伙伴所建立关系的牢固程度，因此，要花相当多的时间来建立与政府官员和商业伙伴的和谐关系。

本 章 小 结

缅甸风景优美，土地肥沃，森林覆盖率高，矿产资源、森林资源、水力资源和海洋资源丰富，盛产天然气，素有"稻米之国"的美誉。缅甸经济发展相对落后，是以农业为主的国家，工业基础薄弱，经济基础设施不足。缅甸政府为吸引外资，正在逐步完善相关的法律法规以改善营商环境。当前缅甸正处于政治和经济转型期，国家政局趋于稳定，整体经济呈现出较快发展的良好势头。中缅两国经贸合作全面深入，在"一带一路"倡议推动下，中缅两国贸易和投资增长迅速。在缅甸进行商务活动，要注意防范风险，遵守缅甸的法律法规，尊重当地的文化习俗和宗教信仰，积极融入当地社会，注重生产安全和环境保护，履行社会责任，实现和谐共赢。

思 考 题

1. 缅甸的经济结构与市场特点是什么？
2. 在缅甸开展贸易、投资应遵循的法律法规有哪些？
3. 在"一带一路"倡议下，缅甸与中国的经贸合作面临哪些机遇和挑战？

第 4 章

越　　南

拓展视频 4-1

越南全称越南社会主义共和国。

4.1　简　　史

公元968年，越南成为独立的封建国家。

1884年，越南正式沦为法国殖民地。柬埔寨和老挝沦为法国殖民地后，法国将越南上述三地加上柬、老合称"法属印度支那"，"印度支那"这一地名由此而来。1954年7月，签署了关于恢复印度支那和平的日内瓦协定，越南北方获得解放，南方仍由法国（后成立了由美国扶植的南越政权）统治。1961年，越南开始进行抗美救国战争。1973年1月，越南和美国在巴黎签订关于在越南结束战争、恢复和平的协定，美军开始从南方撤走。1975年5月，南方全部解放。1976年4月，选出统一的国会，同年7月宣布全国统一，定国名为"越南社会主义共和国"。

1986年，越南政府开始革新开放，从20世纪90年代开始收到显著成效。1995年，越南和美国建交并正式加入东盟，全面摆脱内外交困的被动局面，迎来快速发展的新时期。当前，越南正处于历史上最好的发展时期，国际环境空前改善，国家发展欣欣向荣。

4.2　自然环境

1. 地理位置及面积

越南地处中南半岛东部，东部和南部临海，北部与中国接壤，西部与老挝和柬埔寨为邻，海岸线总长3260千米。越南地形狭长，呈"S"形，南北最长处约1650千米，东西最宽处约600千米，最窄处仅50千米，全国总面积约32.9万平方千米。

2. 地形地貌

越南地形就像"一根扁担挑两个箩筐"，是一个多山国家，全境3/4的面积为山地和高原。越南北部、西北部和中部为高山和高原，山脉为西北至东南走向或南北走向。越南平原主要分布在红河三角洲、湄公河三角洲及沿海地区，大多由河流冲积而成，这一地形特点构成越南境内三大山地（东北部山区、西北部山区、长山山区）、两大平原（红河三角洲平原和湄公河三角洲平原）和中部以西的昆嵩、波莱古、多乐、林同和夷灵等高原。

越南河流密布，其中长10千米以上的河流达2860条。

越南最大的河流为红河和湄公河，红河发源于中国云南；湄公河发源于中国青藏高原，经缅甸、老挝、泰国、柬埔寨流入越南南部，由于有9条支流汇入，因此也称"九龙江"。其他比较重要的河流有泸江、黑水河等。

3. 气候和气温

越南地处北回归线以南，属热带季风气候，气温高、湿度大、风雨多。由于地形不同和受季风影响，越南大部分地区年平均气温为24℃。越南北部地区四季分明；南部地区5—10月为雨季，11月—次年4月为旱季。越南年平均降雨量为1500～2000毫米。越南还是多雾的国家，中部平原月平均10～20天有雾。

4. 人口和行政区划

截至2020年年底，世界银行统计的越南人口总数为9734万人。

越南行政区划分为直辖市和省。越南全国设58个省和5个直辖市。5个直辖市分别为首都河内、南部工商业城市胡志明、北方工业城市海防、中部工业港口城市岘港和南部农业中心芹苴。

河内是越南的首都，位于红河三角洲平原中部，是全国政治、文化中心，全国面积最大和人口第二大城市。水陆交通便利，有铁路、公路和航空线与全国主要省市相连。

5. 自然资源

越南矿产资源丰富，种类多样，主要有煤、铁、钛、锰、铬、铝、锡、磷等。越南煤、铁储量较大，已探明的煤炭储量达38亿吨；铁矿资源极其丰富，非常具有开发潜力，现有的3个铁矿区储量高，近13亿吨；石油、煤炭、磷化工已经形成一定生产规模，石油是越南外贸出口的主要产品。

越南的土壤、气候和生物资源非常适宜农、林、渔业的发展，稻米、玉米、木薯等是主要的粮食作物，越南已经连续多年保持了世界第二大稻谷出口国的地位。越南还盛产橡胶、咖啡、茶叶、甘蔗等经济作物。越南水果种类繁多，主要有杧果、榴莲、红毛丹等；森林树种资源丰富，有1000余种，森林面积约1000万公顷，森林覆盖率接近42%。越南拥有丰富的渔业资源，盛产红鱼、鲐鱼、鳖鱼等多种鱼类；中部沿海、南部东区沿海和暹罗湾等海域，每年海鱼产量达数十万吨。

截至2019年，越南原油储量约44亿桶，居世界第28位；天然气储量1万亿立方米。越南原油开采规模排名世界第36位，石油出口在东南亚排名第4位。2020年，越南开采原油1147万吨，开采天然气91.6亿立方米。2019年，出口原油410万吨，同比增长3.6%，出口额约20.3亿美元，同比下降7.8%。泰国、中国、日本、澳大利亚是越南石油的主要买家。

4.3 政治环境

1. 政治体制

越南社会主义共和国国家政权属于人民,越南共产党以马克思列宁主义和胡志明思想为指导思想。越南现行宪法是第五部宪法。

国会是国家最高权力机关和唯一的立法机构,每届任期5年,通常每年举行两次例会。2021年,越南共产党在河内召开了越南共产党第十三次全国代表大会(以下简称越共十三大)。此次会议总结了越南革新多年来的成就与经验、提出了越南到21世纪中叶的发展目标和方向。越共十三大对未来5年、10年的发展规划和中长期发展战略进行了布局,提出了到2030年(建党100周年)和2045年(建国100周年)"两个一百年"的发展目标,力争到21世纪中叶把越南建设成为"社会主义定向的发达国家",建成"强盛越南"。

2. 政府

政府是越南国家最高行政机关。越南政府机构包括:国防部、公安部、外交部、内务部、司法部、计划投资部、财政部、工贸部、农业与农村发展部、教育培训部、交通运输部、建设部、资源环境部、通信传媒部、劳动伤兵和社会部、文化体育和旅游部、科技部、卫生部、国家银行、民族委员会、政府监察总署和政府办公厅等。

3. 政治党派

越南共产党是越南唯一合法的政党,成立于1930年2月3日,同年10月改名为"印度支那共产党",1951年改名为"越南劳动党",1976年改名为"越南共产党"。截至2022年6月,越南共产党员共约540多万人,基层组织近5.6万个。越共十三届中央总书记为阮富仲。

4. 司法体制

越南的司法体制由最高人民法院、最高人民检察院及地方法院、地方检察院和军事法院组成。人民法院包括县人民法院、省人民法院和最高人民法院。最高人民法院是越南最高审判机关,监督地方人民法院和军事法院的审判工作。人民检察院在组织机构上与人民法院平行,也包括县人民检察院、省人民检察院和最高人民检察院。

5. 对外关系

越南奉行独立、自主、和平、合作与发展、全方位、多样化外交路线,保持与传统周边邻邦的友好关系,积极发展与东盟国家的友好合作,重点发展与中国、美国、俄罗斯等大国以及世界银行等国际组织的关系,积极参与国际事务。截至2022年,越南已同189个国家建交。

中越两国于1950年1月18日建交。中越两国和两国人民之间的传统友谊源远流长。

在长期的革命斗争中，中国政府和人民全力支持越南抗法、抗美斗争，两国在政治、军事、经济等领域进行了广泛的合作。20世纪70年代后期，中越关系恶化。1991年11月，中越两国关系实现正常化。中越关系正常化以来，两国在文化、科技、教育和军事等领域的交流与合作不断向广度和深度发展，党、政、军、群众团体和地方省市交往日趋活跃，合作领域不断扩大，双方还开展了社会主义理论研讨会和青少年交流活动。两国部门间签署了外交、公安、经贸、科技、文化、司法等各领域合作文件。1999年以来，中越关系总体保持良好发展。两国领导人提出"长期稳定、面向未来、睦邻友好、全面合作"十六字方针和"好邻居、好伙伴、好同志、好朋友"四好精神，在此基础上发展两国全面战略合作伙伴关系。

4.4 经济环境

1. 经济发展概述

越南是发展中国家，自1986年开始实行革新开放，1996年，越南共产党第八大全国代表大会提出"促进工业化、现代化，以实现民富、国强、社会公平、文明，稳步进入社会主义的目标"。多年来，越南坚持革新开放，以经济发展为中心，加快融入国际经济，经济总量不断扩大，三大产业结构趋向合理协调，对外开放水平不断提高，基本形成了以国有经济为主导、多种经济成分共同发展的格局。

过去20年间越南经济高速增长，GDP年均增速达6.5%以上，人均收入增长27倍，经济规模增长39倍。2020年，剔除物价上涨因素，越南完成实际GDP总量约为2710亿美元。

2. 经济结构

据越南国家统计局数据，2020年，越南农林水产业增长2.68%，为GDP增长贡献13.5%，占GDP比重为14.85%；工业建筑业增长3.98%，为GDP增长贡献53%，占GDP比重为33.72%；服务业增长2.34%，为GDP增长贡献33.5%，占GDP比重为41.63%。

3. 经济基础设施

越南的交通运输系统比较落后，虽有铁路、公路干线贯通南北而形成的以河内和胡志明市为中心的南北交通网，且北部有铁路、公路与中国相连，西部、南部与老挝、柬埔寨有公路相通，但设施陈旧、效率低，不能很好地满足国民经济建设的需要。随着经济的发展和运输量的剧增，原有的交通基础设施越来越难以适应形势发展的需要，成为制约国民经济发展的"瓶颈"。

（1）铁路

越南铁路网络始建于1881年，截至2020年，铁路网总长3143千米，包括3类轨宽，主要为米轨，其余为标准轨和套轨。但随着廉价航空和高速公路的快速发展，铁路运输业因运行速度低、设施设备老旧、竞争力不足等原因正面临窘境，日益被边缘化。2019年，越南铁路共运送旅客 800 万人次，同比大幅下降 6.9%；运输货物 520 万吨，同比下降 9.1%。越南铁路客运量占全国旅客交通运输量的比重不足 1%，旅客把乘坐火车作为最后的选择。

(2) 公路

公路运输为越南主要运输方式，国道、省道和高速公路构成主要公路交通网，公路总里程 66.8 万千米，其中，国道里程约 2.46 万千米、高速公路里程约 1800 千米。2019 年，公路系统共运送旅客约 51.4 亿人次；运输货物约 16.84 亿吨。中越陆地边界线长达 1450 千米，两国共设有 28 对不同等级的陆上口岸，大部分口岸可通过大小公路连接，较大的公路连接口岸有东兴—芒街、友谊关—友谊、河口—老街等。

(3) 水运

内河运输方面，越南河流密集，内河航运基础很好。截至 2019 年年底，越南管理、开拓内地水路总长 1.9 万千米，大部分为自然开拓，其中 6700 千米为国家级内运线。北部船驶深度保证 2~2.5 米，南部保证大于 3 米。越南内河运输的货运量与客运量仅次于公路运输，在全国运输业居第二位；内地水路港口共有 131 个，其中 13 个能停靠外国船舶；主要港口位于胡志明、河内、河北、越池、宁平、和平等省市。内河运输是越南普遍使用的运输方式，运输的货物主要包括粮食、煤炭、水泥、石头、沙子等。

海洋运输方面，越南现有海港 49 个，其中一类港口 17 个，二类港口 23 个，三类港口 9 个，共有靠泊码头 272 个。越南分为六大港口群，自北向南依次为广宁省至宁平省的北部港口群、清化省至河静省的北中部港口群、广平省至广义省的中部港口群、平定省至平顺省的南中部港口群、南部港口群和九龙江平原港口群，吞吐量主要集中在北部港口群和南部港口群，约占总吞吐量的 80%。越南全国海港设计吞吐能力约 4 亿吨，全国尚无国际中转港，进出口货物均需经新加坡、中国等地中转。越南海运船队主要由国内自产新船和国外进口二手船组成，共有海运船只 1600 余艘，总吨位 620 万吨，世界排名第 31 位。

(4) 航空

截至 2019 年年底，越南共有 22 个航空港正在运营，其中 10 个国际港，总运营能力为 9500 万人次/年。河内内排机场和胡志明市新山一机场是越南两个最大的枢纽航空港，均达到 4E 标准。越南民航业拥有本土航空公司 6 家，共有当地注册民用客机 190~210 架。越南有 68 家外国航空公司经营越南国际航线，已开通连接国内 20 多个城市和中国、韩国、日本等国家的 130 多条航线，越南民航在各国和地区设有 28 个办事处和 1000 多个代理点。

(5) 通信

越南通信业发展较快。2020 年，越南移动网络覆盖率达 99.7%。截至 2021 年 5 月，越南有 7 家企业提供移动通信业务，其中 5 家提供 4G 业务。63 家企业提供互联网业务。越南移动用户达 1.2 亿多户，平均每人拥有 1 部以上移动电话；移动宽带用户达 6820 万；固定宽带互联网用户为 1795 万。

4. 投资与贸易、金融与货币

(1) 投资

联合国贸发会议发布的《2021 年世界投资报告》显示，2020 年，越南吸收外国直接投资流量为 158 亿美元，同比下降 1.9%；截至 2020 年年底，越南吸收外资存量为 1769.1 亿美元。越南吸收外资的主要来源地为日本、韩国、新加坡和中国。越南吸引外资的主要领域为加工制造业、电器生产配送业；吸引外资最多的城市首先是河内市，其次是胡志明市。

据中国商务部统计，2020 年，中国对越南直接投资流量为 18.76 亿美元。截至 2020 年年底，中国对越南直接投资存量为 85.75 亿美元。据越方统计，2020 年，中国对越南新增投资协议金额 24.6 亿美元，同比下降 36.3%。其中，新批准项目 342 个，同比下降 51%；协议金额 15.8 亿美元，同比下降 34%。截至 2020 年年底，中国累计对越南投资 3123 个项目，协议金额 185 亿美元。中方对越南投资主要集中在加工制造业、房地产和电力生产等领域。越南较大的投资项目包括铃中出口加工区、龙江工业园、深圳—海防经贸合作区、赛轮（越南）有限公司、百隆东方、天虹集团、申州国际、永兴一期火电厂、越南光伏等。

世界银行发布的《2020 年营商环境报告》显示，越南在全球 190 个经济体中排名第 70 位。

背景知识

随着中越经贸合作领域不断深化，已有 400 多家中国企业在越南投资。由于越南与中国接壤，双方文化和经济环境有很多相似性，因此与其他国家投资者相比，中国投资者对越南的经济环境适应力相对更强。家电业巨头 TCL 公司作为中国较早"走出去"企业，自 1999 年进入越南以来，以优质的品牌、产品和服务开拓市场，已成为越南消费者心目中最喜爱的中国名牌之一。2019 年，TCL 越南新整机一体化制造基地在越南开工建设，总投资超过 3.6 亿元，完工后将达成每年 300 万台整机的产出能力，新工厂的产品在满足越南市场需求外，还出口到美国、欧洲等市场，将成为中国电视品牌在东南亚投资中，自建产能最大的数字化生产基地。

（2）贸易

越南于 2006 年 11 月加入 WTO，自 2007 年 1 月开始逐步削减关税，开放服务领域，改善营商环境。2020 年，越南进出口贸易总额为 5439 亿美元，同比增长 5.1%。其中，出口额为 2815 亿美元，同比增长 6.5%；进口额为 2624 亿美元，同比增长 3.6%；贸易顺差为 191 亿美元，同比增长达 75.7%。越南出口结构逐步完善，越南主要出口产品包括手机及零部件；电子、计算机及零配件；纺织品服装；机械设备、工具及零配件；制鞋业；木材及木制品；等等。越南主要进口商品包括计算机、电子产品及零配件；机械设备、工具及零配件；手机及零配件；纺织面料；塑料；钢铁；塑料制品；汽车；等等。美国是越南最大出口市场，其他主要出口市场依次为中国、欧盟、东盟、日本。中国是越南最大进口市场，其他主要进口市场依次为韩国、东盟、日本、欧盟。

越南政府大力推进融入国际经济，越南已与日本、智利、韩国、欧亚经济联盟等签署了多双边自贸协定，并作为东盟成员国与中国、韩国、日本、印度、澳大利亚等签署了自贸协定，与 224 个国家和地区建立了经贸关系。

中越经贸关系发展稳定，自 2004 年起，中国已连续 16 年成为越南第一大贸易伙伴。

2020年，中越货物贸易总额1922.89亿美元，同比增长18.7%，其中，中国向越南出口1138.14亿美元，同比上升16.3%；中国从越南进口784.75亿美元，同比上升22.4%。

2013年10月，中越双方签署《关于建设跨境经济合作区的备忘录》。2016年9月，中越双方签署《两国政府经贸合作五年发展规划延期和补充协议》，并重签《两国政府边境贸易协定》。2017年11月，双方签署《共建"一带一路"和"两廊一圈"合作备忘录》，并就电子商务、基础设施合作、跨境合作区谈判等签署相关协议，制定五年规划重点项目清单。

（3）金融

越南金融体系包括银行、证券、保险和以借贷为主的金融服务类机构等。

越南央行为越南国家银行，另外有2家政策性银行、4家国有银行、31家股份商业银行、16家金融公司、10家融资租赁公司。截至2020年年底，越南有51家外国银行分行、2家合资银行、9家外资银行子行和54家外国金融机构代表处。越南银行资金主要来自民间，国有银行是越南金融领域的主导力量，占全国储蓄存款总额的76%和贷款总额的80%；股份商业银行经营灵活，效益较好。在越南的外国银行分行和合资银行平均注册资金为1500万～2000万美元，规模不大，但管理理念、金融产品、客户战略、资产质量等方面均有明显优势。中国工商银行和中国农业银行在河内设立了分行；中国银行、中国建设银行、中国交通银行在胡志明市设立了分行；中国国家开发银行在河内设立了工作组。

为扩大金融业务，越南在1994年对国外的保险公司开放了市场，打破了多年来国有保险公司的垄断经营，迄今为止已成立各类保险公司32家，其中外资公司15家，广泛提供各种保险服务，包括险种600多种。

越南现有两家证券交易所，分别是成立于2000年的胡志明证券交易所和成立于2005年的河内证券交易所。2017年8月10日，越南衍生证券市场开市，在优化越南证券市场结构并为投资者提供风险防范工具进程中迈出了重要的一步。2016—2017年，越南证券市值增长速度引领全球，增幅高达61%。截至2021年年底，越南股市总市值达8300万亿越盾（约合3608.6亿美元）。中国证券企业可在越南设立办事处，或成立占股比例不超过49%的合资证券服务企业。

越南政府致力于在全国推行无现金支付方式。截至2021年4月，越南境内有超过27.1万个POS机和1.9万台ATM，超过79个机构通过互联网提供支付服务，44个机构提供通过手机支付业务。中国金融机构发行的VISA卡、万事达卡、银联卡可在越南多种场合使用。

（4）外汇管理

越南货币单位是越南盾。外国投资者可根据越南外汇管理规定，在越南金融机构开设越南盾或外汇账户。居民组织如需在国外银行开设账户，需经越南国家银行批准。外国投资者可向从事外汇经营的金融机构购买外汇，以满足项目往来交易、资金交易及其他交易的需求。

越南海关规定，政府对外汇和外汇业务实行统一的国家管理。同时，越南国家银行规定入境时携带超过5000美元或其他等值外币或1500万越南盾以上现金、300克以上黄金等必须申报。否则出境时，超出部分将被越南海关按有关规定进行处罚。

4.5 社会环境

1. 基本情况

越南社会环境良好,人民安居乐业,社会秩序和治安状况良好,自走经济多元化道路以来,人民拥护并信任越南共产党和国家的政策路线,安心发展经济和生产经营。

2020年,越南适龄劳动力人口实际就业人数为5340万人,较2019年减少130万人。其中,第一产业就业劳动力约1750万人,占32.8%;第二产业1650万人,占30.9%;第三产业1940万人,占33.3%。

由于越南经济结构逐步向现代化和工业化转型,反映在劳动力结构上也表现为农、林、渔、业的劳动力向工业与服务业转移。越南劳动力人口素质较高,勤劳能干,工资低廉。

2. 人民生活

2006年,越南被新经济基金会评为亚洲幸福指数最高的国家。2009年1月1日,越南人均GDP首次突破1000美元大关。越南推行计划生育政策,只允许每个家庭生2个孩子。2019年,越南人口平均寿命为75.4岁,其中女性平均寿命79.5岁,男性平均寿命71.3岁。

3. 社会保障

随着经济持续增长,越南城市居民的生活水平有所提高。2020年,消费者物价指数同比增长3.23%,越南居民储蓄率自1999年以来持续下降。近年由于通胀压力大,住房、食品和交通已占居民生活总支出的80%~90%。越南于1947年开始实行社会保障制度,并于1961年、1981年、1985年和1995年陆续进行修改和补充。社会保障制度规定劳动者享有病假、产假和工伤假,可享受退休金、伤残补贴和遗属津贴等。政府为全体国民承担部分检查和治疗费用。自2010年2月1日起,越南6岁以下儿童强制加入医疗保险。据统计,2020年,越南全国医疗卫生保险覆盖率达90%。全国参加社会、医疗、失业等保险人数为1.14亿人。2020年,越南平均每万人拥有医生8人、医院床位27张。此外,政府对贫困地区和贫困人口开展"消除饥饿、摆脱贫困"的活动,在全国各地设立"消饥减贫"基金和"扶贫银行"等,对贫困地区和贫困人口实施支援和救助,帮助其摆脱贫困。

4. 教育和科研

越南已形成包括学前教育、基础教育、高等教育在内的教育体系。基础教育包括小学5年,初中4年,高中3年。越南基本上在全国范围内普及了9年制义务教育。劳动力培训和就业已列为越南政府工作重点之一。越南著名高校有河内国家大学、胡志明市国家大学等。截至2019年年底,越南全国有1.5万所学前教育学校,3万所小学及中学,874所大学及高等专科院校。2019年,越南财政支出中用于教育培训244.84万亿越南盾(约

105 亿美元），约占 GDP 的 4%。2020 学年，越南有 500 万学龄前儿童、1700 万中小学生（其中 870 万小学生、570 万初中生、260 万高中生）、150 万大专院校学生。

为实现面向 21 世纪的发展战略，越南规定了各部门科学技术发展的目标和主要任务：其科技发展目标要求提高全民族的科学技术水平，在所有社会生活领域推广和运用先进技术和科学成就，包括积极地、有选择地引进外国先进科学技术，改进传统技术，使之适用于现代化建设；提高在生产、劳务领域中的技术含量，以便迅速提高生产效率、质量、效果，特别是要提高出口产品质量，增强出口产品在国际市场上的竞争能力，以及在主要生产部门达到地区内的中等技术水平。目前，科技进步已成为越南经济快速发展的直接原因，体现在以下几个方面：科技进步对经济增长的贡献率明显提高；科研体系进一步完善；对外科技合作日益活跃；非公有制科研体系逐渐形成；实用技术开发水平明显提高。

5. 新闻出版和传媒

越南通讯社为国家通讯社，1945 年创立，在全国各省市均设有分社，驻外分社有 16 个。

越南新闻出版法规定报刊由国家控制，中央及地方新闻单位共 450 家。越南主要出版社有政治出版社、文化出版社、文学出版社、科技出版社、教育出版社和世界出版社等。越南的报社约 150 家，主要报刊包括《人民报》《人民军队报》《大团结报》《西贡解放报》《经济时报》《投资报》《财政报》《工贸报》《全民国防》和《越南人民军理论月刊》等。

越南最主要的电视媒体为越南电视台，成立于 1971 年，可同时播送 9 套节目。

越南最主要的广播媒体为越南之声广播电台，成立于 1954 年，有 8 套对内节目，用越南语及数种民族语言播音；对外广播用俄语、英语、法语、西班牙语、日语、泰语、老挝语、柬埔寨语、印度尼西亚语、马来语等。

4.6 文化环境

1. 民族

越南有 54 个民族，其中京族为主要民族，还有岱依族、泰族、芒族等。越南的民族可划分为 3 个语系，即南亚语系、南岛语系和汉藏语系。

2. 宗教

越南是一个多种宗教并存的国家，主要宗教有佛教、高台教、和好教、天主教等。此外，还有儒教、道教影响等其他一些规模较小的宗教。

3. 语言

越南语为越南的官方语言。由于长期的殖民统治和日益广泛的对外接触交流，法语、英语和俄语等影响了越南语，如词汇和语法结构。越南的官方网站一般使用越南语和英语两种语言。

4. 社会生活习俗

（1）家庭

越南现行婚姻法规定实行一夫一妻制。越南人对家庭非常忠心。大多数越南人居住于大家庭中，儿童的教育是家庭的第一要务，纵使贫穷也不能容忍无知。家族关系在越南文化中具有不容忽视的重要性，在政界及商界尤其紧密，提携自家亲戚是常见的行为，一般也都鼓励举贤不避亲。

（2）风俗习惯

越南除了国家法定的节日如国庆日等，也过清明节、端午节、中秋节、重阳节、春节等节日。

越南人的饮食习惯与中国广东、广西和云南相似，以大米为主食，喜好生冷辣的食物，如鱼露等。

4.7 商业环境

1. 贸易政策与法规

（1）贸易主管部门

越南主管贸易的部门是工贸部，设有 36 个司局和研究院，负责全国工业生产（包括机械、冶金、电力、能源、油气、矿产及食品、日用消费品等行业生产）、国内贸易、对外贸易、WTO 事务、自由贸易区谈判等。各省和直辖市设有工贸厅，主管辖区内的工业和贸易工作。此外，工贸部在各驻外使领馆和多边经贸组织派驻代表。

（2）贸易法规与政策

越南主要贸易法律法规包括：《贸易法》《外贸管理法》。

（3）贸易限制

① 关税政策。越南除免税商品外，绝大部分进口的商品均需缴纳进口税。进口商品税率分为普通税率、优惠税率和特惠税率。优惠税率适用于原产于在贸易关系中给予越南最惠国待遇的国家（地区）的进口货物。越南对从 WTO 成员进口的商品给予符合越南对 WTO 承诺的优惠税率。特惠税率适用于从与越南签订自贸协定的国家（地区）进口的商品。享受特惠税率的商品需提供原产地证书，否则适用普通税率，即优惠税率×150%。越南各类产品具体关税税率可在越南海关的网站上查询。

② 非关税措施。为加快贸易自由化，越南政府出台稳定的进出口商品管理法规以取代过去每年确定一次的做法，逐步取消进出口配额限制。

③ 进出口限制。越南禁止进口的商品主要包括武器、弹药、除工业用外的易燃易爆物、毒品、有毒化学品、军事技术设备、麻醉剂、部分儿童玩具、规定禁止发行和散布的文化品、各类爆竹（交通运输部批准用于安全航海用途的除外）、烟草制品、二手消费品、二手通信设备、右舵驾驶机动车、二手物资、低于 30 马力的二手内燃机、含有石棉的产品和材料、各类专用密码及各种密码软件等。

越南出口限制主要采取出口禁令、出口关税、数量限制等措施。越南禁止出口的商品主要包括：武器、弹药、爆炸物和军事装备器材、毒品、有毒化学品、古玩、伐自国内天然林的圆木、锯材、来源为国内天然林的木材、木炭、野生动物和珍稀动物、用于保护国家秘密的专用密码和密码软件等。

2. 投资政策与法规

（1）投资管理部门

越南主管投资的中央政府部门是计划投资部，设有31个司局和研究院，主要负责对全国"计划和投资"的管理，为制定全国经济社会发展规划和经济管理政策提供综合参考，负责管理国内外投资，负责管理工业区和出口加工区建设，牵头管理对官方发展援助的使用，负责管理部分项目的招投标、各个经济区、企业的成立和发展、集体经济和合作社及统计归口职责等。

（2）投资法律法规

《投资法》规定了外商在越南投资的项目审批、权利、义务、税收、政策优惠等。《竞争法》《企业法》《证券法》等对企业并购及外国投资者股权比例、外国投资税收优惠有明确规定。

（3）投资优惠政策

越南出台新的《投资法》，对国内和外商投资实行统一管理，进一步开放市场。越南大力简化行政审查手续，给予外商投资更大的优惠幅度。联合国贸易与发展组织评价越南为东盟最具外资吸引力的国家。

越南对投资项目实行负面清单制度。2021年1月1日生效的新版《投资法》明确规定了25个禁止外商投资的行业、59个有市场准入限制条件的行业。

3. 专利、商标、知识产权保护

越南政府为了改善国内竞争环境以符合WTO多边贸易体制的规则要求，相继颁布了下述法律法规：《知识产权法》《民法典》和《刑法》等。越南自2019年生效的《全面与进步跨太平洋伙伴关系协定》及2020年8月生效的《越南—欧盟自由贸易协定》都对知识产权保护做出了高水平承诺，越南正在修改国内有关知识产权立法，为履行协定承诺完善法律体系。越南共有3种专利保护类型，即发明专利、实用专利和外观设计专利。

4. 商务礼仪

见面时，越南人通常行握手礼，苗族、瑶族行抱拳作揖礼，高棉族行合十礼。越南人一般只称呼名字的最后一个字，只对那些仰慕、崇敬的人才称呼姓。称呼时，要在名字前加上相应的尊称，如对长辈称呼大爹、伯伯、叔叔或大妈，对平辈则以兄、姐相称，对晚辈以侄相称。在国家机关、工作单位和部队里，一般以同志相称。

与越南人进行商务往来时，可以送对方一些具有纪念意义的礼品，但礼品价值不宜过高。礼物必须包装精美，但收礼者不会当面拆开礼物，因为他们认为这是不礼貌的。同样，若是收到礼物，也切记不要在对方面前拆开礼物。请越南朋友进餐或郊游是沟通感情的良好方式，他们会欣然接受。越南人非常务实、善于谈判，因此与他们进行谈判时要注意有耐心、保持冷静和坦诚相待。

商务活动必须拜访对方多次，因此如果做决策所花的时间比预期的要长，也别失望。越南人重视人际关系，如果对你的印象好，便会特意给予方便。

5. 商务禁忌

在商务活动过程中，要尊重当地的风俗习惯，了解当地的文化禁忌。越南人通常不喜欢有人用手拍自己的背或用手指着人呼喊；进餐时，不允许将筷子直立于饭碗中，这是对他们祖先的不敬；在越南人家里时，不要用脚指物或席地而坐时用脚对着他人；越南人忌讳被人摸头顶。在越南，进入寺庙或参加重要的会议时不宜穿着西装短裤、短衣。

本 章 小 结

越南虽拥有丰富的自然资源，但自然灾害频发，环境污染问题也比较严重。越南政局稳定，继2007年1月11日正式成为世贸组织第150个成员国以来，其经济发展速度居东南亚国家之首，但其基础设施比较薄弱，科学技术发展水平有待提高。越南社会环境良好，多次被相关国际机构评为世界上幸福指数最高的国家之一。越南文化环境也在改善，越南把保护文化安全作为一项重要和复杂的任务，并把保存和弘扬民族传统文化作为文化工作的指南。越南商务环境比较适合投资经商，但要注意防范相关风险，特别是金融风险，因为越南国家的金融体系不够健全，还有政治政策风险及市场风险等其他风险。

思 考 题

1. 越南的基本国情和资源有何特点？
2. 在越南经商、旅游、从事公务活动应遵循的主要规矩、注意事项和禁忌是什么？
3. 中国企业在越南经商做生意有什么样的风险？
4. 越南加入WTO后提供给中国企业的机会主要分布在哪些行业？

第 5 章

拓展视频 5-1

老　　挝

老挝全称老挝人民民主共和国，又称寮国。

5.1　简　　史

拓展视频 5-2

拓展视频 5-3

据历史文献的记载，12 世纪以前，老挝地区基本上属于在公元 5 世纪兴起的吉蔑人即高棉人的势力范围。12 世纪末—13 世纪初，吉蔑人的势力由于内讧开始衰落，中南半岛的泰、老民族势力逐渐强大，在老挝地区出现了中国史籍记载的"老抓""潦查""挝国"和"猛老"等国家。

1353 年，老挝北部的老族王子建立了澜沧王国，在老挝语中"澜"是"百万"的意思，"沧"是"象"的意思，合起来就是"百万大象之国"。澜沧王国是老挝历史上第一个统治整个老挝地区的中央集权制国家。1778 年，澜沧王国因内讧分裂。

1887 年，法国政府通过一系列法令，将越南、柬埔寨并在一起组成法属"印度支那联邦"。1893 年，法国军队入侵老挝。法国与暹罗爆发了"法暹战争"，迫使暹罗将湄公河东岸割让给法国并迫使老挝签订了不平等的《法暹条约》（也称《曼谷条约》）。从此，老挝被并入"印度支那联邦"，沦为法国殖民地，直到 1954 年法国殖民地瓦解，史称"法属时期"。这是老挝近代史的开端。

1954 年，法国从老挝撤军，不久后美国取代法国干涉老挝事务。1962 年，老挝各派政治力量根据"关于老挝问题的日内瓦协议"，成立了以富马亲王为首相、苏发努冯亲王为副首相的联合政府。1964 年，在美国支持下，亲美势力进攻解放区，联合政府瓦解。1974 年，老挝成立以富马为首相的新联合政府和以苏发努冯为主席的政治联合委员会，1975 年，废除君主制，成立老挝人民民主共和国。1986 年 11 月，老挝人民革命党"四大"根据老挝国情和国际形势，提出推行革新政策，以此为标志，老挝进入革新时期。

5.2 自然环境

1. 位置及面积

老挝位于中南半岛北部，是一个多山的内陆国家，80%的国土面积是山区和高原，素有"中南半岛屋脊"之称。老挝东与越南毗邻，南与柬埔寨接壤，西邻泰国，西北隔湄公河与缅甸相邻，北与中国接壤。老挝国土总面积23.68万平方千米。

2. 地形地貌

老挝整个国土大致可分为4个地貌区，地势北高南低。北部主要由孟新高原、孟赛高原和川圹高原组成，海拔均在2000米以上，普比亚山海拔2820米，为老挝最高峰；东南部的长山山脉是湄公河水系和向东注入南海的诸河流的分水岭；西部为低山丘陵地带，悬崖峭壁和急流险滩较为少见；西南部地区多为平原低地，如万象平原等。南部地区东、西、南三面毗邻越南、泰国、柬埔寨，物产丰富，是老挝著名的粮仓，战略地位十分重要。

湄公河自北往南流经老挝全境，在老挝境内支流有20多条，是老挝的母亲河。老挝的主要城市、人口和经济重心均分布在湄公河流域。

3. 气候与降水

老挝属热带、亚热带季风气候，季节性气温变化不大，没有四季之分，只有雨季和旱季。老挝5—11月为雨季，11月—次年4月为旱季。老挝各地区温差也不大，全年平均气温约26℃；1月份平均气温最低，4月平均气温最高。

老挝境内雨量充沛，年平均降水量为1250~3750毫米。由于地形和纬度的差异，各地降水分布也不平衡，如在波罗芬高原年降雨量可达3900多毫米，在琅勃拉邦谷地年降水量就只有1300毫米左右。总体上看，老挝全境降水充足，地处热带雨林之中，植被丰富，可称得上是一个绿色国家。

4. 人口和行政区划

老挝总人口约为733.8万人（2021）。老挝全国共有17个省、1个直辖市，全国自北向南分为上寮、中寮和下寮三大区。老挝首都万象，总人口约为96.9万人（2021），是老挝政治、经济、文化和科研中心。老挝的其他主要城市有琅勃拉邦、沙湾拿吉、巴色。

5. 自然资源

（1）农业资源

老挝是典型的传统农业国，城市化率仅为10%左右，农民占全国人口的80%以上。老挝全国可耕地面积约800万公顷，农业用地约470万公顷，稻谷种植面积占全国农作物种植面积的85%。老挝的粮食作物有水稻、玉米、薯类等；经济作物有咖啡、茶叶、花生、甘蔗、棉花等；水果有椰子、菠萝、香蕉等；此外，畜牧家禽资源也很丰富，牛、猪等各类家禽也都有一定规模。老挝地广人稀，山地、草场广阔，气候湿润，饲料极其丰富，具有发展畜牧业的极好条件。

（2）林业资源

2019 年，老挝森林面积约 1940 万公顷，全国森林覆盖率约 80%，盛产柚木、酸枝、花梨等名贵木材。老挝与森林山地有关的药类资源也很丰富，主要有肉桂、沉香、檀香等。

（3）矿物资源

老挝矿藏资源丰富，但大多数矿藏未查明储量和品位。已经发现各类金属矿床、矿点及矿化点近 570 处，其中铜矿 68 处，金银矿 155 处，铅、锌、锑 91 处，铁、锰、铬矿山 6 处，铝土矿 5 处，钨、锡、钼矿 69 处，其他主要还有钾盐、煤、石油、石膏、宝石等。

（4）能源资源

煤炭储量方面，老挝探明可开采储量为 2.26 亿吨，主要分布在北部和中部地区，具备一定的发展燃煤电站的潜力。新能源开发方面，老挝全境大部分地区风速达不到风力发电的要求，但大部分地区太阳能资源较好。老挝水电资源丰富，除自用外还可出口，但少部分村、县尚未通电。老挝有投产运营电站 61 座，发电总装机 944.38 万千瓦，可满足国内需求并向泰国、越南、马来西亚、柬埔寨和缅甸出口富余电力。

5.3 政治环境

1. 政治体制

老挝实行社会主义制度。1991 年，老挝最高人民议会通过了老挝第一部宪法，宪法明确规定，老挝是人民民主国家，全部权力归人民，各族人民在老挝人民革命党领导下行使当家做主的权利。国会是国家最高权力机构和立法机构。

2. 政府

政府为国家最高行政机关，本届政府于 2021 年 3 月成立，设 17 个部及 3 个直属机构（中央银行、国家主席府、总理府）。国会每届任期 5 年，老挝第九届国会选举通伦·西苏里为国家主席，选举潘坎·维帕万为政府总理。

3. 政党

老挝人民革命党为老挝唯一政党和执政党，它的宗旨是：领导全国人民进行革新事业，建设和发展人民民主制度，建设和平、独立、民主、统一和繁荣的老挝，为逐步走上社会主义创造条件。2021 年 1 月，通伦·西苏里当选为党中央总书记。

老挝建国阵线成立于 1956 年 1 月，原名为老挝爱国战线，是老挝人民革命党领导下的民族统一战线组织。

4. 司法机构

老挝的司法机构由最高人民法院、最高人民检察院、党中央监察委员会组成。老挝最高人民法院为最高司法权力机关。

5. 对外关系

老挝奉行和平、独立和与各国友好的外交政策，主张在和平共处五项原则基础上同世界各国发展友好关系，重视发展同周边邻国关系，改善和发展同西方国家关系，为国内建设营造良好外部环境。1991年11月，老挝同美国的关系升格为大使级。1997年7月，老挝正式加入东盟。2016年，老挝接任东盟轮值主席国。截至2019年年底，老挝共与141个国家建立外交关系，在海外常设40个外交机构，其中包括26个使馆，3个代表处和11个领馆。

老挝与中国的关系源远流长，除了在历史上两国人民一直保持友好往来，在近代老挝人民反帝、反殖和人民争取独立解放的斗争中，中国政府和人民都给予了大量援助。1961年4月，老挝与中国正式建立了外交关系。20世纪70年代末至80年代中期，两国关系曾出现曲折。1989年，自中老关系正常化以来，两国关系逐步得到全面恢复并获得长足发展，中国加大了对老挝的援助，中老关系进入一个新的发展时期。2006年，中老发表《中老联合声明》，推动中老关系进入新的发展阶段。2009年，中老两国关系提升为全面战略合作伙伴关系。2019年4月，老挝人民革命党中央委员会总书记、国家主席本扬·沃拉吉出席第二届"一带一路"国际合作高峰论坛并对华进行国事访问。在此期间，中国与老挝签署《中国共产党和老挝人民革命党关于构建中老命运共同体行动计划》，开启中老关系新时代。体现了党的二十大报告中的中国尊重各国主权和领土完整，坚持国家不分大小、强弱、贫富一律平等。

5.4 经济环境

1. 经济发展概述

老挝是一个以农林业为基础，工业十分薄弱的发展中国家。1975年，老挝人民民主共和国成立之初，由于按照传统计划经济的发展模式，推行农业合作化、工业国有化、商业统购统销、关闭自由市场、限制商品流通等政策，不符合老挝当时社会经济发展水平。在20世纪70年代中期至80年代中期，老挝经济发展处于停滞和徘徊状态。1988年，经过对国情的认真调查和深思熟虑，老挝开始采取革新开放的路线，采取以农林业为基础，发展工业，推动服务业的发展战略，取消了高度集中管理的体制，实行多种所有制形式并存的经济政策，努力把自然和半自然经济转为商品经济，逐步完善市场机制。同时，老挝实行对外开放，颁布投资法，改善投资环境，积极引进外资、外援、先进技术和管理方式。进入21世纪，老挝制定了20年长远发展规划，重点发展农业、能源、矿产、旅游等优势产业。多年来，老挝经济社会发展取得了巨大发展和进步。2019年，老挝经济总量约为191.71亿美元，经济增长率为5.5%，人均GDP约为2654美元。

拓展视频 5-4

2. 经济结构

2021年，老挝经济结构中，农业增长2.5%，工业增长6.1%；服务业增长1.4%。老挝重点产业包括农业、电力行业、采矿业和旅游业等。老挝农产品出口是政府收入的主要来源之一，主要出口产品为咖啡、大米、甜玉米、水果、香蕉和橡胶等，主要出口市场为泰国、越南和中国。老挝电力产能的85%用于出口。矿产是老挝第一大出口创汇领域。旅游业正成为老挝经济发展的新兴产业。

3. 经济基础设施

老挝是内陆国，基础设施比较落后，政府不断加大对基础设施的投入，重点建设东西、南北方向公路，继续建设和改造琅勃拉邦、川圹、沙湾拿吉等地机场。

(1) 公路

老挝公路总里程约4.7万千米，承载80%客货运量。2020年12月，中老合作建设的万象—万荣高速公路正式建成通车，全长111千米，标志着老挝结束了没有高速公路的历史。

(2) 铁路

老挝现有铁路总里程3.5千米，从首都万象的塔那凉车站通往老泰边境的友谊大桥，由泰国政府投资1.97亿泰铢修建，2009年3月正式通车。2014年12月，中老启动铁路合作，2016年12月，正式举行全面开工仪式。中老铁路于2021年12月正式通车，将带动磨丁—磨憨跨境经济合作区的发展。

(3) 航空

老挝全国有12个机场，20多条航线，首都万象机场能起降大飞机。老挝国际航线客运量为44万人次/年，货运量为2万吨/年。老挝较大的机场有万象瓦岱机场、琅勃拉邦机场和巴色机场等。

(4) 水运

老挝的水路运输全长3000千米。湄公河在老挝境内全长1800千米，流经13个省（市），沿湄公河有20多个小型码头，运输总量占18%。上湄公河部分航道整治后，旱季能通行150吨级船只，雨季能通行300吨级船只；下湄公河航段从会晒以下仍未畅通。

(5) 通信

老挝基本建成全国通信网络，光缆分南北和东西走向，全长6000千米。2020年12月1日，老挝邮电部向老挝通信有限公司正式颁发了5G频谱试商用许可证，批准其经营"5G移动通信业务"，老挝正式跨入5G时代。

4. 投资与贸易、金融与货币

(1) 投资

老挝自1988年对外资开放以来，项目投资额日益增长。据老挝计划与投资部统计，1989—2019年，投资项目总数为6144个，总投资额为368亿美元。2016年，中国超过越南，成为对老挝直接投资最多的国家，共有862个项目，总投资额达100亿美元。泰国和越南分别被列为第二大和第三大外国投资来源国，投资额分别为47亿美元和39亿美元。

在1989—2019年的其他十大外国投资来源国中,还有韩国、法国、美国、日本、马来西亚和澳大利亚等。1989—2019年,老挝最受欢迎的投资部门是发电部,共吸引约140亿美元的投资,是最大的投资领域。吸引老挝和外国大量投资资金的第二部门是矿业,总投资为75亿美元。其他吸引大量投资的行业是服务业、农业、工业和手工业。由于土地肥沃,老挝另一个潜力巨大的部门是农业部门。

随着"一带一路"倡议的推进,中资企业对老挝投资热情不断升温。中国在老挝的重要投资项目涉及经济合作区、铁路、电网、水电站、房地产和通信卫星等多个领域。在经济合作区方面,2012年7月,中老两国政府签署《关于万象赛色塔综合开发区的协定》,总协议投资3.6亿美元,主要涉及能源化工、机械制造、农产品加工、仓储物流等行业。截至2020年,老挝已有79家中外企业入驻,涵盖7个国家(中国、日本、老挝、泰国、新加坡、马来西亚和美国),入驻企业计划投资总额超过10亿美元,用地面积超过2000亩。2015年8月,中老双方签署《中老磨憨—磨丁经济合作区建设共同总体方案》。2017年3月,中老双方签订了《中老磨憨—磨丁经济合作区总体规划》。据中国商务部统计,2019年,中国对老挝直接投资达11.5亿美元,截至2019年年底,中国对老挝直接投资存量为82.5亿美元。

老挝主要经济援助国及组织有日本、瑞典、澳大利亚、法国、中国、美国、德国、挪威、泰国、亚洲开发银行、联合国开发计划署、国际货币基金组织、世界银行等。官方发展援助主要用于公路、桥梁、码头、水电站、通信、水利设施等基础建设项目。

(2) 贸易

1997年7月,老挝正式加入东盟,是中国—东盟自贸区成员及大湄公河次区域合作成员。2012年10月,老挝正式加入世界贸易组织。2014年10月,老挝加入亚洲基础设施投资银行,是亚洲基础设施投资银行意向创始成员之一。2020年11月,老挝签署加入《区域全面经济伙伴关系协定》。老挝作为联合国认定的最不发达国家之一,享受联合国给予的优惠市场准入和商品贸易优惠等特许权。全球38个国家和地区将老挝列为其普惠制的受惠国,其中,欧盟给予老挝其普惠制中最高层次的优惠,对进入欧盟市场的所有老挝商品免关税和无配额限制。中国给予老挝特殊优惠关税待遇,对459种老挝商品免除其进口关税。

据额老挝官方统计,2019年,老挝进出口贸易额达116.04亿美元,超计划2.77%,其中出口额58.64亿美元,同比增长8.39%,进口额57.40亿美元,同比下降1.84%。老挝的前三大进口来源地为泰国、中国和越南。2019年,老挝的主要出口国为泰国、越南和中国。老挝出口商品以矿产品、电力、农产品、手工业产品为主,主要进口工业品、加工制成品、建材、日用品及食品、家用电器等。

随着中老两国双边关系的不断加深,中老双边贸易额也快速增长。据中国商务部统计,2020年,中老双边贸易额达35.5亿美元,同比下降9.2%。其中,中国对老挝出口额为14.9亿美元,同比下降15.2%;中国从老挝进口额为20.6亿美元,同比下降4.3%。

(3) 金融

老挝金融环境相对宽松,外汇管制逐渐放宽,为外国投资者营造了较好环境。老挝中央银行负责监管老挝商业银行及金融机构。老挝现有3家国有商业银行、1家政策性银行、

7家私有银行、3家合资银行、3家外资子行、22家外国银行分行。中国工商银行、中国银行已在老挝设立分行,富滇银行已在老挝成立合资银行,太平洋证券已在老挝成立合资证券公司,国家开发银行也在老挝设立办事处。

老挝的保险业处于初级发展阶段,市场上有6家保险公司在运营。1990年,老挝正式出台《保险法》。1991年,老挝政府和法国AGF保险集团达成协议共同出资建立老挝国家保险公司。根据老挝新《保险法》,外资进入老挝市场,可以采取合资或者全资子公司形式经营保险业务,但市场上已有的保险公司中,外资份额均不高于80%;外资保险公司必须有5年以上的保险从业经验;经营许可证由财政部颁发,但经营具体保险业务时还需要得到老挝投资管理与国际经济关系委员会的同意。2012年,老挝加入世贸组织之后采取产寿分业经营,此前获得混业经营许可证的公司必须分设产寿险独立的子公司。老挝入世承诺确定入世5年内不限制外资持股比例,5年后新设公司外资持股上限为51%。设立保险公司的最低资本金约合200万美元,实缴资本不得低于注册资本,且1/3以上的注册资本必须在申请成立之初存入老挝本地的商业银行;获得许可证90天后,需将注册资本的80%存入老挝的国内商业银行,其余20%要求在一年之内存入。

老挝证券市场规模小,但是发展潜力巨大。2010年10月10日,老挝证券市场在万象挂牌成立,2011年1月11日正式开盘,共有3只股票:外贸银行、大众发电、老挝世界。2013年11月16日,由中国太平洋证券股份有限公司与老挝农业促进银行、老挝信息产业有限公司合资成立的老—中证券有限公司开业,成为继老—越、老—泰证券公司之后,老挝第三家合资证券公司。老—中证券有限公司既是老挝证券管理委员会批准设立的首家中资参与的合资证券公司,同时也是中国证监会批准在境外设立的首家合资证券公司。

(4)外汇管理

老挝货币为基普,币面值分为100、500、1000、2000、5000、10000和20000等,没有硬币。根据老挝外汇管理规定,基普为有条件兑换。老挝鼓励使用本国货币,但在市场上基普、美元及泰铢均能相互兑换及使用。人民币仅在老挝北部中老边境地区兑换及使用。老挝国家银行实行有管理的浮动汇率机制,每日设定参考汇率,允许商业银行和外汇管理局在±0.25%的范围内浮动。

2002年8月9日,老挝国家主席令第01号颁布实行了《老挝人民民主共和国外汇和贵重物品管理条例》后,老挝国家银行又于2005年2月发布了《关于组织实施2002年8月9日国家主席令第01号〈老挝外汇和贵重物管理条例〉部分条款的补充说明》,对相关外汇买卖、外汇使用和出售、汇率确定,以及外汇存款账户的开立和使用、投资行为中的外汇使用都做出了明确的规定,政府对外汇和外汇业务实行统一的国家管理。其中特别规定:携带现金超过10000美元的个人或法人包括外国企业家和投资者在进出老挝国际口岸时,必须向当地海关如实申报,以便为当事人出具现金入境携带证明,以作为当事人出境时的依据。但如果数额巨大或用来投资,应存入某一商业银行,口岸海关将把每日的现金申报单复印件通报老挝国家银行(外汇局)。外币不能在境内直接买卖或结算,外币买卖或结算须到指定银行或机构进行。

5.5 社会环境

1. 基本情况

老挝是社会主义国家,一党执政,政局稳定,社会秩序良好。老挝政府奉行经济改革和发展政策,努力创造更加良好的投资环境和社会秩序。老挝是大湄公河次区域内人均GDP最低的国家之一,也是世界上最贫穷的国家之一,其经济发展和社会环境均面临着许多挑战,如人才和资源缺乏、生态环境未能得到很好保护、社会保障制度不够完善等。

2020年,老挝劳动力人口约558.9万人,且劳动力素质偏低,各类专业人才和有能力的管理人才的培养远不能达到社会发展的现实需求。

2. 人民生活

2019年,老挝人均GDP为2654美元。老挝实行低工资制,不同种类的工作收入差距有限。老挝一般公司员工的平均工资约为200美元/月,人民生活水平普遍较低。老挝政府(2015年1月1日起)规定的最低工资标准为90万基普(约合112美元)/月。

3. 社会保障

老挝地处热带地区,属重疟区,生活条件较差,主要城市卫生条件较好,广大农村、山区大多缺医少药。1975年以后,老挝医疗卫生事业受到老挝政府的重视。据世界卫生组织统计,2018年,男性人均寿命为65.8岁,女性为69.4岁。老挝的医疗卫生事业逐年发展,国家职工和普通居民均享受免费医疗。

4. 教育和科研

老挝建国以来,党和政府都比较重视教育和人力资源的开发。但是由于经济发展落后,教育基础薄弱。老挝现有5所大学,学生4.5万人;各类专业学院159所(主要为私立学院),学生7.7万人。老挝学制分为小学5年,初中3年,高中4年,大学4年。老挝的教育大致分为以下4种形式。

① 寺院教育。这是老挝传统的教育方式,主要教授读书识字、算术、历史、语文、巴利文和佛教经典。

② 正规教育。即现代教育,是老挝主体教育体系,以发展老挝民族、民主和进步的教育基础,提高各族人民的文化水平,按照现代教育的要求培养老挝国家发展和社会主义建设的人才为目的。

③ 民校教育。这是20世纪60年代在解放区建立起来的一种以扫盲为主要任务的教育方式,在全国性扫盲和提高人民文化水平方面发挥了重要作用。老挝民校教育是国家初、中级干部培训和文化进修的重要方式。

④ 职业教育。老挝职业教育开始于20世纪50年代,职业教育主要在师范、医科、农业、技术、商业、财经等方面,为老挝经济社会发展培养急需的人才。

老挝科学研究还不具备独立的研究开发能力，在国际援助的支持和帮助下对一些实用技术进行研究推广，对科研的基础设施进行建设。在社会科学研究方面已经有马列主义研究院、历史地理和古典文学研究院、民族研究院、文学艺术和语言研究院及经济问题研究院。这些研究机构逐步与国际研究机构进行学术交流和合作。

5. 新闻出版和传媒

老挝出版发行各类报刊 20 多种。《人民报》是老挝人民革命党的中央机关报，还有《新万象报》和《人民军报》，均使用老挝文出版。外文报纸有《万象时报》（英文）等。巴特寮通讯社是老挝最大的通讯社，属国营，出版老挝文的《巴特寮日报》和英文、法文的《KPL 新闻》。老挝国家广播电台，用老挝语广播，同时用越、柬、法、英、泰等语言对外广播。此外，还有老挝人民军广播电台和省级广播电台。老挝国家电视台建立于 1983 年 12 月，共 90 多个节目。

5.6 文化环境

1. 民族

老挝有 50 个民族，分属老泰语族（约占全国人口的 60%）、孟—高棉语族、汉—藏语族和苗—瑶语族四大语族。但是通常把老挝的民族划分为三大族系：居住在平原、河谷地区的老龙族，居住在丘陵和半山区的老听族，以及居住在高山上的老松族。一般来说，不论属于哪个语系的民族，只要居住的地区类似，就被划在同一个族系之内。

老龙族约占老挝总人口的 71%，是老挝人口最多的民族集团，主要由泰系民族组成，包括老族、普泰族、卢族等 17 个支族。内部文化差异较小，主要使用泰语中的一种方言，普遍信仰佛教。由于老龙族人在大众印象中很温和，又注重礼仪，因此又被誉为"像水一样温柔的民族"。

老听族约占老挝总人口的 20%，不同部族间的文化差异很大，主要居住在阿速坡、沙拉湾等。老听族人以农耕为主要的生活来源，生产力不高。

老松族约占老挝总人口的 9%，主要由苗族、瑶族等民族组成。17 个族支中，苗族人最多，约占老松族人口的 2/3，可分为白苗、黑苗、红苗、花苗和条纹苗。苗族与老挝其他民族来往较少，并且在饮食习惯上，不吃糯米，以白米和玉米为主食。

2. 宗教

老挝国民大多信奉佛教，佛教大约在 14 世纪传入老挝，之后迅速发展成为老挝的国教。有一部分民族信奉天主教、基督教等。老挝男性佛教徒，不论是国王还是平民在一生中都必须出家一次，少则数日，多则几年，甚至终生出家。在老挝，入寺为僧是人生中的大事情，是判断一个佛教徒人品的重要标准。天主教和基督教是法国殖民统治时期和第二次世界大战后传入老挝的，主要在泰族、苗族中传播。

3. 语言

老挝语为官方语言。老挝民族众多，语言复杂。老挝语的词汇由本族词汇和巴利语借用词汇组成。随着国家统一和民族融合,老挝语除从巴利语和梵语中借词外,还应用梵语和巴利语的组词方法,完善了语法和词汇,同时还从泰语、汉语、高棉语、法语、英语、越语和本国少数民族语言中大量借用词汇。英语正逐步在老挝普及,部分人会法语,资格较老的政府官员大多会说俄语或越南语。随着中老两国经贸合作不断加强,老挝国内出现了学习汉语的热潮。

4. 社会生活习俗

(1) 家庭

由于各个民族经济社会发展的阶段不同和不平衡,老挝各个民族社会生活中的风俗习惯、婚姻家庭、宗教信仰等仍有较大差异。老龙族系中,一般实行一夫一妻制,男子婚前必须经过剃度为僧或已经有职业。老听族系中,如佧族人实行一夫多妻制,有的人田地多,多娶几个妻子就有较多的劳动力,他们的家庭也比较稳定,少有人离婚。老松族系中也都是一夫一妻制。

(2) 风俗习惯

餐饮礼仪。老挝人饮食较为简单,吃得最多的是米饭和鲜鱼,只有逢年过节才会杀猪宰羊。老挝菜的特点是酸、辣,烹调以炒、烧、烤、煮为主。老挝特色饭菜有竹筒饭等。

服饰礼仪。老龙族人的日常着装是男子穿无领对襟上衣,劳作时穿长裤,休闲时则穿纱笼;平日,他们还时常将一条水布盘在头上或系在腰上。女子一般穿无领上衣,围一条筒裙;同时,还讲究从右肩穿过左腋围上一条披肩,并在腰上系上饰有银制带花的腰带。老听族人的日常服装则是男子上穿衬衣,下穿深色长裤,或是围上一条很薄的红色布巾;女子喜欢穿色彩鲜艳的短上衣,黑色条纹布的花裙或蓝色的裙子,并时常佩戴珠串一类的饰物。

习俗禁忌。老挝人视白色为一种不吉利的色彩。老挝人家里不会挂白色蚊帐,忌盖白色被子。由于老挝人普遍信奉佛教,注重佛门禁忌。老挝人认为头是神圣之处,不容他人触摸;脚坐下来后不仅不应乱动,而且最好不让人看到。在老挝,用左手接触东西,或从坐卧之人身上跨过去,均为严重的失礼行为。

5.7 商业环境

1. 贸易政策与法规

(1) 贸易主管部门

老挝贸易主管部门为老挝工业与贸易部(下设省市工业与贸易厅、县工业与贸易办公室),主要职责是制定、实施有关法律法规,发展与各国、地区及世界组织的经济贸易联系与合作,管理进出口、边贸及过境贸易,管理市场、商品及价格,对商会或经济咨询机构进行指导以及企业与产品原产地证明管理等。

(2) 贸易法规体系

老挝与贸易相关的主要法律有《投资促进管理法》《关税法》《企业法》《进出口管理

令》和《进口关税统一与税率制度商品目录条例》等。

(3) 贸易限制

关税政策。老挝关税分自主关税、协定关税、优惠关税、减让关税和零关税 5 种不同的税率。《关税法》对进出口商品限制、禁止种类、报关、纳税、仓储、提货、出关、关税文件管理及报关复核等作了相关规定。

进出口限制。老挝对进口商品的管理分为禁止进口、禁止出口、进口许可证和出口许可证四种形式。在老挝，除受禁止和许可证限制的商品外，其余商品均可自由进出口。老挝禁止进口商品：枪支、弹药、战争用武器及车辆；鸦片、大麻；危险性杀虫剂；不良性游戏；淫秽刊物。禁止出口商品：枪支、弹药、战争用武器及车辆；鸦片、大麻；法律禁止出口的动物及其制品；原木、锯材、自然林出产的沉香木；自然采摘的石斛花和龙血树；藤条；硝石；古董、佛像、古代圣物。进口许可证管理商品：活动物（含鱼及水生物）；食用肉及其制品；奶制品；稻谷、大米；食用粮食、蔬菜及其制品；饮料、酒、醋；养殖饲料；水泥及其制品；燃油；天然气；损害臭氧层化学物品及其制品；生物化学制品；药品及医疗器械；化肥；部分化妆品；杀虫剂、毒鼠药、细菌；锯材；原木及树苗；书籍、课本；未加工宝石；银块、金条；钢材；车辆及其配件（自行车及手扶犁田机除外）；游戏机；爆炸物。出口许可证管理商品：活动物（含鱼及水生物）；稻谷、大米；虫胶、树脂、林产品；矿产品；木材及其制品；未加工宝石；金条、银块。

2. 投资政策与法规

(1) 投资管理部门

老挝工贸部、计划投资部分别负责外国投资中的一般投资、特许经营投资和经济特区投资。

(2) 投资法律法规

除危及国家稳定，严重影响环境、人民身体健康和民族文化的行业和领域外，老挝政府鼓励外国公司及个人对各行业、各领域投资并出台了《老挝鼓励外国投资法》。老挝 2009 年颁布了《投资促进法》。2011 年 4 月，老挝颁布了《投资促进法实施条例》，对《投资促进法》部分条款做出了进一步的规定。2016 年 11 月，老挝颁布了新修订的《投资促进法》，新的法规旨在为投资者扩大特许权范围，最大限度刺激老挝的投资效益。

(3) 投资优惠政策

老挝对外国投资给予税收、制度、措施、提供信息服务及便利方面的优惠政策。

鼓励投资的行业：出口商品生产；农林、农林加工和手工业；加工、使用先进工艺和技术、研究科学和发展、生态环境和生物保护；人力资源开发、劳动者素质提高、医疗保健；基础设施建设；重要工业用原料及设备生产；旅游及过境服务。

税收优惠政策：进口用于在老挝国内销售的原材料、半成品和成品，可减征或免征进口关税、消费税和营业税；进口的原材料、半成品和成品在加工后销往国外的，可免征进口和出口关税、消费税和营业税；经老挝计划投资部批准进口的设备、机器配件，可免征进口关税、消费税和营业税；经老挝计划投资部或相关部门批准进口的老挝国内没有或有但不达标的固定资产，可免征第一次进口关税、消费税和营业税；经老挝计划投资部或相关部门批准进口的车辆（如载重车、推土机、货车、35座以上客车及某些专业车辆等），可免征进口关税、消费税和营业税。

（4）投资限制

禁止投资的行业：各种武器的生产和销售；各种毒品的种植、加工及销售；兴奋剂的生产及销售（由卫生部专门规定）；生产及销售腐蚀、破坏良好民族风俗习惯的文化用品；生产及销售对人类和环境有危害的化学品和工业废料；色情服务；为外国人提供导游。

政府专控的行业：石油、能源、自来水、邮电和交通、原木及木材制品、矿藏及矿产、化学品、粮食、药品、食用酒、烟草、建材、交通工具、文化制品、贵重金属和教育。

专为老挝公民保留的职业：工业、手工业、贵金属销售、零售、财政、教育、传统文化、导游、运输车辆驾驶、家政等行业中的部分工种。

3. 专利、商标、知识产权保护

老挝政府于1995年颁布实施《商标令》，于2008年颁布实施《知识产权法》。《商标令》规定，在老挝的个人或法人可以向老挝科技部提出商标注册申请；商标保护期为10年，可延长10年/次；连续5年不用或者商标注册批准证书过期，则失去效力。《知识产权法》规定，知识产权包括工业产权、物种和专利；工业产权保护期一般为10~20年，期间支付费用；物种保护期乔木类为25年、灌木类为15年，期间支付费用；专利保护期为创作者终生及死后50年。违反知识产权保护规章的行为，受法律制裁。

4. 商务礼仪

老挝人比较温和有礼貌，对来访的客人很热情，常常以"拴线"的仪式来迎接客人。拴线，老挝语称为"巴浩"，一般是请一位老太太或一位年轻姑娘，将一根用香水浸泡过的白线拴在客人的手腕上，一边拴一边说着祝福的话。在僧侣和客人面前两腿交叉坐着是不礼貌的。老挝人习惯用糯米制成的坛酒招待客人，主人当众打开一坛酒，插入一些管子，大家各自握住一根管子吸，他们认为亲朋好友共饮一坛酒可以促进感情。

老挝人在与客人见面时一般行合十礼，不直呼其名，而要在名前冠以尊称和亲切的称呼。在正式的场合，老挝人一般也行握手礼。老挝人在介绍朋友时，一般遵循从长至幼、从尊至卑的顺序，自我介绍就不用拘泥。

本 章 小 结

老挝自然资源丰富，特别是农业资源、森林资源、矿藏资源等均可供大量开发利用。老挝政局稳定，各项改革措施正在老挝人民革命党的领导下逐步推进，就经济发展水平而言，尽管它是一个贫困落后的农业国，但保持了稳定发展的态势，外国援助、贷款和投资在老挝财政中占有重要地位，对老挝的经济建设起到了重大作用，并在一定程度上改善了老挝经济基础过于薄弱的现状。老挝文化环境有待改善和提高，政府正在进行公共教育系统的体制改革。老挝虽商务环境适合投资和经商，但老挝的金融市场不完善以及相关法律法规不够健全，要特别注意政策性风险。

思 考 题

1. 老挝的经济和市场有何特点?
2. 中国企业与老挝方面开展经贸活动时应重点考虑哪些影响因素?

第 6 章

柬 埔 寨

柬埔寨全称柬埔寨王国。

6.1 简 史

柬埔寨于公元 1 世纪下半叶建国，历经扶南、真腊、吴哥等时期，公元 9—15 世纪吴哥王朝为鼎盛时期，国力强盛，文化发达，创造了举世闻名的吴哥文明。1863 年，柬埔寨沦为法国保护国；1940 年，柬埔寨被日本占领；1945 年，日本投降后柬埔寨再次被法国占领；1953 年 11 月 9 日，柬埔寨王国宣布独立；1970 年 3 月 18 日，朗诺集团发动政变；同年 3 月 23 日，西哈努克亲王宣布成立柬埔寨民族统一阵线，同年 5 月 5 日柬埔寨成立以宾努亲王为首相的柬埔寨王国民族团结政府；1975 年 4 月 17 日，柬埔寨全国解放。1976 年 1 月，柬埔寨颁布新宪法，改国名为民主柬埔寨；1978 年年底，越南出兵占领柬埔寨，并扶植金边政权；1990 年 9 月，西哈努克被推举为全国最高委员会主席，同年 10 月 23 日，柬埔寨问题国际会议在巴黎召开，签署了《柬埔寨冲突全面政治解决协定》，柬埔寨进入和平重建时期。1993 年 5 月，在联合国驻柬埔寨临时权力机构的主持和监督下，柬埔寨成功举行了全国大选，组建了以奉辛比克党和人民党为主的联合政府，颁布了新宪法，恢复实行君主立宪制的政治体制，西哈努克成为国王。随着柬埔寨国家权力机构的相继成立和民族和解的实现，柬埔寨政局渐趋稳定，进入和平与发展的新时期。

6.2 自 然 环 境

1. 位置与面积

柬埔寨位于中南半岛南部，东部和东南部同越南接壤，北部与老挝相邻，西部和西北部与泰国毗邻，西南部濒临暹罗湾，海岸线长约 460 千米，面积 181035 平方千米。

2. 地形和地貌

柬埔寨地形犹如一块马蹄铁，东、西、北三面为高原群山环抱。

东部倾斜平缓的高原属于同越南交界的长山山脉西坡，是适宜种植橡胶和旱地作物的地区。湄公河东岸的过渡性平原逐渐与东部高原融为一体，向北、向东延伸到老挝和越南南部的高原地区，这里蕴藏着全国1/3的森林资源。西南部由豆蔻山脉构成另一个高原地区，豆蔻山脉形成一道天然屏障，使柬埔寨内地免遭来自泰国的台风侵袭。其北部边境是东西延伸的扁担山脉，绵亘300多千米，平均海拔约500米，最高点超过700米，构成了柬埔寨与泰国之间的天然边界。中部以洞里萨湖和湄公河为核心的盆地面积占全国总面积约75%，洞里萨湖周围地势平坦，这里土地肥沃，人口稠密，交通便利，物产丰富，是名副其实的鱼米之乡。

3. 气候与降水

柬埔寨的气候与东南亚绝大多数地区一样，属热带季风气候。柬埔寨全年分为雨季和旱季两季，即每年5—10月为雨季，11月—次年4月为旱季。

柬埔寨全年温度较高，年平均气温为24℃，其中每年12月—次年1月最冷，4月温度最高。

全国年平均降雨量为2000毫米。

4. 资源禀赋

柬埔寨已发现的金属矿藏资源有10多种，常见的有铁、金、铝土等，但储量较小，除金矿外基本上都没有开采价值。2007年，在柬埔寨近海海域发现了储量颇丰富的油气资源，已经有多家外国石油公司获得了勘探权和开采权。

柬埔寨的森林覆盖率为61.4%，主要分布在东、北和西部山区，盛产柚木、铁木、紫檀、黑檀等高级木材，并有多种竹类。木材储量约11亿多立方米。柬埔寨水资源丰富，洞里萨湖为东南亚最大的天然淡水湖，素有"鱼湖"之称。柬埔寨西南沿海也是重要渔场，大多产鱼虾。

柬埔寨还盛产各种热带经济作物，最主要的有橡胶、棉花、棕糖等。20世纪30—40年代，柬埔寨就以出口橡胶、胡椒闻名于世。

5. 人口

柬埔寨人口约1600万人，人口的地理分布很不平衡，居民主要集中在中部平原地区，金边及其周围经济比较发达的省份人口最稠密。在柬埔寨的华侨、华人约110万人。

6. 首都和主要城市

柬埔寨首都金边面积678平方千米，人口约213万人。金边地处洞里萨河与湄公河交汇处，是柬埔寨政治、经济、文化、教育中心和交通枢纽。柬埔寨其他主要城市有马德望和西哈努克市等。

7. 行政区划

柬埔寨全国分为24个省和1个直辖市（金边市）。

6.3 政治环境

1. 政治体制

柬埔寨系君主立宪制王国，实行多党自由民主制，立法、行政、司法三权分立。国王是终身国家元首、武装力量最高统帅、国家统一和永存的象征，有权宣布大赦，根据首相建议并征得国会主席同意后有权解散国会。1998年7月大选后，为了平衡权力分配，人民党和奉辛比克党达成协议修改1993年宪法，于1999年3月成立参议院。国王因故不能理政或不在国内期间由参议院主席代理国家元首职务。王位不能世袭，国王去世、退休或退位后由首相、佛教两派僧王、参议院和国会正副主席组成的9人王位委员会从王族后裔中推选产生新国王。现任国王诺罗敦·西哈莫尼于2004年10月登基。

2. 政府

柬埔寨现政府为第六届政府，成立于2018年9月，人民党主席洪森任首相。政府设有共10位副首相和17位国务大臣，28个部和1个国务秘书处。其中28个部包括内阁办公厅，内政部，国防部等。

3. 政党

柬埔寨是多党制国家。现有59个政党，其中合法注册的有42个，人民党和奉辛比克党为主要政党。

4. 司法体制

柬埔寨的司法体制由初级法院、上诉法院和最高法院三级组成。柬埔寨设有最高法官委员会监督法院工作，同时拥有遴选、任免法官的职权。该委员会由国王主持，由国王、最高法院院长、总检察长、上诉法院院长和检察长、金边法院院长和检察长及两位法官共9人组成。

5. 对外关系

柬埔寨奉行独立、和平、永久中立和不结盟的外交政策，反对外国侵略和干涉，在和平共处五项原则基础上，同所有国家建立和发展友好关系，主张相互尊重国家主权，通过和平谈判解决与邻国的边界问题及国与国之间的争端。柬埔寨新政府成立后，确定了融入国际社会、争取外援发展本国经济的对外工作方针，加强同周边国家的睦邻友好合作关系，并重视改善和发展与西方国家和国际机构的关系以争取经济援助。1998年，柬埔寨在联合国恢复席位。1999年加入东盟。截至2020年年底，柬埔寨已与172个国家建交。其中，62个国家向柬埔寨派出大使，常驻金边使馆28家；柬埔寨向22个国家派出大使，开设8个领事馆，任命3个名誉领事。

1955年4月，中柬两国领导人在万隆亚非会议上结识，被视为中柬正式友好关系的开端。中国与柬埔寨于1958年7月19日正式建立外交关系。20世纪五六十年代，中国领导人曾多次率团访柬，西哈努克亲王曾6次访华，并两次在华领导柬人民争取国家独立、民族解放的斗争，得到中国政府和人民的大力支持。进入21世纪以来，中柬双方保持高层往来，政治关系日益密切。2010年12月，洪森首相访华期间，两国宣布建立全面战略合作伙伴关系，两国关系进入新的发展阶段。2016年10月，中国领导人访柬，将两国全面战略合作伙伴关系推上新的历史高度。2020年2月5日，洪森首相再次访问中国，是新冠肺炎疫情暴发以来第一个访问中国的政府首脑，体现了中柬牢不可破的友谊。

6.4 经济环境

1. 经济发展状况

柬埔寨是传统农业国，工业基础薄弱，贫困人口约占总人口的17.8%。柬埔寨政府实行对外开放的自由市场经济，推行经济私有化和贸易自由化，把发展经济、消除贫困作为首要任务。洪森政府实施以优化行政管理为核心，加快农业建设、基础设施建设、发展私营经济和增加就业、提高素质和加强人力资源开发的"四角战略"，把农业、加工业、旅游业、基础设施建设及人才培训作为优先发展领域，推进行政、财经、军队和司法等改革，提高政府工作效率，改善投资环境，取得了一定成效。柬埔寨政府一直致力于经济的发展。据柬埔寨政府初步统计，2020年，柬埔寨GDP为262.12亿美元，同比下降3.7%，人均GDP降至1683美元。

2. 经济结构

农业在柬埔寨国民经济中具有举足轻重的地位。尽管存在基础设施和技术落后、资金和人才匮乏等制约因素，但柬埔寨农业资源丰富、自然条件优越、劳动力充足、市场潜力较大。柬埔寨政府将农业列为优先发展的领域，竭力改善农业生产及其投资环境，充分挖掘潜力，发挥优势，开拓市场。2020年，柬埔寨农业生产总值达59.10亿美元，其中种植业占57.4%，水产养殖业占24.4%，畜牧业占11.4%。2020年，全国水稻种植面积340.4万公顷，稻谷总产量近1093万吨，同比增加0.8%；柬埔寨政府高度重视稻谷生产和大米出口，2020年，出口大米69.08万吨；橡胶种植面积40.4公顷，割胶面积29.25万公顷，产量34.93万吨，几乎全部出口，收入4.8亿美元；出口香蕉33.3万吨，玉米1.95万吨、腰果21.9万吨，胡椒5079吨。

工业被视为推动柬埔寨经济发展的支柱之一，但基础薄弱，门类单调。柬埔寨实行自由市场经济以来，国营企业普遍被国内外私商租赁经营。制衣业和建筑业是柬埔寨工业的两大支柱，据柬埔寨工业、科学、技术和创新部统计，2020年，全国共有工厂1864家，雇佣工人约100万人。其中新注册登记工厂235家，同比下降12.6%；新开的小型工业工厂和加工作坊261家，同比增长295.5%；继续经营的工业工厂和手工作坊175家，同比增长139.7%。工业和手工业领域产值96亿美元，其中国内市场供应产值32亿美元，国际市场供应产值64亿美元。据柬埔寨国土、城市规划和建设部统计，2020年，全国共批准4841个建筑项目，同比增长8.9%，投资额77.53亿美元，同比增长17.1%。

2000年以来，柬埔寨政府大力推行"开放天空"政策，支持、鼓励外国航空公司开辟直飞金边和吴哥游览区的航线。持续加大对旅游业的资金投入，加紧修复古迹，开发新景点，改善旅游环境。2019年，柬埔寨共接待外国游客661万人次，增长6.6%，提供了63万个就业岗位，接待中国游客236.2万人次，增长16.7%。中国成为柬埔寨第一大国际游客来源国。

自2011年7月柬埔寨沿海四省被纳入世界最美海滩俱乐部以来，柬埔寨政府高度重视沿海各省旅游业的发展，努力推动国内旅游链条延伸。加强沿海区域管理法等相关法律法规的执行力度，禁止污染项目进入，改善旅游设施，成立旅游监督队伍，提高旅游质量。

在新冠肺炎疫情冲击下，柬埔寨经济受到一定的影响。其中，旅游业遭受冲击最大，柬埔寨旅游部报告指出，2020年，柬埔寨接待国际访客130.61万人次，同比下降80.2%；其中入境柬埔寨的中国公民有32.97万人次，人员同比下降86%；建筑业总体下降3%；农业增长1%；以制衣制鞋为支柱的工业和手工业领域下降27%。柬埔寨年均通货膨胀率为2.9%，瑞尔兑美元汇率平均在4045∶1的水平，同比升值0.4%；年底外汇储备213亿美元，同比增长13.7%，可满足11.17个月的进口需要。

3. 经济基础设施

由于长期战争的破坏，柬埔寨的交通运输、电力、通信十分薄弱。其中，柬埔寨交通以公路和内河运输为主。

（1）交通运输

① 公路。公路运输是柬埔寨最主要的运输方式，占客运运输总量的65%，货运运输总量的69%。柬埔寨的国道主要是以首都金边为中心的8条公路，沥青路面铺设。柬埔寨政府优先推动金边—西哈努克港高速公路项目，目前该项目仍在紧张施工中，推进较为顺利，拟继续支持企业做好施工建设项目。

② 铁路。柬埔寨仅有南北两条铁路线，总长655千米，均为单线米轨。北线从金边至西北部城市诗梳风，全长385千米，建于1931年；南线从金边至西哈努克港，全长270千米，建于1960年。由于持续几十年的战乱破坏，柬埔寨的铁路长期处于荒废状态。2009年，柬埔寨政府开始复建工作，并给予王家铁路公司国内铁路30年的特许经营权。自2010年起，柬埔寨政府利用亚洲发展银行的低息贷款和澳大利亚政府提供的无偿援助以及自身财政资金，开始修复现有两条铁路。其中，南线于2016年恢复客运。

③ 河运。柬埔寨内陆水系主要包括湄公河、洞里萨河和巴萨河，雨季总长度约为1750千米，旱季缩减为580千米。全国有7个主要河运港口，包括金边港、磅湛码头、桔井码头、上丁码头、奈良码头、磅清扬码头和重涅码头。2013年1月22日，由中国提供优惠出口买方信贷支持的金边港新建集装箱码头项目竣工，位于金边以南湄公河畔，距金边市约21千米，码头长300米，宽22米，有2个500吨级货轮泊位，设计年集装箱吞吐量12万个标准箱。

④ 海运和港口。西哈努克港和金边港为柬埔寨两大港口。西哈努克港为柬埔寨主要对外海港，濒临泰国湾，有2个泊位，前沿水深9米，最多可停泊1万吨的船舶。2020年，金边港和西哈努克港两大港口吞吐量为1036.6万吨，同比增长0.1%。其中，金边港

吞吐量为392.56万吨，同比增长3%；西哈努克港吞吐量644.01万吨，同比下降1.6%。

⑤ 空运。柬埔寨空运主要为客运，货运不发达。柬埔寨有金边、暹粒和西哈努克省3个国际机场。由于柬埔寨政府执行航空开放政策，开通柬埔寨航线的航空公司数量逐年稳步增长。金边机场现运营至马来西亚、新加坡、泰国、越南、中国和韩国等地的航线。据柬埔寨民航国务秘书处的数据显示，2020年以来，受新冠肺炎疫情影响柬埔寨的国际航班大幅下降且不断调整。

2016年6月，柬埔寨国会通过了《中国—东盟航空运输协议》，其中批准了第五航权，旨在吸引更多国际航空公司在柬埔寨机场途中经停，上下旅客和装卸货物，吸引更多游客来柬埔寨旅游。该协议对柬埔寨民航事业发展具有重要的意义，使柬埔寨同国际和地区更好地实现互联互通。中国直飞柬埔寨的航班快速增加，共有15家航空公司开通了中国直飞柬埔寨航班，受新冠肺炎疫情影响，目前执行中国民航总局的"五个一"政策。

(2) 供电

柬埔寨电力供应不足的问题十分严重，较重要的工业、服务业和经济状况较好的居民都使用柴油发电，油料耗用较大。据柬埔寨矿产与能源部统计，2020年，柬埔寨电力供应量达122.02亿度，同比增长6.3%。在柬埔寨部分城市和大部分农村地区，电力供应质量仍不稳定，无法保证24小时供电。供电价格较高，电价为0.15~0.2美元/千瓦时。柬埔寨政府正在制定电力中期规划，通过建设大型火电及天然气厂实现能源供应多元化，减少对石油的依赖性，降低发电成本，计划开发所有具备潜力的水电站。

(3) 供水

柬埔寨的储水量较丰富，但约有700万人无法喝上符合卫生标准的水，广大农村和部分城市的家庭只能使用雨水和井水度日，仅在金边、西哈努克港和其他部分省市能够提供自来水，水价每吨0.19美元。

国际社会和柬埔寨政府为解决广大人民的用水问题，拟进行总价值约4300万美元的援助与投资，改善人民的用水情况。2017年，中国援柬乡村供水项目正式启动。截至2020年12月底，该项目施工总体进度达83%，深水井工程已完工90%，社区池塘工程已完工74%。此项目为柬埔寨乡村近百万民众的日常生活生产、农业灌溉、牲畜养殖提供清洁卫生的水资源。

(4) 通信

柬埔寨的电信市场竞争激烈。前三大移动（蜂窝）网络供应商为Smart Axiata（马来西亚投资）、Metfone（越南投资）和Cellcard（柬埔寨本地投资）。柬埔寨电信服务价格实惠，流量和电话套餐费用均低于全球平均水平。柬埔寨流行"移动优先"，民众习惯通过移动设备上网而不是计算机。

4. 投资、贸易、金融与外汇

(1) 投资

据《2021年世界投资报告》显示，截至2020年年底，柬埔寨吸收外资流量为36.25亿美元，吸收外资存量为369.03亿美元。截至2020年年底，柬埔寨对外投资流量为1.27亿美元，对外投资存量为11.87亿美元。另外，据柬埔寨发展理事会统计，2020年，柬埔寨前三大外资来源地分别是开曼群岛（17.22亿美元）、中国（16.29亿美元）、韩国

(2.63亿美元),主要投资领域为基础设施、银行业、制造业和农业等。

(2) 贸易

柬埔寨在对外贸易方面取得了突破性发展,贸易额逐年上升。在成衣业出口强劲的拉动下,柬埔寨对外贸易发展较快。2004年,柬埔寨加入世界贸易组织。据柬埔寨海关统计,2020年,柬埔寨与其他国家的贸易额达370.1亿美元。

中国和柬埔寨签署的双边自贸协定已于2022年1月1日生效,这是柬埔寨对外签署的首个双边自贸安排。据中国商务部统计,2021年中柬双边贸易额136.7亿美元,同比增长43.1%。其中,中方出口额115.7亿美元,进口额21亿美元。2022年1—3月,中柬双边贸易额37.5亿美元,同比增长39.2%。其中,中国对柬出口32.8亿美元,自柬进口4.7亿美元。

(3) 金融

1993年,柬埔寨新政府成立以后,为重建金融体系,采取了一系列的政策,政府责成职能金融机构控制对公共部门的贷款,以控制货币供应的增长。1997年,柬埔寨政府又接连采取了两项重大措施以整顿金融秩序:决定发行国库券,用以代替贷款;对低面值柬埔寨货币的流通和兑换问题做出了新的规定。

如今,柬埔寨的金融体系日益健全,国家法律已允许外国的企业家、金融家在柬埔寨兴办银行、保险公司、证券公司等,其金融业逐渐走向成熟,主要表现为:①国家银行机构已真正成为柬埔寨制定货币政策、发行货币、控制外汇、从宏观上把握国家金融形势的根本性银行;②各种专业银行(包括国内国外的、公营私营的专业银行)纷纷涌现,正在形成一个日益庞大和成熟的银行网络。

现行柬埔寨国家银行是中央银行,负责印刷和发行货币,控制外汇,制定货币政策。截至2020年年底,全国商业银行增至52家、专业银行14家,另有微型贷款机构81家。由于新政府实行金融开放政策,许多外国银行纷纷到柬埔寨开办业务。独资经营的外国银行迄今为止已有多家,有的设立了代表处,有的已经开办了存贷业务。其中,泰国银行最多,此外还有马来西亚、法国、印度尼西亚、中国等国家和地区的银行。外国银行代表处共有6家,中国银行、中国工商银行都已经在柬设立分行。

2012年,柬埔寨成立了第一家人寿保险公司,截至2020年年底,柬埔寨境内共有16家普通保险公司、11家寿险公司和5家小额保险公司。2020年保费收入2.72亿美元,同比增长7.3%。其中,普通保险收入1.14亿美元,同比增长10.5%;寿险保费收入1.52亿美元,同比增长6.6%;小额保险保费收入近600万美元,同比下降24.6%。

2011年7月11日,柬埔寨证券交易所在金边成立,由柬政府与韩国证券公司合作成立,双方占股比例分别为55%、45%。

(4) 外汇管理

柬埔寨的货币单位是瑞尔。汇率由市场调节,1美元=4045瑞尔(2020年)。

根据柬埔寨《外汇法》,柬埔寨允许居民自由持有外汇。通过授权银行进行的外汇业务不受管制,但单笔转账金额在1万美元(含)以上的,授权银行应向国家银行报告。游客可以很容易在柬埔寨换到小面额的美元,如5美元或10美元的纸币。

6.5 社会环境

1. 基本情况

柬埔寨是传统农业国,工业基础薄弱,是世界上最不发达的国家之一。自从1993年实现民族和解以来,柬埔寨已经从一个战痕累累、民不聊生、秩序混乱的社会过渡到了社会有序发展、经济充满生机、人民安居乐业的新阶段。

2. 人民生活

2020年,柬埔寨人均GDP达到1683美元。2020年,柬埔寨男性人均寿命74.3岁,女性人均寿命76.8岁。

3. 社会保障

柬埔寨政府发布了《2016—2025年社会保障国家政策战略》,旨在进一步发展柬埔寨全国性的社会保障系统,以造福全体百姓,尤其是贫困及困难群体。该战略将为国家社会的长远发展保驾护航,并列明了两大机构的职责:一是应对紧急事件、发展人力资源、提供技能培训和保护困难群体;二是注重工人保障金和医疗、工伤、失业风险。在柬埔寨,职工可以享受的福利待遇主要如下:年休、病休、产假等。柬埔寨尚欠缺较完善的医疗保障和社会保险制度。柬埔寨全国医院共有病床数13464张,每千人拥有病床0.97张,病床使用率95%,每千人拥有医生数0.2人。

4. 教育和科研

柬埔寨实行9年制义务教育。正规普通教育包括6年制小学教育,3年制初中教育和3年制高中教育。高等教育根据专业的不同而学制不同,3~5年不等。据柬埔寨教育部统计,柬埔寨全国共有4014所幼儿园,7144所小学,1731所中学,63所高等学院(其中18所公立院校,45所私立院校)。此外,柬埔寨的职业教育、补充教育、佛教寺院教育和私人教育也对教育事业起着重要的补充作用。

5. 新闻出版和传媒

柬埔寨境内共有274种报纸、27种刊物、74种杂志。中文报纸有《柬华日报》和《柬中时报》,较有影响的英文报刊有2种,法文报刊有1种,其余为柬文报刊。发行量较大的报刊有《柬埔寨之光报》(柬文,日报)、《酸角树》(柬文,日报)、《和平岛报》(柬文,日报)、《金边邮报》(英文)、《高棉时报》(英文)等。

柬新社为柬埔寨唯一的官方通讯社,成立于1980年。

6.6 文化环境

1. 民族
柬埔寨有 20 多个民族，其中高棉族占总人口的 80%，为柬埔寨主体民族。

2. 宗教
佛教是柬埔寨的国教，信仰小乘佛教的人占全国人口的 85% 以上。其他宗教有伊斯兰教和基督教等。

3. 语言
柬埔寨语言大致可分为 3 个语系，即南亚语系、汉藏语系和南岛语系。柬埔寨讲南亚语系语言的有高棉族；讲汉藏语系语言的有华人、缅人和泰人等；讲南岛语系语言的有占人、马来人等。柬埔寨语为柬埔寨官方语言，英语在政府部门较通用。

4. 社会生活习俗

（1）家庭

柬埔寨高棉族典型的核心家庭是 5 口之家，子女在婚后一般都离开父母自立门户。柬埔寨的婚俗是新娘"娶"新郎，婚礼的全部过程都在女方家里进行，主持婚礼的一般都是村中最有名望的长者。

一个大的家族集团，亲戚包括核心家庭中的父母、子女、祖父母、孙子、孙女、叔叔、婶婶、侄儿、侄女等。家庭组织比较脆弱，除核心家庭中父母与子女之间的关系较为密切外，其他亲戚之间的联系比较松散。家族的名字没有承袭关系，绝大多数高棉人的家族史只能追溯到 2~3 代人，只有贵族家庭和王室能追溯到若干代以前。

（2）传统节日

柬埔寨的传统节日有独立纪念日（11 月 9 日），它是为了纪念 1953 年 11 月 9 日柬埔寨王国摆脱法国殖民地统治宣告独立的日子；西哈莫尼国王诞辰日（5 月 14 日）；佛历新年（4 月 13—16 日）；最大的传统节日是"送水节"（11 月 18—20 日），它标志着一年的洪水结束了，农作物成熟，这时国王要搬到王宫对面的水上房子里住 3 天，在送水节那天，要进行划龙舟比赛；西哈努克国父纪念日（10 月 15 日）等。

（3）饮食

大米是柬埔寨人的主食，食用方法与中国南方人民食用大米的方法大致相同。部分高地和山区人民的主食为玉米、蚕豆、甜薯等杂粮。副食以鱼虾和各种蔬菜为主。

柬埔寨盛产各种鱼虾，鱼虾为他们蛋白质的主要来源之一。除新鲜煮食外，他们喜欢将鱼制成干鱼、烟熏鱼和咸鱼，储存起来慢慢用油煎食。他们还将鱼制成鱼露。鱼露是柬埔寨人最常食用的佐料。蜂蜜、猪肉、鸡肉、鸭肉和鸡蛋在柬埔寨为稀罕之物，只有家有贵客或喜庆的日子才食用。

柬埔寨人吃饭喜欢拌各种佐料，日常佐料除鱼露外，还有胡桃、柠檬草、薄荷、生姜等。他们喜欢吃甜食，许多食品都要放糖。

水果是柬埔寨人维生素的主要来源之一。他们经常食用的水果有香蕉、番木瓜、红毛丹和棕榈果等，有些果树是人工栽培的，有些是野生的。

在柬埔寨，农村老百姓吃饭习惯于用右手抓食，不用筷子，更不用刀、叉、勺之类。现在，由于受外来影响，城市和农村中用筷子吃饭的人越来越多。

（4）服饰

柬埔寨高棉族男子一般穿对襟短上衣，热季上身一般只穿圆领汗衫，下身穿"纱笼"，类似缅甸和老挝男子穿的"笼基"，料子一般为棉布，富贵人家用丝绸缝制。女子也习惯穿这种"长裙"，不过不叫"纱笼"，而叫"桑博"，上衣大多为对襟无领短袖衣，颜色主要为深色和白色两种，花布衣也不少。

随着社会的发展和外来的影响，柬埔寨人的服饰发生了较大变化，在城镇穿"纱笼"和"桑博"的已不多见，在乡下也大大减少，它们正日益被长袖上衣和长裤所取代。城市市民的衣着基本西化。在公共场合，他们大多穿西服，传统服装只在家里才穿。

柬埔寨人服饰的另一大特点是无论男女老幼，每人都随身带着一块格子布，就是军人也不例外。他们有的将这块格子布盘在头顶，有的围在脖子，有的搭在肩上，有的系在腰间，有的包在头部。这种布柬埔寨语叫作"格罗麻"，中文一般译为"水布"。

6.7 商业环境

1. 贸易政策与法规

（1）主管部门

柬埔寨商业部为贸易主管部门。

（2）主要法律法规

柬埔寨与贸易相关的法律法规主要包括《进出口商品关税管理法》《关于颁发服装原产地证明、商业发票和出口许可证的法令》《关于实施货物装运前验货检查工作的管理条例》《加入世界贸易组织法》《关于风险管理的次法令》《关于成立海关与税收署风险管理办公室的规定》和《有关商业公司从事贸易活动的法令》等。

（3）关税政策

柬埔寨实行开放的自由市场经济政策，经济活动高度自由化。美国、欧盟、日本等28个国家或地区给予柬埔寨的普惠制待遇；对于自柬埔寨进口纺织服装产品，美国给予较宽松的配额和减免征收进口关税，加拿大给予免征进口关税等优惠。2020年2月12日，欧盟决定撤销柬埔寨部分商品关税优惠，受影响商品占柬埔寨输往欧盟商品总额的两成。

（4）非关税措施

柬埔寨的商业部在制定贸易政策和法规条例等方面居于领导地位，而财政部则起到参谋的作用。商业部严密控制着向柬埔寨进口商品的许可证的发放。柬埔寨的国有企业必须经财政部授权后，才能参与出口、进口和其他与外商间的交易活动。

(5) 市场准入

柬埔寨政府视外国直接投资为经济发展的主要动力。柬埔寨无专门的外商投资法,对外资与内资基本给予同等待遇,其政策主要体现在《投资法》及其《修正法》等相关法律规定中。《投资法修正法实施细则》(2005年9月27日颁布)列出了禁止柬埔寨和外籍实体从事的投资活动,包括:神经及麻醉物质生产及加工;使用国际规则或世界卫生组织禁止使用、影响公众健康及环境的化学物质生产有毒化学品、农药、杀虫剂及其他产品;使用外国进口废料加工发电;森林法禁止的森林开发业务;法律禁止的其他投资活动。此外,该细则还列出了"不享受投资优惠的投资活动"和"可享受免缴关税,但不享受免缴利润税的特定投资活动"。

2. 投资政策与法规

(1) 主管部门

柬埔寨发展理事会是负责重建、发展和投资监管事务的一站式服务机构,由柬埔寨重建和发展委员会、柬埔寨投资委员会组成。该机构负责对全部重建、发展工作和投资项目活动进行评估和决策,批准投资人注册申请的合格投资项目,并颁发最终注册证书。需提交内阁办公厅批准的投资项目包括:投资额超过5000万美元;涉及政治敏感问题;矿产及自然资源的勘探与开发;可能对环境产生不利影响;基础设施项目;长期开发战略。

(2) 主要法律法规

柬埔寨制定了一系列的法律法规以保证外国投资人在柬埔寨的投资,主要包括《投资法》(本法于1994年8月4日柬埔寨王国第一届国会特别会议通过,1997年、1999年两度修订)及其《修正法》(2003年2月3日柬埔寨王国第二届国会通过)等。相关法律规定为外国人在柬投资提供了保障和相对优惠的税收、土地租赁政策。

(3) 鼓励投资的行业及优惠政策

《投资法》第十二条规定,柬埔寨政府鼓励投资的重点领域包括:创新和高科技产业;创造就业机会;出口导向型;旅游业;农工业及加工业;基础设施及能源;各省及农村发展;环境保护;在依法设立的特别开发区投资。投资优惠包括免征全部或部分关税和赋税。

3. 专利、商标、知识产权保护

柬埔寨已于1995年成为世界知识产权组织成员,并于1999年加入《巴黎公约》。进入21世纪以来,柬埔寨政府已颁布了一系列保护知识产权的法律法规,包括《柬埔寨王国商标、商号与反不正当竞争法》《柬埔寨王国版权与相关权利法》《柬埔寨王国专利、实用新型与工业设计法》《柬埔寨王国育种者权利和植物品种保护法》。此外,柬埔寨政府还准备颁布下列法律法规:《柬埔寨王国未披露信息与商业秘密保护法》《柬埔寨王国集成电路版图设计保护法》《柬埔寨王国地理标志保护法》。

4. 商务礼仪

(1) 商业习俗

柬埔寨人与别人的交往方式比较正统,他们对地位和级别非常敏感。对于那些地位较高的资深政府官员和公司主管,一定要给予特别的关照。而且如果提到他们"负有重大责任"或"日程安排得非常忙碌",他们会感到很高兴。

柬埔寨人很注重礼节，讲究礼貌，见了面要打招呼。相互认识的，通常不称呼姓，而习惯于直呼其名，并在名字前面加上一个冠词，以示性别、长幼、尊卑之别。例如，一个名叫"恩"的男子，祖父辈叫他"召恩"（"召"意为孙儿）；叔伯辈叫他"克梅恩"（"克梅"意为侄儿），同辈人则称他"邦恩"（"邦"意为兄长）。

柬埔寨人见面打招呼时一般行合十礼。合十礼也称"拜"，其动作包含丰富内容，动作稍有不同，所表达的意思也不同。例如，子女向父母，孙儿向祖父母，学生向老师，应将合十的手指尖举到眼眉；政府官员向上级行礼时，应将合十的掌尖举到口部；官阶相等或在老百姓之间行礼时，应将手掌尖举到鼻子尖；在向王室或高僧行礼时，还需蹲下或跪下。

（2）商业禁忌

柬埔寨人在日常生活中，有种种禁忌。例如，一家老幼同居于一室时，晚辈的床严忌高于长辈的床铺，否则将被视为罪孽；无论是谁，禁忌把脱下的裤子悬挂在别人的头部上方，否则也被视为罪孽。

在一般情况下，妇女不得进入寺庙，否则将被视为"亵渎圣洁之地"。当人们进寺庙拜望僧侣时，严忌穿鞋而入，否则将被认为犯下大罪。

本 章 小 结

柬埔寨自然环境优越，其生态环境遭到较大破坏的问题已经引起了政府的重视和关注。柬埔寨经济结构单一、工业基础薄弱、农业基础差等问题成为制约其经济稳定和发展的关键问题。柬埔寨社会基础设施建设也较落后，有待改善。就其商务环境而言，柬埔寨较适合投资，但要注意防范法律、金融、政策方面的诸多风险。

思 考 题

1. 柬埔寨地理环境和资源有何特点？
2. 在柬埔寨经商有什么样的风险？
3. 柬埔寨贸易投资限制的内容是什么？

第 2 篇

东南亚海岛国家

第2篇

東南亞各國憲法

第 7 章

印度尼西亚

印度尼西亚全称印度尼西亚共和国，国名源于希腊文，意为"水中岛国"。

7.1 简　　史

　　印度尼西亚（简称印尼）历史悠久，其中，爪哇是人类发源地之一，远古时期已有人在此繁衍生息。印度尼西亚社会长期处于封建割据状态，先后分为印度教王国和伊斯兰教王国2个时期。公元1世纪，佛教传入印度尼西亚，印度尼西亚进入印度宗教文化影响时期，公元5世纪，出现最早的王国：加里曼丹东部的古戴王国和西爪哇的达鲁玛王国。公元7世纪，在苏门答腊的巨港出现了东南亚强大的海上王国室利佛逝；13世纪末，拉登威查雅在爪哇建立了印度尼西亚历史上最强大的麻喏巴歇王国，统一了印度尼西亚。进入13世纪，伊斯兰教传入印度尼西亚，进入16世纪，伊斯兰教王国淡目灭掉麻喏巴歇，印度尼西亚进入伊斯兰王国鼎盛时期。1511年，葡萄牙人为夺取香料侵入印度尼西亚东部马鲁古群岛，西班牙人也接踵而来，遭到爪哇、苏门答腊和马鲁古地区伊斯兰教王国的联合抵抗。1596年，荷兰侵入，1602年，荷兰在印度尼西亚建立了具有政府职能的"荷兰东印度公司"。1799年12月，"荷兰东印度公司"宣布破产。1800年，殖民政府取而代之。1811—1816年，英国取代荷兰建立了殖民地政府，英驻爪哇总督莱佛士在当地推行部分自治和废除奴隶贸易，以土地所有制取代荷兰的强迫种植制。1816年，荷兰逐渐恢复对印度尼西亚的殖民统治，1903年，征服亚齐，才完全占有整个印度尼西亚。期间，印度尼西亚各地从未间断反抗荷兰的斗争，其中最著名的有1816—1818年的马鲁古反荷起义、1825—1830年的爪哇人民大起义、西苏门答腊的反荷战争、1873—1903年的亚齐战争等。

　　1942年，日本入侵印度尼西亚。1945年，日本投降后印度尼西亚爆发革命，同年8月17日，苏加诺代表印度尼西亚人民向全世界宣布独立，成立了印度尼西亚共和国。1965年10月1日，以苏哈托为首的军人集团发动政变。1968年，苏哈托取代苏加诺开始了印度尼西亚的"新秩序"时期，此后印度尼西亚经济社会逐步稳定，人民生活水平逐步提高。1998年，在严重的经济危机、宗教矛盾和民族矛盾的冲击下，印度尼西亚社会动乱、政局动荡，苏哈托被迫下台。随后执政的历届政府致力于恢复社会秩序，维护民族团结，积极努力采取措施振兴经济。2019年4月，印度尼西亚举行总统大选，佐科·维多多赢得选举胜利，成功连任。

7.2 自然环境

1. 位置与面积

印度尼西亚位于亚洲东南部,是东南亚最大的海岛国家,也是世界上最大的群岛国家,由17508个大小岛屿组成,其中有6000多个岛有人居住。印度尼西亚与巴布亚新几内亚、东帝汶、马来西亚接壤,与泰国、新加坡、菲律宾、澳大利亚等国隔海相望。

2. 地形和地貌

印度尼西亚的地形主要由群岛、山脉、火山、沿海平原、河流、湖泊和海峡组成。印度尼西亚上万的岛屿在地理上大致划分为以下群岛:大巽他群岛,包括爪哇、苏门答腊、加里曼丹和苏拉威西等岛;小巽他群岛,包括巴厘、龙目、松巴哇、弗洛勒斯等岛;马鲁古群岛(也称为"香料群岛");伊利安查亚岛。

印度尼西亚地貌一个最大的特点就是火山多,是地震、火山最多的国家。除加里曼丹岛外,各个岛屿都有火山,全国有400座火山,其中有100座是活火山。在山脉和火山之间,以及沿海地区有一些由火山灰堆积而成的肥沃平原。在印度尼西亚群岛之中分布着200多条河流,著名的大河有梭罗河等,为印度尼西亚的农业灌溉和内河运输发挥了巨大作用。另外,在印度尼西亚的群岛之中也有大量的湖泊,是印度尼西亚重要的旅游资源和淡水来源。众多的岛屿形成了大量的内海和海峡,如巽他海峡、马六甲海峡、龙目海峡等。

3. 气候和降水

印度尼西亚属于热带雨林气候。由于地跨赤道和受海洋气候的影响,其一年分为两季,4—10月为旱季,11月—次年3月为雨季。印度尼西亚气候最突出的特点是温度高、降雨多、湿度大、风力小。印度尼西亚全境年平均降雨量为2000毫米以上,年平均温度为25~27℃,各个月份的气温变化不大。

4. 资源禀赋

印度尼西亚地域辽阔,海域宽广,自然资源十分丰富,主要资源如下:矿物资源有石油、天然气、煤、铝矾土、锡、镍、铜、金、银等,其中石油、锡、镍在世界上占有重要地位;印度尼西亚生物资源丰富,其热带雨林是一个巨大的生物基因库,森林面积1.37亿公顷,森林覆盖率超过60%,盛产棕榈油、橡胶等农林产品,其热带花卉、热带水果、药用植物也都非常丰富,有动物资源如哺乳动物500多种,鸟类1500多种,爬行动物350多种,鱼类和海洋生物3000多种。

5. 人口

印度尼西亚是世界第四人口大国,据2020年全国人口普查,人口总数为2.7亿人,其中近56.1%的人口集中在爪哇岛,该岛是世界上人口最多的岛屿。

6. 首都和主要城市

首都雅加达是印度尼西亚政治、经济、文化的中心，人口 1056 万人，是东南亚最大的城市之一。印度尼西亚的主要城市还有万隆、三宝垄、泗水、棉兰、巨港等。

7. 行政区划

印度尼西亚分 31 个省、2 个特别行政区和 1 个首都地区，有 396 个县、93 个市。首都雅加达是全国的政治、经济和文化中心。其他的主要经济城市包括泗水、万隆、棉兰、三宝垄和巨港等。

7.3 政治环境

1. 政治体制

印度尼西亚是一个总统制共和国。国会（也称人民代表会议）是国家立法机构，行使除修改宪法外的一般立法权。人民协商会议为最高权力机构，总统为国家元首、行政首脑和武装部队最高统帅。

（1）宪法

1945 年 8 月 18 日，印度尼西亚独立后颁布了《"四五"宪法》，1999 年 10 月—2002 年 8 月，先后修改过 4 次。宪法规定，印度尼西亚是实行共和国政体的统一国家，实行总统制，治国的基础和原则是被称为"潘查希拉"的建国五项基本原则，即"信仰神道、人道主义、民族主义、民主主义和社会公正"。从 2004 年起，总统和副总统不再由人民协商会议选举产生，改由全民直选，任期 5 年，只能连任一届。

（2）人民协商会议

人民协商会议，由人民代表会议和地方代表理事会共同组成，为国家最高权力机构，负责制定、修改和颁布国家宪法；监督和评价总统执行国家大政方针的情况，在总统违背宪法时有权对其进行弹劾或罢免。

（3）人民代表会议

人民代表会议即国会，是国家立法机构，行使除修改宪法外的一般立法权。国会共有议员 575 名，议员兼任人协成员。国会设议长 1 名，副议长 4 名。国会不能解除总统职务，总统也不能宣布解散国会；但是如果总统违反宪法，国会有权建议人民协商会议召开特别会议，追究总统责任。

（4）地方代表理事会

地方代表理事会是 2004 年 10 月新成立的立法机构，负责参与制定并向国会提交有关地方自治、合并和扩建新区以及自然资源开发管理等方面的法案；参与讨论并监督预算、税收、教育、宗教等法律的实施情况等。成员分别来自全国 34 个省级行政区，每区 4 名代表，共 136 名，兼任人协成员；设主席 1 名，副主席 2 名。

（5）政府

印度尼西亚实行总统制，总统既是国家元首，也是政府首脑，同时掌管三军。现任总统为佐科·维多多，本届内阁于2019年10月组建。

2. 政党

印度尼西亚实行多党制，1975年，政党法只允许3个政党存在，即专业集团党、印度尼西亚民主党、建设团结党；1998年5月，解除党禁。印度尼西亚2019年大选中，共有16个政党参选，9个政党获得国会议席，根据议席数依次为民主斗争党、专业集团党、大印度尼西亚运动党、国民民主党、民族觉醒党、民主党、繁荣公正党、国民使命党、建设团结党。民主斗争党蝉联国会第一大党。

3. 司法体制

印度尼西亚实行三权分立制度，最高法院独立于立法和行政机构，政府司法部管辖各级地方法院，最高法院正、副院长由国会提名，总统任命，最高检察院长由总统任免。2004年，新成立"地方代表理事会"的立法机构，负责有关地方自治，中央与地方政府关系，地方省市划分，以及国家资源管理等方面的立法工作。

4. 对外关系

印度尼西亚奉行独立自主的积极外交政策；主张平等互利、相互尊重和大国平衡原则，积极参与地区和国际事务；主张改革联合国，扩大安理会；反对把经济与人权、环境挂钩；促进"南南合作"和"南北对话"，积极参与亚太经济合作；重视与东盟成员国的友好合作关系，积极发展与美国、日本、俄罗斯、欧盟和中国的关系；关注世界和亚洲的重大事务。1966年8月，苏哈托倡议建立东南亚国家联盟，后被其邻国采纳；1967年，由印度尼西亚、新加坡、马来西亚、泰国、菲律宾联合成立了东南亚国家联盟，印度尼西亚在该组织中发挥了重要的组织领导作用。

印度尼西亚是最早承认中华人民共和国的国家之一。1950年4月13日，印度尼西亚与中国建交。1967年10月30日，两国中断外交关系。1990年8月8日，两国正式恢复外交关系，经济、贸易、文化的交流与合作得到迅速恢复。2005年，印度尼西亚与中国建立战略伙伴关系。2010年，两国签署战略伙伴关系行动计划，为两国关系开启了新的篇章。2013年，两国共同发表中国印度尼西亚全面战略伙伴关系未来规划。2015年3月，两国共同发表关于加强全面战略伙伴关系的联合声明。2017年5月，中国领导人同印度尼西亚总统来华出席"一带一路"国际合作高峰论坛期间举行会见。2018年10月，两国签署共建"一带一路"和"全球海洋支点"谅解备忘录。2019年3月，举行"区域综合经济走廊"合作联委会首次会议，并在第二届"一带一路"国际合作高峰论坛期间签署走廊合作规划文件。2020年4月13日，两国领导人就庆祝中国和印度尼西亚建交70周年互致贺电。

7.4 经济环境

1. 经济计划及发展状况

印度尼西亚是东南亚最大的经济体，自独立以来其经济发展大约经历了3个阶段。

(1) 苏加诺执政时期（1945—1967）

该时期主要是对原荷兰殖民者的土地、矿山、林场、工业企业、海关、交通、银行、邮电等部门实行国有化，以及将重要的经济部门置于国家的控制之下，主要目标是在政治独立的条件下争取经济上的独立自主。由于当时复杂的国内国际背景，到1967年苏加诺下台时，印度尼西亚经济几乎崩溃，人均国民收入仅90美元，通货膨胀率达650%。

(2) 苏哈托执政时期（1968—1998）的第一个25年发展计划（1969—1994）

苏哈托执政以后，采取稳定经济、对外开放政策，通过5个五年计划实现经济结构的根本转变。到1994年，印度尼西亚GDP年平均增长6.8%，通货膨胀率被控制在10%以内，人均GDP达到700美元。通过"绿色革命"，印度尼西亚于1984年实现粮食自给自足。印度尼西亚在20世纪80年代，成功地实现了两次经济转型的结构性调整，完成了替代进口战略，为印度尼西亚的经济起飞奠定了基础。

(3) 第二个25年发展计划（1994—2019）

1994年4月，印度尼西亚政府开始进行第二个25年发展计划，进一步放宽投资限制，简化进出口手续，降低关税，鼓励出口；扶持中小企业、发展旅游业、促进服务业发展等。然而1997年的东南亚金融危机使印度尼西亚经济受到重创，随之而来的国内政治动荡、政府更迭、企业外债、银行呆账使经济整改困难重重，经济复苏乏力。2000年以后，印度尼西亚经济缓慢地复苏，2004年，开始采取积极开放政策和措施，引进外资、改造和发展基础设施、整顿金融体系，扶持中小企业发展、经济取得明显效果。2020年，印度尼西亚经济总量按现行价格计算为15434万亿印度尼西亚盾（约合1.06万亿美元），人均GDP为5690万印度尼西亚盾（约合3911.7美元）。

2. 经济结构

经过20世纪80年代经济结构的调整和20世纪90年代替代进口经济战略的完成，印度尼西亚进入了工业化的初级阶段。1991年，工业生产在GDP中的比重超过了农业产值，同时服务业也迅速增长。据世界银行统计，2020年，印度尼西亚农业、工业和服务业的GDP占比分别为14%、38%和48%。

3. 经济基础设施

随着印度尼西亚经济的迅速发展，经济基础设施的建设也在不断加强。从1965年以来，印度尼西亚以每年政府支出的15%作为交通基础设施建设的投资，为经济的快速增长提供了重要保障。但印度尼西亚基础设施建设发展仍相对滞后，是制约经济增长和改善投资环境的一个主要瓶颈。

(1) 公路

印度尼西亚陆路运输比较发达的地区是爪哇、苏门答腊、苏拉威西、巴厘岛等。全国公路网在1989—1993年已经形成。印度尼西亚公路全长34万千米，但公路质量不高，高速公路建设停滞不前。截至2020年年底，印度尼西亚已建成高速公路2346千米。

(2) 铁路

印度尼西亚铁路为国家所有，由印度尼西亚国有资产管理公司经营，大规模运输任务都由铁路承担。印度尼西亚全国铁路总长6458千米，其中，窄轨铁路长5961千米。爪哇岛和苏门答腊岛铁路运输比较发达，其中爪哇岛铁路长4684千米。

(3) 水运和港口

印度尼西亚水路运输较发达，水运系统包括岛际运输、传统运输、远洋运输、特别船运。印度尼西亚全国有水运航道21579千米，其中苏门答腊5471千米，加里曼丹10460千米。印度尼西亚有各类港口约1241个，其中主要港口33个。雅加达丹绒不碌港是印度尼西亚全国最大的国际港，年吞吐量约420万个标准箱；泗水的丹戎佩拉港为第二大港，年吞吐量为140万个标准箱。印度尼西亚发展规划主要集中在境内水运航线和港口的建设方面，包括加里曼丹地区的河运交通建设项目、建设一系列渡口码头和湖泊码头。在海运方面，印度尼西亚希望尽快扩大其港口的货物处理能力，使其与国家的整体经济相匹配，解决由于装卸能力不足导致的货物滞留问题。

(4) 航空运输

印度尼西亚航空运输发展迅速，各省、市和偏远的地区均通航。全国共有179个航空港，其中23个达到国际标准，开通了国际航班、国内航班、朝觐航班、先锋航班等，航空公司主要有印度尼西亚鹰航空公司等。印度尼西亚空运业发展方案包括当前主要机场的维护、改进和扩建，以及新机场的建设和旧机场的替代。为满足日益增长的航空运输需求，印度尼西亚交通运输部计划新建15个机场，在6个地点建设物流运输机场。

(5) 能源

能源既是印度尼西亚的重要经济基础设施，又是支柱产业，能源工业既满足了经济增长的需求，又作为重要的出口商品为印度尼西亚创造了巨大的外汇收入。印度尼西亚油气资源丰富，共有66个油气盆地，其中15个盆地生产石油、天然气。政府公布的石油储量为97亿桶，折合13.1亿吨，其中核实储量47.4亿桶，折合6.4亿吨。印度尼西亚天然气储量为176.6万亿标准立方英尺，折合4.8万亿～5.1万亿立方米。石油勘探开发基本上依靠国外石油公司。自2003年以来，印度尼西亚已成为石油净进口国，2008年年初，印度尼西亚宣布退出石油输出国组织（欧佩克）。2021年1—5月，印度尼西亚原油出口金额达15.534亿美元，同比增长625.29%。2021年1—5月，印度尼西亚原油出口金额TOP5贸易伙伴分别是泰国、新加坡、马来西亚、澳大利亚、中国。印度尼西亚最大的石油企业为国家石油公司。据2021年《财富》公布，印度尼西亚国家石油公司世界排名第287位。

(6) 通信

印度尼西亚电信发展潜力巨大，电信建设增长势头迅猛，跨国运营商和资本介入较多。印度尼西亚电信公司为印度尼西亚国内最大的电信公司。印度尼西亚大部分地区都通互联网，但印度尼西亚的带宽较小，网速较慢。截至2021年1月，互联网用户达2.02亿人，占总人口的73.7%；其中96.4%为移动用户；用户平均年龄16～64岁。4G尚未完全覆盖农村，印度尼西亚政府仍专注于扩大4G覆盖面。

(7) 电力

印度尼西亚电力供应不足，用电普及率不到75%，电力需求年均增长10%～15%，即使首都雅加达也会因缺电实施轮流停电。由于印度尼西亚个人和企业用电比例为7∶3，企业发展对电力的需求更为迫切。为满足国内日益增长的电力需求，印度尼西亚启动新一期电力发展规划。

4. 投资、贸易、金融与外汇

（1）投资

为发展本国经济，印度尼西亚政府在建设资金短缺的情况下，积极吸引国外直接投资，同时努力争取国际金融组织和发达国家提供长期与低息贷款和援助。近些年，政府积极改善投资环境，引进外资，印度尼西亚投资统筹委员数据显示，在2021年第一季度的投资实现额达到219.7万亿印度尼西亚盾，占当年856万亿印度尼西亚盾投资总目标的25.66%。投资的实现包括：国内投资额为108万亿印度尼西亚盾，占总投资的49.2%；外国投资额达到111.7万亿印度尼西亚盾，占总投资的50.8%。与2020年第一季度相比，增长4.3%，与2020年第四季度相比，增长2.3%。

外商投资最集中的领域是制造业和服务业，主要集中在运输、仓储、通信、化学和制药工业、造纸和印刷工业、建筑业、非金属矿等行业。外资最集中的4个地区依次是西爪哇、雅加达特区、北苏门答腊、东爪哇。

中国在印度尼西亚对外经贸关系中占有比较重要的地位，双边投资贸易合作呈快速上升的趋势。2016年7月，中国—东盟自贸区升级版议定书正式生效，双边贸易投资自由化和便利化程度进一步提高，两国经贸关系发展面临着历史性机遇。

（2）对外贸易

印度尼西亚实行积极的对外开放政策，放宽对外资的限制，简化进出口手续，降低关税，鼓励出口。从1980年以来，印度尼西亚的对外贸易一直保持较稳定的高增长。据印度尼西亚中央统计局统计，2020年，印度尼西亚货物进出口额为3049.3亿美元，同比下降9.62%。其中，出口1633.1亿美元，下降2.21%；进口1416.2亿美元，下降16.88%；贸易顺差216.9亿美元。

中国、美国、日本和新加坡是印度尼西亚重要的四大出口市场。2020年印度尼西亚对四国分别出口317.8亿美元、186.2亿美元、136.6亿美元和107.1亿美元，分别增长13.99%、增长5.52%、下降14.22%和下降17.15%，占印度尼西亚出口总额的19.46%、11.4%、8.37%和6.56%。进口方面，中国、新加坡、日本、美国是印度尼西亚前四大进口来源国，2020年印度尼西亚自四国分别进口396.3亿美元、123.4亿美元、106.7亿美元和85.8亿美元，分别下降11.72%、27.81%、31.63%和7.24%，占印度尼西亚进口总额的27.99%、8.71%、7.54%和6.06%。

印度尼西亚是东盟经济总量最大的国家，由于中国和印度尼西亚两国之间资源的高度互补性，并得益于《中国—东盟全面经济合作框架协议货物贸易协议》及中国和印度尼西亚战略合作伙伴关系的建立，双边贸易自1990年恢复外交后呈快速发展的态势，近几年发展迅速，贸易额平均每年递增20%。2020年印度尼西亚与中国双边货物进出口额为714.1亿美元，同比下降1.87%。其中，印度尼西亚对中国出口317.8亿美元，增长13.99%，占其出口总额的19.46%；印度尼西亚自中国进口396.3亿美元，下降11.72%，占其进口总额的27.99%。

2019年，中国成为印度尼西亚的第一大进口国和第一大出口国。中国与印度尼西亚的进出口商品结构不断调整，逐渐由初级产品（如矿产品）向中高级技术含量产品转变，双边贸易互补性不断提高，具有广阔发展空间。

(3) 金融与外汇

1997 年，金融危机之前，印度尼西亚全国共有商业银行 144 家，外资和合资银行 44 家。1997 年，金融危机使印度尼西亚金融业受到巨大冲击，经过危机后的重组、调整，金融业的状况逐步好转。印度尼西亚的中央银行，是与内阁各部门平级的独立机构，具有不受其他部门干预、独立行使职能的权力。其职能主要表现为：强调维护金融稳定、加强监督；制定并履行货币政策，维护盾币稳定；管理货币流通和利率，调节和保证支付系统工作顺利进行；通过监管手段健全银行和贷款体系。印度尼西亚当地的主要商业银行银行有曼迪利银行等。印度尼西亚当地外资银行有汇丰银行、花旗银行、美国运通银行、JP 摩根大通银行、荷兰银行、东京三菱银行、德意志银行、渣打银行、盘谷银行、中国银行、中国工商银行和中国建设银行。与中国银行合作较多的当地代理行有汇丰银行等。

印度尼西亚盾是印度尼西亚的法定货币，其编码为 IDR。在印度尼西亚的金融机构、兑换点，印度尼西亚盾可与美元、欧元等主要货币自由兑换。

7.5 社 会 环 境

1. 人民生活

20 世纪 60 年代至 1997 年的金融危机前，印度尼西亚经济发展较快，居民生活不断改善，贫困人口大幅度减少，就业人口增加。1997 年的金融危机引发印度尼西亚经济危机，失业人口大幅度增加，粮食作物减产，贫困人口剧增。因此，印度尼西亚政府通过提供生活必需品和生产工具等措施，救助因金融危机而陷入暂时贫困的家庭，同时采取扩大就业和加强能力建设等中长期措施，解决结构性贫困问题。2000 年后，印度尼西亚经济已基本恢复稳定。世界银行统计显示，2020 年，印度尼西亚贫困率为 9.8%，基尼系数为 0.376。据 2020 年 8 月公布的数据，失业率 7.07%。2020 年，印度尼西亚人民生活水平基本上恢复到金融危机前的水平：人均 GDP 约为 3911.7 美元；新生儿的死亡率从 1990 年的 62‰ 下降至 20‰；人均预期寿命为 72 岁。

2. 社会保障

为了保持社会稳定，印度尼西亚政府关心国民的社会保障，关心国民的住房问题、就业问题、关注提高就业人员的工资，规定并逐年提高最低工资，关心医疗保险、人寿保险、事故保险和退休人员的福利等。20 世纪 70 年代以来，印度尼西亚政府对国家的医疗保健、计划生育、地方病防治、农村公共卫生等方面的基础设施建设做出了巨大的努力。尽管印度尼西亚政府和各类社会组织做了很大努力，但是由于经济发展水平的制约，印度尼西亚人民的医疗卫生条件仍有待大力改善。

3. 教育和科研

印度尼西亚实行 9 年制义务教育。著名大学有雅加达的印度尼西亚大学、日惹的加查马达大学、泗水的艾尔朗卡大学、万隆的万隆理工学院等。

随着经济的发展，科技在印度尼西亚整个发展中的作用越来越重要。印度尼西亚主要的独立科研机构有：印度尼西亚科技研究所、国家原子能局、国家测绘协调局、中央统计局、技术评价与运用局、国家空间研究所等；此外，大学、私营大公司、非政府部门也有一批研发机构。印度尼西亚虽然在科技上有较快发展，但是由于科技基础设施薄弱、科技人才短缺、科研经费不足、科研与生产，以及科技转化为商品还存在一些障碍，在近期内对国际科学技术的依赖还不会从根本上改变。

4. 新闻出版和传媒

20世纪90年代以后，印度尼西亚的新闻出版和媒体有了快速发展。有影响的印度尼西亚文报纸有《罗盘报》等；英文报纸有《雅加达邮报》等；中文报纸有《星洲日报》《国际日报》等。印度尼西亚的通讯社只有安塔拉通讯社，主要的广播媒体是印度尼西亚国家电台，主要的电视媒体是印度尼西亚共和国电视台等。

5. 文化艺术

印度尼西亚是个历史悠久的国家，早在公元17—19世纪就出现了《马来纪年》和《阿卜杜拉传》等著作。进入20世纪以后，现代印度尼西亚文学迅速成长，著名作家有马斯·马尔戈和马拉·鲁斯里等。印度尼西亚独立后涌现了一批作家，最为著名的是普拉姆迪亚·阿南达·杜尔。在艺术方面，由于受到印度教和佛教的影响，印度尼西亚的建筑艺术深受印度文化的影响。印度尼西亚的雕刻和绘画艺术也发展较快，巴厘岛的工艺木雕闻名世界。印度尼西亚各民族都有自己独特的音乐和舞蹈，皮影戏也是印度尼西亚人民喜闻乐见的传统文化艺术。

6. 体育

印度尼西亚于1948年9月9日在中爪哇省举行了第一届全国运动会，并把9月9日定为全国体育日，每5年举行一次全国运动会。印度尼西亚体育代表团从1952年首次参加在赫尔辛基举行的奥运会至今，已多次获得奖牌。印度尼西亚人比较喜欢的体育项目有羽毛球、网球、排球、足球、拳击等。

7.6 文化环境

1. 民族

印度尼西亚有300多个民族，其中爪哇族占人口总数的45%，巽他族占14%，马都拉族占7.5%，马来族占7.5%，华人约占5%。

2. 宗教

印度尼西亚政府主张宗教信仰自由，人民的宗教信仰是建立国家的基础，国家要求每个印度尼西亚人都应该信奉神灵。独立以来，历届政府都积极支持各个宗教活动，拨款修建清真寺、教堂和寺院。全国有清真寺、教堂、寺庙和寺院14500多座。印度尼西亚主要的宗教有伊斯兰教、基督教、天主教、印度教和佛教。印度尼西亚穆斯林占全国总人口的87%，是世界上穆斯林最多的国家，基督教徒占6.1%；天主教徒占3.6%；

其他教徒占 3.3%。

3. 语言

印度尼西亚民族众多，语言复杂是其突出的特点，全国有200多种地方民族语言。印度尼西亚语为官方语言，在国家发展中发挥着重要作用。印度尼西亚语在国家的推动下进行了规范，欧洲语言、本土民族语言，以及其他外来语的词汇的借用大大丰富了印度尼西亚语。由于地理环境和民族聚居原因，印度尼西亚各个地区也仍然保持地方语言。印度尼西亚文字采用拼音法，经过多次拼音方案改革，使拼音规范、书写规范，同时使印度尼西亚的马来文与马来半岛的马来文基本统一。英语教育在印度尼西亚受到重视，是高等学校、官方在对外交流、教学和商务活动中的重要通用语言。

4. 社会生活习俗

印度尼西亚是一个具有宗教信仰和民族传统的国家，各个民族都重视家庭生活，每个民族都保持着各自的传统习惯。

印度尼西亚的各个民族在文化上也有差异，初次见面时，印度尼西亚人特别重视送名片，不送名片将会受到主人长时间的冷待。在与印度尼西亚商人交往时带上礼物是合适的。印度尼西亚人在社交场合与客人见面一般以握手为礼，与熟人或朋友相遇，传统的礼节是右手按住胸口互相问好。在商务谈判或国际交流会做正式介绍时，对称谓要多加小心，介绍他们的姓名、头衔、职务要准确。

在印度尼西亚朋友家做客，或者是业务关系邀请共同进餐时，应客随主便，吃饭时不要多说话，吃完后在盘子里留一点食物，表示已经吃好了，作为客人不要对食物提出特别要求。

在印度尼西亚访问或交往中，男士应该穿深色的西服，女士应该穿套装或搭配裙子衬衫。在印度尼西亚文化中，不要用左手碰别人或传递食物、物品、名片；不要摸小孩子的头；不要用食指指人。

5. 节日

印度尼西亚有众多的节日和纪念日，如印度尼西亚独立日（8月17日）、民族觉醒日（5月20日）等；还有很多宗教节日，如开斋节、宰牲节等。

7.7 商业环境

1. 贸易政策与法规

（1）贸易主管部门

印度尼西亚主管贸易的政府部门是贸易部，其职能包括制定外贸政策、参与外贸法规的制定、划分进出口产品管理类别、申请和管理进口许可证、指定进口商和分派配额等事务。

（2）贸易法规体系

印度尼西亚与贸易有关的法律主要包括《贸易法》《海关法》《建立世界贸易组织法》

《产业法》等。印度尼西亚与贸易相关的其他法律还涉及《国库法》《禁止垄断行为法》和《不正当贸易竞争法》等。

（3）关税制度

1973年颁布的《海关法》是印度尼西亚关税制度的基本法律。现行的进口关税税率由印度尼西亚财政部于1988年制定。自1988年起，财政部每年以部长令的方式发布一揽子"放松工业和经济管制"计划，其中包括对进口关税税率的调整。印度尼西亚进口产品的关税分为一般关税和优惠关税两种。印度尼西亚关税制度的执行机构是财政部下属的关税总局。印度尼西亚政府为促进对外贸易发展，不断改善营商环境，部分港口推行每周7日、每日24小时的海关和港口服务。

印度尼西亚的平均进口关税水平较低，并持续下调关税税率。中国—东盟自由贸易区建成后，中国和印度尼西亚90%以上的进出口商品实现零关税。

（4）进出口管理制度

2010年，印度尼西亚开始实施新的进口许可制度，将现有的许可证分为两种，即一般进口许可证和制造商进口许可证。一般进口许可证主要是针对第三方进口的进口商，制造商进口许可证主要是针对进口供自己使用或者在生产过程中使用的进口商。

2015年7月，印度尼西亚贸易部对原进口有关条例进行修订，要求进口商在产品抵港前办理进口许可证，有关条例在2016年1月1日开始实施。印度尼西亚工贸部相关法令将出口货物分为4类，并规定企业及个人出口货物必须持有商业企业注册号/商业企业准字或由技术部根据有关法律签发的商业许可，以及企业注册证。

2. 投资政策与法规

（1）投资管理部门

印度尼西亚主管投资的政府部门分别是投资协调委员会、财政部、能矿部。投资协调委员会负责促进外商投资，管理工业及服务部门的投资活动，但不包括金融服务部门；财政部负责管理包括银行和保险部门在内的金融服务投资活动；能矿部负责批准能源项目，而与矿业有关的项目则由能矿部的下属机构负责。

（2）投资政策与法律法规

印度尼西亚的贸易投资相关法律法规较为健全，基本的有《贸易法》《海关法》《投资法》等法规。

根据2007年第25号《投资法》，国内外投资者可自由投资任何营业部门，除非已为法令所限制与禁止。另外，根据该法规定，基于健康、道德、文化、环境、国家安全和其他国家利益的标准，政府可依据总统令对国内与国外投资者规定禁止行业。相关禁止行业或有条件开放行业的标准及必要条件，均由总统令确定。

根据《2007年关于有条件的封闭式和开放式投资行业的标准与条件的第76号总统决定》和《2007年关于有条件的封闭式和开放式行业名单的第77号总统决定》，25个行业被宣布为禁止投资行业，仅能由政府从事经营。

为了更好地吸引外资为本国经济建设服务，印度尼西亚逐渐开放投资领域，降低外资进入限制。印度尼西亚官方投资统筹机构于2013年公布了修订的投资负面清单。印度尼西亚政府通过修订投资领域的负面清单，放宽了对外资准入的限制。其表现为，一方面，扩大了外商投资的领域，开放了部分原先仅限当地投资的行业；另一方面，对外资的持股比例要求放宽，一些行业外商可以控股。2021年3月，印度尼西亚推出投资优先清单，取代原有的投资负面清单，在基础设施（机场、港口）、可再生能源（小型水电、风电、太阳能、地热、生物质发电）、建筑服务、通信媒体信息技术、分销仓储、医疗医药等重点领域，取消或放宽股权比例等对外资的限制。

3. 投资经商相关管理机构与程序

2021年4月，印度尼西亚将投资协调委员会升格为投资部，任命投资协调委员会主席巴赫里尔兼任投资部长。按照《综合性创造就业法》授权，新的投资部被赋予更强监管职能，一方面，通过自2021年6月起实施的在线单次提交许可申请系统，将地方政府的选址、环保、建设等许可审批职能收归中央政府，并借助数字政务简化审批流程、压缩寻租空间；另一方面，对于政府中阻碍项目落地的官僚做法，投资部负责协调中央层面行业主管部门，垂直督办地方政府，加快许可审批。

4. 知识产权保护

印度尼西亚现行的知识产权法主要有《专利法》《商标法》《著作权法》《商业秘密法》《工业设计法》《集成电路布图设计法》和《植物品种保护法》。

商标申请程序：提出申请，商标注册申请应以印度尼西亚文书面向知识产权理事会提出；知识产权理事会收到申请后进行初步审查，完成后，确定商标注册申请的申请日，并记录在案；从申请之日起30日内，知识产权理事会开始商标注册申请的实质审查，并在9个月内完成；在批准商标注册申请日起10日内，理事会在商标公报上公告该申请注册的商标，公告期为3个月；在公告期内，任何人可以向理事会提出所公告的商标是依法不得注册或不予注册的书面异议，理事会收到异议后14天内给出反馈。

5. 商务谈判风格和习惯

建立良好的商务关系对进入印度尼西亚市场很重要。如果合作伙伴在当地很有影响，那么业务可能会较顺利。印度尼西亚人不习惯与不认识的人谈业务，要在印度尼西亚进行商务活动，可以先通过大使馆商务处、当地的朋友、熟悉的公司企业介绍，参加贸易展示会或参加政府组织的贸易代表团等。最好是通过对双方都比较了解的个人和组织做介绍，这些都是接触目标和顾客的好方式。在与印度尼西亚人初次交往后要继续保持联系，以赢得其信任。

印度尼西亚通用印度尼西亚语，由于印度尼西亚原来受荷兰殖民地统治，讲英语的人不多，在商务交流和谈判时最好需要翻译在场。

印度尼西亚人对时间的观念不是很强，在时间和日程安排方面比较灵活。在谈判的风格方面，印度尼西亚人喜欢讨价还价，需要有足够的耐心。印度尼西亚人对一些细节比较注意，并且注重面子，因此在谈判中意见不一致时也要保持冷静，尽量使用间接的、有礼貌的语言。印度尼西亚人说话比较温和，在谈话中很少打断对方，也不喜欢别人高声说话或许多人一起说。在商务活动中，当地人认为关系比合同重要，他们愿意面对面来解决问题，不愿意求助于律师和那些书面文件，但是在形式上还是要将双方谈判的内容落实在书面上，以避免日后的争议。此外，在印度尼西亚要注意社会的等级制度、社会地位，并表示尊重。依照印度尼西亚的传统习惯，老年人具有较高的社会地位，尤其是老年男性，所以听从较高地位的人的意见是非常重要的。

本章小结

印度尼西亚是东南亚最大的岛国，也是世界上最大的群岛国家，拥有巨大的市场潜力。1997年，印度尼西亚受亚洲金融危机重创，经济严重衰退，货币大幅贬值，随之而来的国内政治动荡、政府更迭、企业外债、银行呆账使印度尼西亚经济整改困难重重，经济复苏乏力。2000年后，印度尼西亚经济缓慢地复苏。印度尼西亚政府从改善大环境入手，稳定政局和社会安定，加强法制，控制通货膨胀，稳定汇率，重视吸引外来投资，加强基础设施建设，增加就业机会，消除贫困，加强法治建设和反腐工作，投资环境逐步改善。丰富的自然资源，广袤的领土，充足的廉价劳动力，较为健全的贸易投资相关法律法规，使得印度尼西亚成为具有较大市场和投资潜力的国家。

思 考 题

1. 印度尼西亚的经济、贸易、地理有何特点？
2. 印度尼西亚在东南亚国家中具有什么样的地位？
3. 印度尼西亚在国际关系中的基本态度和政策是什么？
4. 印度尼西亚的投资贸易的机遇与挑战是什么？

第 8 章

拓展视频 8-1

马来西亚

马来西亚，国名出自希腊文，意为"黑土地"，又称"橡胶和锡的王国"。

8.1 简　　史

公元初年，马来半岛有羯荼、狼牙脩等古国。15世纪初，以马六甲为中心的满剌加王国统一了马来半岛的大部分。满剌加王国濒临太平洋和印度洋的海上交通要道马六甲海峡，地理位置十分优越，很快便发展成为东南亚的国际贸易中心。印度人、阿拉伯人、波斯人、中国人、菲律宾人、暹罗人等纷纷来此交易。

自16世纪开始，先后被葡萄牙、荷兰、英国占领，20世纪初，完全沦为英国殖民地。加里曼丹岛沙捞越、沙巴历史上属文莱，1888年，两地也沦为英国保护地。

在第二次世界大战中，马来半岛、沙捞越、沙巴被日本占领。战后英国恢复殖民统治，1957年8月31日，马来亚联合邦宣告在英联邦内正式独立，结束了英国的殖民统治。1963年9月16日，马来亚联合邦同新加坡、沙捞越、沙巴组成一个新的联合邦，称为"马来西亚"（1965年8月9日新加坡退出）。其后，巫统为首的执政党联盟组成的国民阵线曾长期执政61年。2018年，第14届马来西亚全国选举后，由人民公正党、民主行动党、国家诚信党和土著团结党组成的希望联盟取代了国民阵线上台执政。2020年2月24日，马哈蒂尔辞去总理职务。3月1日，前副总理、土著团结党主席穆希丁宣誓就任第8任总理。2021年8月16日，穆希丁辞去总理职务。8月21日，前副总理巫统党副主席伊斯迈尔·沙必里宣誓就任第9任总理。马来西亚民族矛盾逐渐缓和，经济持续增长，政局相对稳定。

8.2 自然环境

1. 地理位置及面积

马来西亚位于东南亚，地处亚、澳两大陆与太平洋、印度洋的交汇处。马来西亚由不相连接的两块土地组成，称为"西马来西亚"（简称西马）和"东马来西亚"（简称东马）。

东西马之间隔着南中国海的广阔水域。

地处马来半岛的西马形状似一片绿叶,镶嵌在碧海之上。西马北面与泰国为邻;南边隔着柔佛海峡,通过长堤同新加坡连接;西涉及马六甲海峡,和印度尼西亚的苏门答腊岛相望;东临南中国海。东马位于加里曼丹岛北部,与印度尼西亚、菲律宾、文莱相邻。

马来西亚面积约为33万平方千米,海岸线总长约4192千米。

2. 地形地貌

东马和西马地理上位于巽他台地中部,原是同一块古大陆,更新世以后才被上升的南海水面隔开。西马地形呈北高南低走向。中央山脉由北向南延伸,把西马分隔成东西两部,山脉以东的土地较西部土地广阔;山脉外侧为低矮丘陵;沿海为宽窄不等的平原。东马地势从内地向沿海逐渐降低。沙捞越由东南向西北倾斜,沙巴由中部向东西两侧递降。沙捞越地区西部沿海为冲积平原,内地为森林覆盖的丘陵和山地;沙巴地区西部沿海为冲积平原,内地大部分地区为森林覆盖的山地。

3. 气候和气温

马来西亚地处北纬2°~6°,靠近赤道,四周由海洋所包围,属热带雨林气候和热带季风气候。其特点是终年高温多雨,相对湿度大。马来西亚内地山区的温度为22~28℃,中部金马伦高原一带终年气温为15~25℃,沿海地区温度为25~30℃。

4. 资源禀赋

马来西亚自然资源十分丰富,丰富的矿产资源、生物资源和海洋资源为马来西亚的经济发展提供了优异的条件。农产品主要有棕榈油、橡胶和胡椒等,马来西亚是世界第二大棕榈油及相关制品的生产国和出口国、世界第三大天然橡胶出口国。马来西亚曾是世界产锡大国,但因过度开采,产量逐年减少。马来西亚石油和天然气储量丰富。据《BP世界能源统计年鉴》显示,2021年马来西亚石油储量为27亿桶,天然气储量为9000亿立方米。2021年马来西亚石油日产量为73.7桶,天然气日产量为2亿立方米。此外,马来西亚铁、金、钨、煤、铝土、锰等矿产储量也很丰富。

马来西亚的动物种类繁多,除常见动物外,还有不少珍稀动物。此外,上千种的热带雨林植物,大量的竹类、藤蔓类植物、低矮常绿灌木林、沼泽地、热带花卉、热带水果使得马来西亚的自然资源丰富多彩。

5. 人口

据马来西亚统计局公布的统计数据,2020年,马来西亚总人口约3273万人。其中,男性约有1683万人;女性约有1590万人。马来西亚人口位居前5位的州是雪兰莪州、沙巴州、柔佛州、沙捞越州和霹雳州。华人约占马来西亚总人口的23.2%,华人全面融入了马来西亚的经济、生活和文化等各个领域。

6. 行政区划

马来西亚分为13个州和3个联邦直辖区。13个州包括西马的柔佛、吉打、吉兰丹、马六甲、森美兰、彭亨、槟城、霹雳、玻璃市、雪兰莪、登嘉楼和东马的沙捞越、沙巴。3个联邦直辖区为吉隆坡、布特拉加亚和纳闽。马来西亚其他主要的经济中心城市包括乔治市（槟城州首府）、新山（柔佛州首府）、关丹（彭亨州首府）和古晋（沙捞越州首府）。由于历史原因，东马的沙捞越和沙巴两州拥有较大自治权。

吉隆坡既是马来西亚政治、经济和文化中心，也是马来西亚最国际化的都市，吉隆坡的文化多元，人口组成来自印度人、华人、马来人等，在宗教方面除了马来西亚国教伊斯兰教，还有佛教、印度教、基督教等宗教，不同的民族和宗教信仰在吉隆坡和谐相处，多元融合，因此吉隆坡又有了"世界博物馆"的别名。

8.3 政治环境

1. 政治体制

马来西亚的政治体制沿袭自英国的西敏寺制度，是君主立宪议会民主制的联邦国家。

国会作为马来西亚最高立法机构，由最高元首、上议院、下议院组成。其中，最高元首由9个州的世袭苏丹轮流担任，任期5年，不得连任。最高元首委任下议院大多数党领袖为总理，并根据总理提名任命内阁部长、联邦法院院长、总检察长、武装部队总参谋长、选举委员会主席及委员、国家审计长等国家重要管理人员。最高元首在行使其各项权力时，也需要考虑内阁总理的建议和决定。2019年1月31日，马来西亚彭亨州苏丹阿卜杜拉在吉隆坡国家王宫宣誓就任马来西亚第16任国家元首。上议院共有70名议员，由全国13个州议会各选举产生2名，其余44名由最高元首根据内阁推荐委任（其中吉隆坡联邦直辖区2名，纳闽、布城联邦直辖区各1名），任期3年，可连任两届，且不受国会解散与否的影响。上议院设议长1名和副议长1名。下议院由222位民选议员组成，通过每5年一届的大选产生，可连任，下议院获得多数席位的政党获得组阁权。下议院议长从下议院议员中选举产生。

2. 政府

内阁是马来西亚最高行政机构。内阁由总理领导，所有内阁成员必须是国会议员，最高元首根据总理建议委任内阁部长和副部长。内阁向国会负责。

3. 政党

马来西亚实行多党制，通常由几个政党联合组成政党联盟执政，马来西亚现有55个注册政党，但真正活跃和有影响力的政党并不多。由巫统、马华公会和印度人国大党等组成的国民阵线曾长期执政。2018年5月，由人民公正党、民主行动党、国家诚信党和土著团结党组成的希望联盟在第14届全国大选中战胜国民阵线，上台执政。2020年2月底3月初，部分人民公正党成员和土著团结党宣布退出希望联盟，并联合国民阵线、伊斯兰教党等组成国民联盟，上台执政。

4. 司法体制

马来西亚最高法院成立于1985年1月1日，1994年6月更名为联邦法院。马来西亚设有马来亚高级法院（负责西马）和婆罗洲高级法院（负责东马），吉隆坡高级法院分设知识产权庭、建筑庭、海事庭、网络庭等审理专门事务。马来西亚各州设有地方法院和推事庭，另外还有特别军事法庭和伊斯兰教法庭（受伊斯兰教法令管制）。初级法院仅受理地方刑事与民事案，并有一定权限规定。

5. 外交与国际关系

马来西亚主张在互相尊重独立、主权和领土完整、互不干涉内政的基础上，与不同社会政治制度的国家建立和发展友好关系。马来西亚奉行独立自主、中立、不结盟的外交政策，对外政策的重点是致力于东南亚的地区合作，主张建立东南亚和平、自由和中立区，优先发展同东盟国家的关系，视东盟为其外交政策的基石。同时马来西亚既重视发展同大国、东亚地区国家的关系，也重视和加强同伊斯兰国家的团结和合作。马来西亚为英联邦成员。截至 2021 年 2 月底，马来西亚已同 132 个国家建交，在 84 个国家设有 110 个使领馆。

中国与马来西亚有着长期友好的外交关系和传统友谊。两国于 1974 年 5 月 31 日正式建立外交关系。两国建交后，双边关系总体发展顺利。1999 年，两国签署关于未来双边合作框架的联合声明。2013 年，两国建立全面战略伙伴关系。在推进"一带一路"建设及国际产能合作过程中，马来西亚率先响应，积极参与，成为"21 世纪海上丝绸之路"重要节点国家。当前，中资企业与马来西亚开展投资、工程承包、劳务合作的步伐加快，双边经贸合作稳步发展。

8.4 经济环境

1. 经济发展概述

拓展视频 8-2

1956—2010 年，马来西亚先后执行了 10 个五年计划。马来西亚历次五年计划的目标主要是改变经济结构，开发土地、自然与人力资源，建设并改善基础设施，提高人民物质生活水平和缩小国民收入差距等。每个五年计划都有一定的侧重。除了五年计划，马来西亚政府还根据社会经济发展的现状和特殊需要，先后推出一些特殊经济发展政策和中长期发展计划，逐渐形成了多元化的经济发展战略：发展制造业，逐步实现工业化，以带动全国经济的发展；改善农田基础建设，重视农业多种经营，争取粮食自给；实现出口商品多样化，增加外贸收入。1971 年，马来西亚政府制定了 20 年国家营运方针的"新经济政策"（也称《第一个远景计划纲要》），以缩小种族间的经济差距。马来西亚政府出面帮助居于经济弱势的马裔国民提升经济地位，大力发展出口导向型工业，后来又提出发展重工业和资源工业，获得了相当大的成功，为政府在 20 世纪 90 年代推行较为宽松的民族经济政策创造了条件。到 1995 年，马来西亚国民人均收入增加至 3500 美元，贫困率下降至 11%。

2015 年，马来西亚政府公布第 11 个马来西亚计划，主题是"以人为本的成长"，通过提高生产力、创新领域、扩大中产阶级人口、发展技能教育培训、发展绿色科技、投资有竞争力的城市等策略，增加国民收入，提升人民生活水平和培养具备先进思维的国民。

2019年5月,马来西亚政府提出"2030共享繁荣"新愿景,通过重组和加强国家商业及工业生态系统、拓展新领域、改善就业市场及劳工薪资、巩固社会和谐、创造兼容国家、提升社会的思维、改革人力资源等方面努力,以提高各种族、阶级、地区国民的收入。2020年,国内生产总值同比下降5.6%,GDP总量为3362亿美元。

2. 经济结构

马来西亚政府不断调整产业结构,使服务业得到了迅速发展,成为国民经济发展的支柱行业之一。马来西亚原有工业主要为食品、饮料、木材加工、橡胶产品、烟草与纺织品等。1958年,马来西亚制定了《工业法》并建立了工业区,积极引进外资。20世纪70年代,马来西亚建立起一系列劳动密集型与出口型企业,原有资源加工型企业也有了进一步发展。1986年2月,马来西亚又制定了《1986—1995年工业基本规划》。在这一规划指导下,马来西亚的制造业特别是电子元件、纺织服装业发展迅速。马来西亚的经济结构已从独立前以锡、橡胶生产和出口为主的单一殖民地经济结构,转变为以制造业、农、林、渔业为核心,以矿业、采掘业、商业、外贸和金融、保险、地产业为支柱的多元化结构。经过持续的经济结构调整,马来西亚产业结构已发生了巨大变化。据马来西亚国家银行统计,2020年,马来西亚的农业、采矿业、制造业、建筑业和服务业在GDP中所占比例分别是7.4%、6.8%、23.0%、4.0%和57.7%。

3. 经济基础设施

马来西亚的交通基础设施在第二次世界大战前就颇具规模,全国拥有良好的公路网,公路和铁路主要干线贯穿马来半岛南北,航空业也较发达。

(1) 公路

马来西亚高速公路网络比较发达,主要城市中心、港口和重要工业区都有高速公路连接沟通。高速公路分政府建设和民营开发两部分,但设计、建造、管理统一由国家大道局负责。马来西亚高速公路网络以贯穿南北的大道为中心构成。

(2) 铁路

马来西亚铁路网贯穿半岛南北,北面连接泰国铁路,南端可通往新加坡,负责运营的是马来西亚铁道公司。

(3) 水运

马来西亚内河运输不发达,95%的贸易通过海运完成,主要国际港口包括巴生港、槟城港、柔佛港、丹绒柏勒巴斯港、关丹港、甘马挽港,以及民都鲁港等。2015年11月,中国和马来西亚建立港口联盟关系。2017年,港口联盟成员从16个增至21个。港口联盟成员涵盖大连港、太仓港、上海港、宁波舟山港、福州港、厦门港、广州港、深圳港、北部湾港、海口港、京唐港和天津港12个中方港口,以及巴生港、民都鲁港、柔佛港、关丹港、马六甲港、槟城港、甘马挽港、沙巴港和古晋港9个马方港口。巴生港濒临马六甲海峡,为马来西亚最大的港口,其西港有良好的深水码头,可以停靠世界最大吨位的货船。

(4) 空运

马来西亚共有8个国际机场,即吉隆坡国际机场、槟城国际机场、兰卡威国际机场、亚庇国际机场、古晋国际机场、马六甲国际机场、柔佛士乃国际机场,以及瓜拉登嘉楼苏丹马穆德机场。这些机场与其他国内航线机场构成了马来西亚空运的主干网络。马来西亚是东南亚重要的空中枢纽之一。

（5）通信

截至 2019 年年底，马来西亚住宅固定电话用户数为 642 万户。马来西亚固定电话运营商是马来西亚电信公司。马来西亚移动电话网络覆盖全国大部分地区，截至 2019 年年底，移动电话用户数达到 4337 万户。马来西亚主要移动电话运营商是西尔康等。截至 2019 年，马来西亚固定宽带互联网用户 269 万户，移动宽带互联网用户 3916 万户。

4. 投资、贸易、金融与货币

（1）投资

在 1997 年亚洲金融危机以前，马来西亚的外资主要集中于石油炼油与石化工业、电子与电器工业，以及化学制品等材料工业。金融危机使马来西亚政府更加意识到加速发展高科技产业的紧迫性。1996 年，马来西亚开始实施的"多媒体超级走廊计划"投资项目加速，大力吸引外国投资。联合国贸发会议发布的《2021 年世界投资报告》显示，2010 年，马来西亚吸收外资流量为 34.8 亿美元；截至 2020 年年底，马来西亚吸收外资存量为 2827 亿美元。根据马来西亚投资发展局公布的数据，2020 年，马来西亚在制造业、服务业和第一产业领域共计批准投资总额 1640 亿马币。其中，国内直接投资 998 亿马币（占比 60.9%）；外国直接投资 642 亿马币（占比 39.1%）。2020 年，马来西亚政府共批准 4599 个投资项目。从投资领域看，服务业投资 667 亿马币（占比 40.7%）；制造业投资 913 亿马币（占比 55.7%），同比增加 10.4%；第一产业投资 60 亿马币（占比 3.6%），同比下降 14.3%。马来西亚政府鼓励外商在制造业领域的投资，目前外商投资已成为推动马来西亚经济发展的重要因素。2020 年，外商在马来西亚制造业领域的投资主要集中在电子电器、石油产品、基本金属产品、造纸、机械设备等行业。从投资来源国别看，中国是马来西亚 2020 年制造业领域批准的最大外资来源地，投资额达 177.5 亿马币，其次是新加坡，第三名是荷兰。

（2）贸易

对外贸易是马来西亚经济的重要支柱。随着经济多元化的发展，马来西亚的进出口产品结构发生了深刻的变化。2020 年全年，马来西亚外贸总额为 1.78 万亿马币，同比下降 3.6%；其中，出口 9810 亿马币，同比下降 1.4%；进口 7962 亿马币，同比下降 6.3%；顺差 1848 亿马币，同比增长 26.9%。马来西亚自 1998 年以来连续 23 年实现贸易顺差。尽管新冠肺炎疫情给全球贸易带来打击，马来西亚的对外贸易仍体现出一定的韧性。据中国商务部统计，2020 年，中马双边贸易额 1311.6 亿美元，同比增长 5.7%。其中，中国对马来西亚出口 564.3 亿美元，同比增长 8.2%；自马来西亚进口 747.3 亿美元，同比增长 3.9%。中国为马来西亚最大贸易伙伴国、第一大进口来源地和第一大出口目的地。

（3）金融

20 世纪 90 年代，马来西亚已形成较稳定而健全的金融体系，包括马来西亚中央银行、商业银行等。马来西亚中央银行是国家银行，主要负责维持国家货币稳定，管制和监督银行、金融及保险机构，发行国家货币。马来西亚当地主要商业银行有马来亚银行、联昌银行、大众银行、丰隆银行等。在马来西亚的中资银行主要有中国银行、中国工商银行和中国建设银行。

(4) 货币

马来西亚货币为马币,也称林吉特。外商可到银行及货币兑换所兑换马币,马来西亚所有银行都能兑现旅行支票。

5. 科技发展现状

马来西亚的科技发展大致可划分为三个阶段:第一阶段,1958 年至 20 世纪 80 年代中期,是产业技术规划不明晰时期,该时期马来西亚技术发展的重点领域与以农业、种植业为主的产业结构相一致,资源型产业(如早期的橡胶、后来的棕榈油产业)的研究与开发是政府重点支持的研究领域;第二阶段,20 世纪 80 年代中期—90 年代初期,是政府加强技术供给力量的技术发展时期;第三阶段,1993 年之后,加强技术政策与产业组织结构、市场条件的协调是这一时期技术发展战略的显著特点。

8.5 社 会 环 境

1. 人民生活

2019 年,马来西亚消费总额达 10077.3 亿马币,其中私人消费总额为 8346.2 亿马币,公共消费总额为 1731.1 亿马币。世界银行数据显示,2019 年,马来西亚贫困人口占总人口比例 8.4%。2020 年,马来西亚人均国民收入 10118 美元。

据世界卫生组织统计,2020 年,马来西亚男性人均寿命为 72.6 岁,女性人均寿命为 77.6 岁。

2. 教育

马来西亚实施小学免费教育。2020 年教育经费预算为 641 亿林吉特。截至 2018 年年底,马来西亚共有小学 7892 所,中学 2594 所。全国有 20 所高等院校,近年来私立高等院校发展很快,有私立学院 500 多所。

3. 新闻出版与传媒

马来西亚约有 50 家报纸,用 8 种文字出版,发行量从几万到几十万份不等。马来西亚主要报纸有马来文的《每日新闻》《祖国报》;英文的《新海峡时报》《星报》《马来邮报》;中文的《南洋商报》《星洲日报》等。

马来西亚国家新闻社,成立于 1968 年,在亚太地区设有 33 家分社。

马来西亚广播电台和电视台属官办,其中,广播电台建于 1946 年,马来西亚电视台建于 1963 年。

4. 社会保障体系

马来西亚社会保障体系大致分为 4 个部分:①养老准备金,为社会各部门包括私人部门的雇员提供养老、医疗和住房方面的保障;②社会保险机构,提供因公意外保险和病残退休金保险等；③由劳动部管理的政府公务员退休基金，为退休的政府公务员提供各项保障；④由社会福利部管理的社会福利，为贫困人口提供多种资助。其中，养老准备金和社会保险机构组成了马来西亚社会保障体系的主干。

8.6 文化环境

1. 民族

马来西亚是个多民族的国家，全国有32个民族。马来半岛以马来人、华人、印度人为主；沙捞越以达雅克人、马来人、华人为主；沙巴以卡达山人、华人、马来人为主。2022年，马来西亚人口总数约3270万人。其中马来人约占69.4%，华人约占23.2%，印度人约占6.7%，其他种族约占0.7%。

2. 宗教

马来西亚以伊斯兰教为国教，其他宗教有印度教、佛教、基督教等。由于多民族的长期共同生活，马来西亚形成了一种多元文化特色。

3. 语言

马来语为马来西亚官方语言，通用英语。马来西亚华人基本上能用普通话或方言交谈，普遍使用的方言有粤语、闽南语、客家话、潮州话、海南话、福州话等。马来西亚印度人常用泰米尔语交谈。

4. 风俗习惯

（1）姓名

马来西亚人的姓名十分特别，通常没有固定的姓氏，而只有本人的名字，儿子以父亲的名字作为姓，父亲的姓则是祖父的名，因此一家几代人的姓都不同。在他们的姓名中，名排在前，姓排在后，男子的姓与名之间用一个"宾"字隔开，女子则用"宾蒂"隔开。

每个马来西亚人都有头衔。国家最高元首和各州的苏丹、州长对给国家和社会有贡献的各族人颁发各种勋衔，受封号为"敦""坦·瑟里""达士克"等；有的把勋衔放在名字前，受封的妻子则享有"多普安"的尊称；具有王室母系血统的拥有"尼克"与"米盖特"的头衔；"赛义德""萨里法"则是先知穆罕默德的后人独享的尊号；州长的儿子通常叫"东古"，女儿通常叫"坦古"，意义与王子和公主相当；伊斯兰教徒去麦加朝觐过的，男子的名字得加上"哈吉"的尊称，而女子则加上"哈贾"的尊称。

（2）饮食习俗

马来西亚人禁烟，不吃猪肉、狗肉、死物和动物血液，平时喜欢喝咖啡、红茶等饮料，爱嚼槟榔，以大米为主食，喜爱辣食，尤其是咖喱牛肉。

马来西亚人进餐时，一般不坐在椅子上，而是把饭菜放在席子或地毯上，围坐而食。男子和上了年纪的妇女盘腿而坐，较年轻的女子则跪坐，不得伸直腿。

马来西亚人习惯用手抓取食物，进餐时，每人面前放两杯水，一杯供饮用，另一杯供洗手。餐前餐后都要洗手。在马来西亚用餐时，必须用右手，否则会使人反感不快；如果不得不用左手进餐或取餐具，应向他人说明原因并表示歉意；如果要表示尊重对方或当物品很重时，则可用双手递送。

（3）禁忌

在马来西亚，用食指指人被认为是不礼貌的行为。马来西亚人忌讳摸头。在社交活动中，当众表示亲热会令人反感。与人见面时，不可拥抱或亲吻对方，如果对方是异性，更不可与之有身体接触。同马来西亚人握手、打招呼或馈赠礼品时，不可用左手，因为他们认为左手是不洁的，用左手和他们接触，是对他们不敬。在碰触一个人的肩膀时，要两肩同时碰触。马来西亚人喜欢红、橙等鲜艳的颜色，认为绿色具有宗教意义，伊斯兰地区喜爱绿色，白色或黑色这两种颜色与殡葬有关，因此忌用白、黑色包装送礼。马来西亚人送你一件礼物，你要回赠一件同等价值的礼物，礼物不可当面打开。马来西亚人一般不穿黄色的衣服，黄色是马来西亚王室的专用色，所以在正式的场合或访问王宫时不应穿黄色服装。马来人禁忌0、4、13等数字。宗教寺庙中也有很多禁忌：不可随便闯入伊斯兰教的清真寺，进去之前应得到许可；不可穿鞋进入清真寺，应在门口脱鞋，放在指定的鞋架上，并穿上寺院提供的长袍，妇女还应戴上寺院提供的包头布；进入清真寺后，不可从正在祈祷的人面前走过，不能吸烟。

（4）主要节日

马来西亚全国各地大小节日约有上百个，但政府规定的全国性节日主要有国庆日（又称独立日），元旦，春节（华人），哈芝节（穆斯林），劳动节，圣诞节，卫塞节，最高元首诞辰等。

8.7 商业环境

1. 贸易政策与法规

（1）贸易主管部门

马来西亚主管对外贸易的政府部门是国际贸易和工业部，其主要职责是：负责制定投资、工业发展，以及外贸等有关政策；拟定工业发展战略；促进多双边贸易合作；规划和协调中小企业发展；促进、提升私人企业界与土著的管理和经营能力。

（2）贸易法规体系

马来西亚主要对外贸易法律有《海关法》《海关进口管制条例》《海关出口管制条例》《海关估价规定》《植物检疫法》《保护植物新品种法》《反补贴和反倾销法》《反补贴和反倾销实施条例》《2006年保障措施法》《外汇管理法令》等。

（3）贸易限制

① 进出口限制。进口管理方面，1998年，马来西亚海关禁止进口令规定了四类不同级别的限制类进口，第一类是14种禁止进口品，第二类是需要许可证的进口产品，第三类是临时进口限制品，第四类是符合一定特别条件后方可进口的产品。此外，为了保护敏感产业和战略产业，马来西亚对部分商品实施非自动进口许可管理，主要涉及建筑设备、

农业、矿业和机动车辆部门。出口限制的商品主要包括短缺物品、敏感或战略性或危险性产品,以及受国家公约控制或禁止进出口的野生保护物种。此外,马来西亚《1988年海关令(禁止出口)》规定了对三类商品的出口限制措施,分别为绝对禁止出口(包括禁止出口海龟蛋和藤条)、需要出口许可证方可出口和为需要视情况出口。

② 关税。马来西亚关税99.3%是从价税,0.7%是从量税、混合税和选择关税。世界贸易组织公布数据显示,2020年,马来西亚最惠国关税简单平均关税税率约5.7%,农产品该税率为8.7%,非农产品该税率为5.2%。

2. 投资政策与法规

(1) 投资管理部门

马来西亚主管制造业领域投资的政府部门是马来西亚投资发展局,其主要职责是:制定工业发展规划;促进制造业和相关服务业领域的国内外投资;审批制造业执照、外籍员工职位,以及企业税务优惠;协助企业落实和执行投资项目。马来西亚其他行业投资由马来西亚总理府经济计划署及国内贸易、合作与消费者事务部等有关政府部门负责,总理府经济计划署负责审批涉及外资与土著持股比例变化的投资申请,而其他相关政府部门则负责业务有关事宜的审批。

(2) 投资法律政策

马来西亚投资政策以《1986年促进投资法》《1967年所得税法》《1967年关税法》《1972年销售税法》《1976年国内税法》,以及《1990年自由区法》等为法律基础,这些法律涵盖了对制造业、农业、旅游业等领域投资活动的批准程序、各种鼓励政策和优惠措施。鼓励政策和优惠措施主要是以税务减免的形式出现的,分为直接税激励和间接税激励两种。直接税激励是指对一定时期内的所得税进行部分或全部减免;间接税激励是指以免除进口税、销售税或国内税的形式出现。

(3) 鼓励或限制投资的领域

① 马来西亚政府鼓励外国投资进入其出口导向型的生产企业和高科技领域,可享受优惠政策的行业主要包括农业生产、农产品加工、橡胶制品、石油化工、医药、木材、纸浆制品、纺织、钢铁、有色金属、机械设备及零部件、电子电器、医疗器械、科学测量仪器制造、塑料制品、防护设备仪器、可再生能源、研发、食品加工、冷链设备、酒店旅游,以及其他与制造业相关的服务业等。在制造业领域,从2003年6月开始,外商投资者投资新项目可以持有100%的股权。

② 限制投资的领域主要包括金融、保险、法律服务、电信、直销及分销等。一般外资持股比例不能超过50%或30%。

(4) 投资方式

外商在马来西亚的投资方式分为直接投资、跨国并购和股权收购等方式。其中,直接投资方面,外商可直接在马来西亚投资设立各类企业,开展业务。直接投资包括现金投入、设备入股、技术合作,以及特许权等。跨国并购方面,马来西亚允许外资收购本地注册企业股份,并购当地企业。股权收购方面,马来西亚股票市场向外国投资者开放,允许外国企业或投资者收购本地企业上市。

3. 专利和商标

（1）专利

任何人均可单独或与他人共同申请专利，专利权属于发明人。马来西亚的专利注册制度采用在先申请原则，专利在自申请提交之日起的 20 年内有效。

（2）商标

自申请日算起，马来西亚注册商标的有效期为 10 年，可进行续展，无时间限制。

注册商标的专用权是以核准注册的商标与核定使用的商品为限。侵犯注册商标的行为包括以下 3 种。

① 未经注册商标拥有人的许可，在同一种商品服务或类似的商品服务上使用与其注册商标相同或者近似商标的行为。

② 擅自制造或销售他人注册商标标志的行为。

③ 给他人注册商标专用权造成其他损害的行为。侵犯他人注册商标者，除了必须赔偿被侵权人的损失并受罚款外，也可以由国内贸易与消费人事务部依标签法令追究刑事责任。

4. 商务礼仪与惯例

（1）商务礼仪

在交际场合中互相介绍时，一般首先向女子介绍男子，向地位高者介绍地位低者，向年长者介绍年幼者，向已婚者介绍未婚者，向年长地位高者介绍青年女子，其次向后者介绍前者。新客入室时，主人必须起立，先向客人致意，再向大家介绍客人姓名，最后向客人依次介绍已经就座的来宾。

大宴会中仅为相邻的来宾做相互介绍，小宴会上主人应逐一介绍来宾。在正式宴会中，若不认识邻座的女宾，则应先请主人介绍，以便打招呼。若两人之间无第三方介绍，则可互相鞠躬握手，自报姓名。若用名片向不相识的对方介绍自己的朋友，则应将本人名片一并奉送。

 背景知识

要准备充足的材料

在马来西亚，如果外国商人打算介绍产品或项目给可能成为合作伙伴的买家，那么就需要进行充分的准备，有充足的材料备份、充足的样品和详尽的计划草案。马来西亚客户很可能希望留一份或是两份备份，以便把材料给他的合伙人看。例如，如果首先告知马来西亚客户宣传材料只是给顾客的展示，认可就可以订货，然后把宣传材料又放回自己的文件包里，那么这位马来西亚客户一定会很恼火。如此斤斤计较在马来西亚是做不成生意的。

资料来源：穆纳，2008. 文化震撼之旅：马来西亚 [M]. 车宁薇，译. 北京：旅游教育出版社.

（2）支付手段

外国货币与旅行支票可向马来西亚全国各地的银行或授权的钱币商兑换。去马来西亚边远地区旅游时,要带足够的现款。任何外汇及旅行支票都可以轻易在银行、外汇兑换行,及酒店兑现,旅行支票兑现时要出示护照。在比较大的城市里的主要场所如酒店、购物中心、餐馆等,都接受万事达等付款卡。

(3) 作息时间

马来西亚的工作时间一般是每天的 8 个小时和星期六的半天,星期日休息。政府办公时间由上午 8:00 到下午 4:15,半天工作时间则从上午 8:00 到中午 12:45。

本 章 小 结

马来西亚位于东南亚,既是东南亚国家联盟中的一个重要国家,也是亚洲新兴工业化国家(新型经济体)之一。相对于东南亚其他国家,马来西亚政治稳定,经济发展速度很快,政府对经济的指导、干预作用明显且成效显著。并且,马来西亚有着浓厚的宗教信仰,拥有多元的文化特色。因此,对于计划进军东南亚市场的中国企业,可以考虑把马来西亚作为该地区运营、管理的中心,从运营的成本和开拓市场的便利性而言,马来西亚都具有很强的优势。

思 考 题

1. 马来西亚的经济发展、资源及市场有何特点?
2. 在马来西亚经商、旅游、从事公务活动应遵循的主要规矩、注意事项和禁忌是什么?
3. 如何看待把马来西亚作为地区运营中心的说法?

第 9 章

菲 律 宾

拓展视频 9-1

菲律宾全称菲律宾共和国，又称"椰子之国"。

9.1 简　　史

据人类学家考证，大约在 25 万年前就有人类在菲律宾群岛活动。公元前 300—200 年菲律宾出现了奴隶制。后来，曾经出现麻逸国、苏禄国等奴隶制国家。14—15 世纪，在菲律宾诸岛上的奴隶制国家逐步进入封建社会。14 世纪前后，菲律宾出现了由土著部落和马来族移民构成的一些割据王国，其中最著名的是 14 世纪 70 年代兴起的苏禄王国。

1521 年，麦哲伦率领西班牙远征队到达菲律宾群岛。此后，西班牙逐步侵占菲律宾，并统治长达 300 多年。西班牙殖民者对菲律宾的经济进行了改造，为了出口欧洲，对烟草、甘蔗、蕉麻、可可等经济作物实行规模化和专业化生产，形成了菲律宾的单一经济结构。

1898 年 6 月 12 日，菲律宾起义军宣告脱离西班牙统治，成立菲律宾共和国。同年，美国依据对西班牙战争后签订的《巴黎条约》对菲律宾实行殖民统治。1942 年，菲律宾被日本占领。1946 年 7 月 4 日，美国被迫同意菲律宾独立。

9.2 自 然 环 境

1. 地理位置与面积

菲律宾位于亚洲东南部，北面隔巴士海峡与中国相对；南面和西南面隔苏拉威西海、巴拉巴克海峡与印度尼西亚和马来西亚相望；西邻南中国海；东面是辽阔的太平洋。菲律宾是东亚与南亚、亚洲与澳大利亚，及太平洋之间的交通要道。

菲律宾全国总面积为 29.97 万平方千米（2021 年 3 月），共有大小岛屿 7000 多个，其中吕宋岛、棉兰老岛、萨马岛等 11 个主要岛屿占全国总面积的 96%。菲律宾海岸线长约 18533 千米。

2. 地形、地貌、气候和降水

菲律宾群岛地形地貌多样，有高山、平原、河流、湖泊、海湾、海峡、溪谷、瀑布等自然形态。岛屿众多，素有"千岛之国"之称。众多的岛屿可分为以下岛群，包括北部的吕宋岛及附近岛屿、中部米沙鄢群岛、南部棉兰老岛及附近岛屿。群岛从南至北呈花状散开，构成了菲律宾通向加里曼丹的两条岛链。菲律宾多山，其走势为南北纵列，各岛有山，山地占全国面积的 3/4，而且火山众多，地震频繁。东南部的马荣火山，被称为"世界最完美的火山锥"。菲律宾两侧则是深海，萨马岛和棉兰老岛东面是菲律宾海沟，为世界最深海区之一。

菲律宾属季风性热带雨林气候，高温多雨、湿度大、多台风，全年平均气温 27℃。菲律宾每年 6—10 月是雨季，11 月—次年 5 月是旱季。菲律宾雨量充沛，年平均降雨量为 2000～3000 毫米。总体而言，菲律宾气候终年炎热，雨水充沛，但常遭台风、地震、暴雨和泥石流等自然灾害的袭击，其中中部和西部地区常常遭遇台风袭击，而南部棉兰老岛则台风较少。

3. 人口及行政区划

根据商务部数据显示，截至 2020 年 5 月 1 日，菲律宾总人口 1.09 亿人；人口增长率降低至 1.3%。吕宋岛及附近岛屿人口占菲律宾全国总人口的一半以上，约为 56.9%；棉兰老岛及附近岛屿和米沙鄢群岛的人口分别约占全国总人口的 23.9% 和 19.2%。地区发展差异导致菲律宾人口分布很不平衡，城市人口占总人口的 51.2%。在高度城市化的城市中，大马尼拉市在人口规模方面居于前列。

菲律宾首都大马尼拉市位于吕宋岛西部，面积 638 平方千米，人口约 1846 万人（2020 年），有"亚洲纽约"之称。大马尼拉市由 17 个市（区）组成，包括 4 个市和 13 个区（镇），是菲律宾政治、经济、文化的中心。全国主要城市有奎松城、宿务、达沃、伊洛伊洛、碧瑶等。

4. 资源禀赋

菲律宾的自然资源非常丰富，由于地处火山地带，因此土地肥沃，火成岩和变质岩的广泛分布形成了多种金属矿藏。菲律宾主要的自然资源如下。

（1）矿产资源

菲律宾的矿产资源主要有铜、铁、金、银、镍等 20 多种，其中铜的储量达 48 亿吨、金储量达 1.36 亿吨、镍矿 10.9 亿吨。此外还有石油等地热资源，据商务部数据统计，截至 2019 年年底，预计有 20.9 亿桶原油标准的地热能源。巴拉望岛西北部海域初步探测的石油储量约 3.5 亿桶。

（2）植物资源

菲律宾群岛上森林繁茂，森林面积 1579 万公顷，覆盖率达 53%，共计有 2500 多种树木。菲律宾有乌木、紫檀等名贵木材，其中 10 多种统称为"桃花心木"的硬木成为菲律宾大宗出口商品。纳拉树是菲律宾的国树。菲律宾的花卉、水果也十分丰富，花卉品种达数千种之多，其中热带兰花和茉莉花最著名，茉莉花为菲律宾国花。此外，由于菲律宾盛产热带水果,使其有了"太平洋果盘"的美称,椰子、香蕉、菠萝、榴莲世界有名,椰子产量居世界第一位,香蕉产量居亚洲第一位。

(3) 海洋资源

水产是菲律宾群岛最丰富的资源,各种鱼类达 2400 多种,盛产贝、螺、蟹、虾、珍珠和食用海藻等。珍珠是菲律宾的国石,巴拉望和苏禄海是亚洲海洋珍珠最富集的海域。

总体而言,虽然丰富的自然资源为菲律宾的经济发展提供了优越的条件,但资源性产业在国民经济中所占份额不高。

9.3 政治环境

1. 政治体制

(1) 政体

菲律宾实行总统制。总统是国家元首、政府首脑兼武装部队总司令,全国直接选举产生,任期 6 年,不得连选连任。菲律宾实行立法、行政和司法三权分立的政体。

(2) 宪法

菲律宾独立后实施过三部宪法。1987 年 2 月 2 日,第三部宪法由全民投票通过,同年 2 月 11 日总统正式宣布宪法生效。宪法规定,菲律宾实行立法、行政、司法独立的三权分立政体;总统拥有行政权,由选民直接选举产生,任期 6 年,不得连选连任;总统无权实施《戒严法》,无权解散国会,不得任意拘捕反对派;禁止军队干预政治;保障人权,取缔个人独裁统治;进行土地改革;等等。

(3) 国民议会

菲律宾的国民议会简称国会,是国家最高立法机构,由参、众两院组成。参议院由 24 名议员组成,由全国直接选举产生,任期 6 年,每 3 年改选一半,可连任两届。众议院由 300 余名议员组成,其中,200 名由全国各选区直接选举产生,25 名由参选获胜政党委派,另外 25 名由总统任命。众议员任期 3 年,可连任 3 届。

2. 政府

菲律宾政府实行总统制,权力属于总统和副总统,正、副总统均由全民直接选举产生,总统提名各部部长产生内阁,21 名内阁成员组成国家最高行政机构。总统为国家元首、政府首脑兼武装部队总司令,由选民直接选举产生。地方政府分为 4 级:省级、自治市级、市级和村级。地方政府在教育、卫生、地方经济发展、提供经济社会基础设施服务、维持地方社会治安等方面有明确的职责和权力。2016 年 5 月 30 日,菲律宾国会参众两院召开联席会议,宣布杜特尔特当选为菲律宾新一届总统。杜特尔特于 6 月 30 日宣誓就职,成为菲律宾第 16 任总统。

3. 政治党派

菲律宾实行多党制。全国大小政党 100 多个,大部分为地方小党,其中有影响的政党有菲律宾民主人民力量党、自由党、民族主义人民联盟等。

4. 司法体系

菲律宾由于历史上曾是西班牙和美国的殖民地，其法律制度明显受到大陆法系和英美法系的影响，一般认为，在婚姻法、家庭法、继承法、合同法、刑法中，大陆法系的传统起主导作用；而在宪法、诉讼法、公司法、税法、保险法、劳动法、金融法方面，英美法系的原则有显著的影响。

菲律宾最高司法机关为高等法院，首席大法官及院长均由总统根据法律委员会提名任命，但独立行使司法权。最高法院由1名首席法官和14名陪审法官组成，均由总统任命，拥有最高司法权。在最高法院之下设有上诉法院、地区法院、市镇法院。

5. 对外关系

菲律宾政府宣称奉行独立的外交政策，在平衡、平等、互利、互敬的基础上发展同所有国家的政治经济关系。菲律宾通过积极、开放的外交政策与世界各国在政治、经济、文化方面开展交流和合作。菲律宾对外政策的目标是确保国家安全、主权和领土完整；推动社会发展，保持菲律宾在全球的竞争力；保障菲律宾海外公民权益；提升菲律宾国际形象；与各国发展互利关系。菲律宾是亚太地区和一些世界性组织的成员，也是东盟的创始国之一。菲律宾最主要的双边关系是美国、日本、新加坡、韩国和中国，菲律宾与美国一直保持着特殊关系。截至2021年3月底，菲律宾已同126个国家建交，并在70多个国家建立了使领馆。

中国和菲律宾于1975年6月9日建交。2018年11月，习近平主席对菲律宾进行国事访问，两国领导人一致决定建立全面战略合作关系。

9.4 经 济 环 境

1. 经济计划及发展状况

菲律宾独立后其经济发展主要经历了6个时期：①1946—1950年是战后经济的恢复重建时期；②1951—1961年是经济管制期，主要对消费品进口、外汇进行限制，鼓励发展替代进口工业；③1962—1972年放宽经济限制，解除外汇管制，全面采取替代进口战略，外资和外贸发展加快；④1973—1982年是经济改革时期，重点是稳定物价、实行土地改革、降低失业率、提高福利水平、优先发展农业、鼓励面向出口工业的发展；⑤1983—1997年是在发展中不断调整经济政策，全面推行出口导向发展战略时期，引进外资，调整产业结构，提高国家竞争力时期；⑥1997年至今，菲律宾经济发展的主要任务是，以加大农业和基础设施投资、扩大内需和出口为手段，稳定经济，解决失业与贫困问题。

1997年，东南亚金融危机对菲律宾也产生了影响，但是由于菲律宾在20世纪80年代债务危机时对金融体系进行过改革和严格治理，因此，这次危机对菲律宾冲击不大，但其经济增速明显放缓。1999年以后，菲律宾经济开始复苏，到2008年，菲律宾经济先后受国际能源、粮食价格上涨和金融危机影响，经济增速放缓，财政赤字有所增加。2021年，菲律宾GDP约3919亿美元，同比增长5.6%，人均GDP约为3595美元。菲律宾是东盟国家中第五大经济体。菲律宾属出口导向型经济，近年菲律宾面临的首要问题就是要制定确保宏观经济稳定的政策，特别是要解决公共部门预算赤字居高不下、投资环境欠佳、就业状况差、人口增长率高、贫困人口过多等问题。

2. 经济结构

经过长期的努力和经济结构的调整，菲律宾的产业结构逐步优化。2020年，菲律宾工业产值GDP占比为28.4%，服务业产值占比61.4%，农业占比10.2%。

3. 经济基础设施

菲律宾作为一个群岛国家，经济发展所需的交通、能源、通信等基础设施建设尤为重要。杜特尔特政府上任后将基础设施建设作为重点发展领域，提出了"大建特建"的基础设施建设规划，拟定基础设施支出占GDP的比重达到7.4%的目标，计划至2022年在基础设施领域投入8万亿～9万亿比索。

（1）公路

菲律宾公路通行里程约20万千米。其中，混凝土公路占58.72%，沥青公路占29.9%，砂石路占11.4%，土路占0.24%。目前菲律宾政府逐步推进高速公路建设，全国有高速公路约200千米。菲律宾全国共有桥梁8166座，总长364千米。其中，混凝土桥6968座，总长292千米；钢桥1093座，总长69千米；临时桥梁105座，总长约3千米。

（2）铁路

菲律宾铁路主要集中于吕宋岛，运营铁路线约1200千米。由于铁路设施远远无法满足交通需要，菲律宾政府大力发展铁路建设，以改善居民出行交通和满足货运需求。

（3）航空

菲律宾国内航线遍及40多个城市，主要机场有首都马尼拉的尼诺·阿基诺国际机场、宿务市的麦克坦国际机场和达沃机场等。菲律宾与30多个国家（地区）签订了国际航运协议，大多数主要航线每天或每周都有多个航班从马尼拉飞往亚洲国家和地区，以及美国、欧洲与中东地区的主要城市。

（4）水运

菲律宾水运总长3219千米，共有400多个主要港口。菲律宾大多数港口需要扩建和升级，以容纳大吨位轮船和货物。菲律宾的集装箱码头设施完善，能高速有效地处理货运。

（5）通信

菲律宾的通信基础设施发展较好，一直在扩建。国内网络质量较高，共有6个可用平台：专线、移动电话、有线电视、无线电视、广播，以及小口径卫星终端站系统。

（6）电力

菲律宾缺电现象严重，电价高昂，居民用电和工业用电价格居世界前列。2020年，菲律宾全国电力总装机容量为2625万千瓦。其中，煤电装机容量1094.4万千瓦，占41.69%；地热、风电等清洁能源发电装机容量761.7万千瓦，占29.02%。菲律宾政府通过对菲律宾国家电力公司进行私有化改革、发展可再生能源等措施,努力提高发电量。

4. 外资、贸易、金融与外汇

(1) 外资

根据菲律宾中央银行的统计资料,1970—1988年共有29亿美元的外资流入菲律宾。近十几年来,由于政局不稳定、社会治安较差、菲律宾财政状况较差等原因对菲律宾吸收外资带来了严重的影响,1997—2001年,外国直接投资平均每年只有2.1亿美元,据《2021年世界投资报告》显示,2020年菲律宾吸收外资65亿美元,同比下降24.6%;截至2020年年底,菲律宾吸收外资存量1031.93亿美元。吸收外资主要来自日本、荷兰、美国、新加坡、中国和马来西亚等,主要流向制造业、房地产、信息通信、金融业、保险业和建筑行业。2020年,中国企业对菲律宾直接投资1.3亿美元。

(2) 对外贸易

菲律宾既是世界贸易组织和亚太经合组织成员,也是东南亚国家联盟的成员国,实行多边的、自由的、外向型的贸易政策,同时对国内幼稚产业进行适当保护。菲律宾政府对其贸易政策不断进行调整,并出台了一系列出口鼓励措施。菲律宾于1995年1月成为世界贸易组织的创始会员。世界贸易组织有关原则和规则成为菲律宾在国际贸易中保护本国利益和解决贸易争端的法律依据。截至2019年年底,菲律宾已同近40个国家和地区签订了各类双边经贸协定。2020年,菲律宾对外货物贸易总额为1550.26亿美元,同比下降15.1%。其中,出口652.15亿美元,同比下降8.1%;进口898.12亿美元,同比下降19.5%。2020年,菲律宾的主要贸易伙伴分别是中国、日本、美国、韩国、新加坡、泰国、印度尼西亚、马来西亚。中国和菲律宾贸易额占菲律宾对外贸易总额的19.8%,中国是菲律宾最大的逆差来源国,占菲律宾逆差总额的44.9%。2021年,双边贸易额820.5亿美元,其中中国出口额573.1亿美元,进口额247.4亿美元。2020年中国对菲非金融类直接投资1.4亿美元,菲律宾对华投资0.236亿美元。中国是菲律宾第一大贸易伙伴、第一大进口来源地、第二大出口市场。主要出口商品为:电子产品、机械及运输设备、交通工具零配件、金属元器件、金、精炼铜等;主要进口商品为:电子产品、矿物燃料和润滑油、运输设备、工业机械和设备、钢铁、混合制成品、其他食品及活动物、通信设备和电力机械等。

(3) 劳务输出

劳务输出是菲律宾对外经济活动的一个重要组成部分。由于菲律宾海外劳工受教育程度高,有英语优势,因此在国际市场上较受欢迎。菲律宾是全球主要劳务输出国之一。据统计,在海外工作的菲律宾劳工约230多万人,其中约24%在沙特阿拉伯工作,16%在阿联酋工作。2019年,菲律宾海外劳工汇款达335亿美元,同比增长3.9%。

(4) 金融

① 银行。菲律宾中央银行是国家货币管理部门,负责制定和实施国家外汇管理政策。菲律宾的银行系统主要包括综合银行、商业银行、储蓄银行、农村银行等。综合银行和商业银行多为大型银行,综合银行可从事投资银行等其他金融中介活动。根据菲律宾中央银行数据,菲律宾金融部门总资源约80%来自银行,其中,综合银行和商业银行的资源占银

行总资源的90%以上。截至2020年年底，菲律宾有46家综合银行和商业银行、48家储蓄银行、441家农村银行、逾12000家营业网点。外资银行参与菲律宾市场的程度居亚洲新兴市场国家前列，已成为菲律宾银行体系的重要组成部分。

② 证券。菲律宾证券交易所是菲律宾唯一的证券交易市场，经营股票、期货、债券交易。根据菲律宾证券交易所数据，截至2020年年底，菲律宾证券交易所有271只股票，其中主板和中小板分别为264只和7只。上市的所有股票总市值约16.9万亿比索，日均交易7.2亿比索。

(5) 货币与外汇

菲律宾货币是比索，币值换算1比索=100分，币值面额分别为：1、2、5、10、25、50分，及1、2、5、10、20、50、100、200、500和1000比索。

菲律宾实行浮动汇率，在银行体系之外，可以自由买卖外汇。在菲律宾注册的外国企业可以在菲律宾银行开设外汇账户，用于进出口结算。在菲律宾工作的外国人，其合法税后收入可全部转出。在菲律宾可通过现金或电子转移方式将一定数额本币资金带出或带入国境。若不超过5万比索，可不预先申报；若超过5万比索，须提前申报。对于外币，任何人最多可携带等值1万美元的外币现金或其他货币工具出入菲律宾国境；若需携带超过等值1万美元的外币现金，须提前申报。

9.5 社会环境

1. 人民生活

2020年，菲律宾人均GDP约为3300美元。从城乡居民消费结构看，菲律宾的恩格尔系数较高。菲律宾人民的贫富不均现象很严重，贫困家庭比率为20%。近年来，菲律宾人民生活水平提高较慢。尤其在世界金融危机之后，人民生活受到较大影响。2010年以来，政府出台了一些相关政策和措施，经济持续增长，失业率有所下降。总体而言，菲律宾仍然是一个经济不发达的国家，减少贫困、救助社会困难群体仍然是需要关注的重要问题。

2. 社会保障

菲律宾独立后，社会保障和医疗服务有了长足进步。20世纪初，菲律宾人均寿命尚不足40岁，婴儿死亡率很高。到21世纪初，菲律宾的医疗保健状况有了进一步的改善，人均寿命延长，儿童死亡率降低。2020年，世界银行数据显示，菲律宾预期寿命71岁，5岁以下儿童死亡率达26%。

3. 教育和科研

菲律宾的教育事业在东南亚国家中是发展比较早也比较发达的。进入16世纪，西班牙殖民者来到菲律宾后，便开始在各地兴办教会学校。1863年，西班牙开始在菲律宾普及初等教育，建立中等职业学校、师范学校，以及药物学、工程学、基础科学等技术学校。美国占领菲律宾以后，开始推行美国式的教育制度，用英语教学和使用美国课本，创办菲律宾第一所高等学校——菲律宾大学。到 1946 年，菲律宾已经形成了从初级教育到高等教育比较完整的教育体系。菲律宾独立以后，政府重视教育，宪法规定中小学实行义务教育，鼓励私人办学，为私立学校提供长期低息贷款，并免征财产税，初、中等教育以政府办学为主。随着经济的发展，教育事业获得迅速发展。菲律宾全国共有小学 50483 所，小学生入学率达 91.05%；中学 14217 所，中学生入学率 68.15%；高等教育机构 1599 所，主要由私人控制，在校生约 244 万人。菲律宾著名高等院校有菲律宾大学、德拉萨大学、雅典耀大学、东方大学、远东大学、圣托玛斯大学等。

菲律宾在 20 世纪初就已经开始建立现代科学研究机构。1935 年，菲律宾建立了马尼拉医学学会、菲律宾大学附属医院、菲律宾科学协会、菲律宾公共卫生学会、国际麻风病协会、菲律宾防癌联盟、国家研究理事会等东南亚国家中比较早的科研机构。1958 年，菲律宾成立了科学技术部，负责政策制定、联合和加强科技开发与研究；组织协调科技人力资源的开发管理；组织推广和应用研发科技成果；等等。此外，菲律宾在经济社会发展方面的科学研究主要由菲律宾全国经济和开发管理局负责，它主要负责制订社会经济综合规划和计划，并协调各部门来实施社会经济发展的综合科学研究项目。

菲律宾的科研机构主要由 3 个部分组成：①高等院校的科研机构，它们主要从事农业、基础科学、自然科学、工程和社会科学研究；②私人企业的科研机构，它们主要从事应用技术、产品开发和试验性开发研究，研发活动主要涉及纺织业、造纸、化工和化学制品、能源、食品饮料和烟草等领域；③非营利科研组织，它们主要从事经济社会发展、人口、环境、经济社会综合科学技术等公共科学领域的研究。

4. 新闻出版和传媒

菲律宾新闻出版事业主要由政府新闻部管理。目前英文报纸有《马尼拉公报》《菲律宾星报》等；菲律宾文报纸有《前进报》；中文报纸有《世界日报》《菲华时报》等。

菲律宾的官方通讯社是菲律宾通讯社，成立于 1973 年 3 月，它与中国、日本、印度尼西亚、马来西亚、泰国、巴基斯坦等 15 个国家和地区的通讯社有新闻交换关系，与美联社、路透社均有工作关系。菲律宾主要的新闻组织有全国新闻记者俱乐部等。菲律宾有 257 家出版机构。

菲律宾有广播电台 629 家，电视台 137 家，其中广播局和人民电视台属官方性质，其余均为私人所有。菲律宾广播电台、电视台主要用英语、菲律宾语等播出。

5. 文化艺术

菲律宾的民间文学艺术形式非常发达，包括戏剧、史诗、抒情诗、神话、谜语和谚语等。菲律宾很早就存在戏剧艺术形式，代表有"卡拉加丹"和"拉普洛"两种，在民间集会和婚丧嫁娶时表演。

6. 体育

篮球是菲律宾的国球。20 世纪 60—70 年代，菲律宾国家篮球队曾多次获得亚洲冠军。受西班牙人影响，回力球运动也是菲律宾人喜爱的运动。

9.6 文化环境

菲律宾是亚洲最大的天主教国家，是由多个民族、多种宗教和多种文化融合而成的民族国家。有人认为菲律宾文化是马来人、中国人、西班牙人和美洲人的文化混合而成的。绝大多数菲律宾人都有共同的价值观和宗教信仰，热情、乐观、宽容是菲律宾社会和商业文化中典型的特征。对宗教的虔诚、权力差距、等级观念、男子气概以及对权威和老人的尊重构成了菲律宾社会突出的特点。

1. 民族

马来族占菲律宾人口的85%以上，其他还包括他加禄人、伊洛人、邦邦牙人、维萨亚人和比科尔人等。菲律宾重要的外国少数民族包括华人、美国人、西班牙人和阿拉伯人等。据不完全统计，居住在菲律宾的华侨、华人约有250万人，占总人口的2%～3%。

2. 宗教

16世纪初，随着西班牙殖民者的入侵，天主教传入菲律宾，成为西班牙长期统治菲律宾社会的精神支柱。菲律宾是东南亚国家中唯一的天主教国家，国民约85%信奉天主教，4.9%信奉伊斯兰教，少数人信奉独立教和基督教新教，华人大多信奉佛教，原住民多信奉原始宗教。

3. 语言

菲律宾有70多种语言和方言。1987年的宪法将菲律宾语指定为国家语言，并将英语作为官方语言。虽然菲律宾语用于全国各种语言群体的交流，并且在流行文化中使用，但菲律宾政府主要使用英语。英语为菲律宾官方语言，在菲律宾较普及，凡上过学的菲律宾人均会说英语，菲律宾自称"世界第三大英语国家"。

4. 社会生活习俗

在菲律宾，家庭是社会生活的核心部分，亲缘宗族关系起着重要作用。在菲律宾社会中形成主要的几种关系：真正的亲缘宗族关系；宗教亲属关系；市场交换关系；赞助人-客户-友谊关系构成的复杂的社会关系。菲律宾女性在议会、政府、内阁、高级法院、主要大公司管理层或领导人中占的比重高达24%，名列东南亚各国之首；在行政管理人与经理人员中比例更高，达34%；在大学毕业生中女性占60%以上。菲律宾的社会生活有许多积极的特点，如尊重权威、重视对个人冒犯的敏感性、虔诚的宗教信仰和融洽的人际关系。在菲律宾家庭生活中，即使在经济状况不好时也特别注意个人的修饰和保持家庭高标准的整洁和有条理。菲律宾人热情好客。

5. 礼仪和礼节

如同在东南亚其他国家一样，在菲律宾注意礼仪和礼节，尊重当地风俗习惯，关注他们的文化，保持密切的私人关系是开展商务活动的基础。

① 首次见面。在城市里可以用英美式握手，互相问候。菲律宾人很开朗，在见面时保持微笑，目光柔和。在相互问候和介绍时，要由长至幼，由尊至卑。

② 姓名和称呼。在菲律宾人的名字中，首先是教名，其次是母姓首字，最后是父姓。大多数菲律宾人有西班牙名。称呼可用"先生""夫人""女士""博士"或用他们的职称加上他们的名字；有些女士结婚后仍保留未婚时的名字，即在自己的名字后加上夫家的姓。在通信中广泛使用英语，标准的美国式称呼是可以接受的。

③ 衣着与谈话。一般商务活动，男士要穿西服、打领带，或正式的菲律宾衬衫；女士应穿礼服、套装或裙子、衬衫。谈话的话题最好是家庭、职业、教育、孩子、文化、饮食、菲律宾历史等，不要谈国内政治等敏感问题；刚认识的朋友并不介意问及收入情况或宗教信仰。

④ 社交活动。去菲律宾人家中做客，最好带鲜花或巧克力，不要带酒类。赠送礼品在与菲律宾人建立关系的过程中是必要的，对开展业务起着重要作用。另外，因为宗教原因，菲律宾人非常忌讳数字13和星期五。如果恰逢13日又是星期五，应停止宴请聚会等活动。在与菲律宾人交流中，注意言谈举止和身体语言的使用。菲律宾人习惯于含蓄的说法和迂回的语言，尽量避免说"不"，如果太直接则会被认为粗鲁。大多数菲律宾人说话很轻柔，较小声，很少打断别人的讲话。菲律宾人很重视建立良好的人际关系，搞好关系比表达个人意见更重要。

如果邀请菲律宾人吃饭或参加宴会，那么需要打电话反复确认，以表示诚意。菲律宾人在打招呼时会抬一抬眉以示问候，长时间的对视是不礼貌的。为了引起菲律宾人的注意，可以轻轻碰一下他们的胳臂。

6. 重要节日

菲律宾的主要节日包括独立日、元旦、复活节、开斋节等。

9.7 商业环境

1. 贸易政策与法规

（1）贸易主管部门

贸工部是菲律宾的外贸政策制定及管理部门。贸工部的职责是：制定综合的工业发展战略和进出口政策；创造有利于产业发展和投资的环境；促进竞争和公平贸易；负责双边和多边投资贸易合作的谈判；支持中小企业的发展，保护消费者权益。

（2）贸易法律体系

菲律宾管理进出口贸易的相关法律主要包括《海关法》《出口发展法》《反倾销法》《反补贴法》和《保障措施法》等。

（3）进出口管理制度

《菲律宾海关现代化和关税法》将进口商品分为四类：禁止进口商品；限制进口商品；管制进口商品；自由进口商品。

① 禁止进口商品。包含颠覆国家政权内容或违反菲律宾法律的印刷制品；用于非法堕胎的商品、工具、药物、广告印刷品等；包含不道德内容的印刷品或媒体制品；包含金、银等贵金属且未标明质量纯度的商品；违反本地法规的食品、药品；侵犯知识产权的商品；其他主管部门发布法律法规禁止进口的商品。

② 限制进口商品。除非法律或法规授权允许，否则禁止进口以下商品：枪支弹药、爆炸物等武器；赌博用具；彩票和奖券；菲律宾总统宣布禁止的毒品、成瘾性药物及其衍生物；有毒、有害危险品；其他受到限制的商品。

③ 管制进口商品，必须获得相应主管部门的许可证或授权才可进口。

④ 自由进口商品。除以上三类的商品外，除非法律法规另有规定，否则可自由进出菲律宾。

出口商品同样按照《菲律宾海关现代化和关税法》，菲律宾政府一般对出口贸易采取鼓励政策，主要包括简化出口手续并免征出口附加税，进口商品再出口可享受增值税退税、外汇资助和使用出口加工区的低成本设施等。

（4）关税

作为东盟成员国，菲律宾除享受东盟国家间贸易优惠安排外，还享受其他国家与东盟签订的有关贸易协定。例如《中国—东盟自由贸易协定》等，享受大部分商品进出口的免关税待遇。2020 年，菲律宾平均关税税率为 6.1%，农业平均关税税率为 9.8%，非农平均关税税率为 5.5%。

（5）配额

菲律宾对部分农产品实行关税与配额并用的措施，对配额内的产品征收正常关税，对配额外的商品则征收高关税，如活动物及其产品、新鲜蔬菜等。

2. 投资政策与法规

（1）投资主管部门

马来西亚主管制造业领域投资的政府部门是贸工部下属的马来西亚投资发展局，主要职责是：制定工业发展规划；促进制造业和相关服务业领域的国内外投资；审批制造业执照、外籍员工职位以及企业税务优惠；协助企业落实和执行投资项目。马来西亚其他行业投资由马来西亚总理府经济计划署及国内贸易、合作与消费者事务部等有关政府部门负责，马来西亚总理府经济计划署负责审批涉及外资与土著持股比例变化的投资申请，而其他相关政府部门则负责业务有关事宜的审批。

（2）投资法律体系

菲律宾外国投资法律是《外国投资法》。在其他专业领域，菲律宾也颁布了相应的法律法规。例如，在能矿资源领域，主要为《菲律宾矿业法》；在林业领域，主要为《林业发展总计划》和《原始林采伐禁令》；在金融领域，主要为《新外资银行法修正案》（第 10641 号共和国法案）。

（3）投资鼓励政策

① 行业鼓励政策。菲律宾政府设立优先投资领域，制定《投资优先计划》，列出政府鼓励投资的领域和可以享受的优惠条件，引导内外资向国家指定行业投资。优惠条件包括减免所得税、免除进口设备及零部件的进口关税、免除进口码头税、免除出口税费等财政

优惠，以及无限制使用托运设备、简化进出口通关程序等非财政优惠。

②地区鼓励政策。菲律宾投资优先计划取消了对部分产业补贴的区域性限制。旧版《投资优先计划》中，仅民多洛、棉兰老岛穆斯林自治区和巴拉望的农产品加工产业享受补贴。为了刺激制造业发展，创造更多就业，新版《投资优先计划》中完全取消了这一类区域性限制。此外，新版《投资优先计划》还放宽了对旅游业补贴的区域性限制，马尼拉、麦克坦岛和长滩都被包括在补贴范围之内，以兴建更多的旅游设施。

(4) 投资经商办企业程序

在菲律宾建立一家公司一般要与12个部门打交道。例如，在菲律宾，注册企业、有限公司或合资公司要去证券交易委员会；公司名称注册要去贸易管理和消费者保护局；享受注册优惠政策去投资委员会；在出口加工区注册出口公司要去出口区管理局；注册外商投资（为汇回利润和资金）要去菲律宾中央银行；税务确认号码要去国税局；在某一地区投资经商要在地区办理经商许可证或地方证明书（如要在大马尼拉区建公司就要去大马尼拉管理局办许可证）；如果从事建筑业，办理许可证和经商执照，就要去所在地的市政厅/市政办公室；电力接通要去电力公司；用水服务要去地方水利设施管理局和给排水系统部门。

3. 知识产权保护

菲律宾法律规定的知识产权包括：①著作权和与之相联系的权利即邻接权；②商标权；③地理标志权；④工业外观设计；⑤发明专利权；⑥集成电路的布局设计；⑦秘密信息保护权。

4. 商标申请注册及相关法律

在菲律宾，商标分为商品商标、服务商标和集体商标。商标的注册主要采用申请在先原则和自愿注册原则。商标无论是否注册均可使用，但在法律上地位不同。商标注册应依照法定的程序和条件向商标主管机关申请注册，方可取得商标权。一项申请可以适用几种商品或服务。

5. 商务谈判风格和习惯

到菲律宾进行商务活动有几种途径：①通过朋友介绍；②通过参加官方的贸易代表团、国际贸易展览会认识和接触客户；③请求驻菲律宾大使馆商务参赞处介绍，也可以通过银行、律师事务所、咨询公司、贸易伙伴公司介绍。菲律宾人不愿意同陌生人谈生意和业务。

不论是商务性会面还是私人会面，菲律宾人都不会太准时，不过他们还是很欣赏外国人的准时态度。在管理方面，菲律宾人习惯于家长式的领导，下属总是愿意服从经理或领导。在商务谈判中，任何细节都要讨论清楚，以免误解。因为在谈判中有权做出决定的人可能不在谈判的现场，所以不要指望在一次会议上就做出决定。

本 章 小 结

菲律宾位于亚洲东南部，是商业、贸易的中转站，在泛北部湾经济合作中具有十分重要的战略地位。历史上，菲律宾曾受西班牙和美国数百年的统治，因而其政治、经济、文化及法律体系的发展和形成均不同程度地受到影响。由于菲律宾的政局不稳、高油价、自然灾害等因素影响了外国投资者的信心，这对于经济发展十分不利。因此，外国投资者到菲律宾投资时要注意菲律宾政治局势对商务投资带来的风险，注意基础设施相对落后对商务投资的影响。

自2013年以来，菲律宾政府积极采取经济开发政策、吸引外商投资、鼓励外国企业发展。尽管菲律宾吸收外资的水平还有待提高、投资环境还有待改善，但其丰富的旅游业资源、充足的人才资源、低廉的经营成本、巨大的农业发展潜力、前景广阔的采矿业，以及优惠的吸引外资政策和完善的法律体系将会吸引越来越多的外资。根据菲律宾经济发展的特点，基础设施建设、农业、矿产业、渔业、椰子产品开发、林业、旅游等领域更适合投资合作。

思 考 题

1. 菲律宾的经济、地理、商务环境和市场有何特点？
2. 菲律宾当前面临的主要经济问题是什么？
3. 中国与菲律宾的贸易、投资前景如何？

第 10 章

新 加 坡

新加坡全称新加坡共和国，又称"狮城"。

10.1 简 史

新加坡古称"淡马锡"，公元 8 世纪建国，属印度尼西亚室利佛逝王朝。13 世纪中叶，"淡马锡"改称为"信诃补罗"或"新加坡拉"。在梵语中，"信诃"意为狮子，"补罗"意为城堡，合起来就是狮城。18—19 世纪，新加坡成为马来柔佛王国的一部分。1819 年，英国人史丹福·莱佛士抵达新加坡，与柔佛苏丹签约设立贸易站。1824 年，新加坡沦为英国殖民地，成为英国在远东的转口贸易商埠和在东南亚的主要军事基地。1942 年，新加坡被日本占领。1945 年，日本投降后，英国恢复对新加坡的殖民统治，次年划为直属殖民地。1959 年，新加坡实行内部自治，成为自治邦，英国保留国防、外交、修改宪法、颁布"紧急法令"等权力。1963 年 9 月，新加坡与马来亚、沙巴、沙捞越共同组成马来西亚联邦。1965 年 8 月，新加坡脱离马来西亚联邦，成立新加坡共和国，同年 9 月，成为联合国成员国，10 月加入英联邦。新加坡独立后，得到国际社会的承认，1967 年 8 月 8 日，新加坡作为东盟发起国之一，在东盟发展进程中发挥积极作用。进入 20 世纪 80 年代以后，新加坡经济发展迅速，政局稳定。新加坡自独立以来，人民行动党长期执政，政绩突出，经济社会发展较快。2017 年 9 月 14 日，哈莉玛就职新加坡总统，任期 6 年，成为第八任总统。

10.2 自 然 环 境

1. 地理位置及面积

新加坡为马来半岛南端的海岛型热带国家，其东临南中国海，与加里曼丹岛对峙；南隔新加坡海峡、马六甲海峡与印度尼西亚的廖内群岛与苏门答腊相望；北隔柔佛海峡与马来西亚的柔佛州相邻，地处太平洋与印度洋航运要道——马六甲海峡的出入口，有长达 1.2 千米的长堤与马来西亚柔佛州的新山相连接，由新加坡岛及附近 63 个小岛组成。

新加坡位于马六甲海峡的咽喉，是亚、澳、欧、非四洲的海上交通枢纽，战略位置十分重要，国土面积733.1平方千米（2021）新加坡陆地面积581.5平方千米，经过多年填海造地，目前已增加25%，政府计划到2030年再填海造地100平方千米。新加坡属于东8区，没有夏令时，与中国北京没有时差。

2. 地形地貌

新加坡全岛呈菱形，东西长约50千米，南北宽约26千米，地势低平，平均海拔15米，最高峰163.6米，海岸线长200千米。从所处的地理位置看，新加坡岛占全国面积的91.6%，新加坡岛以外的岛屿大体分为北部岛屿和南部岛屿。北部十几个岛屿散布在新加坡岛东北角柔佛海峡的东端，其中的德光岛、乌敏岛是两个最大的岛屿。南部40多个小岛散布在新加坡海峡的西部，其中包括圣淘沙岛、梅里茂岛等。

3. 气候和降水

新加坡南距赤道仅136.8千米，属热带海洋性气候。由于受海洋影响，新加坡气候不炎热，常年高温多雨，年平均气温为24～27℃，最高可达35℃，最低可达20℃。新加坡每年4—9月降雨较少，10月—次年3月雨水较多，年降水量约2400毫米，年均湿度84.3%。

4. 资源禀赋

新加坡因国土面积狭小，资源匮乏，但是其地处热带，常年气候温暖，雨量充足，使新加坡拥有茂密的植被，热带草木一年四季郁郁葱葱，因而植物资源比较丰富，由沿江红树林到高地原始森林，已发现的植物品种达2000种以上。新加坡外来移入的植物从11种增加到90种，经济作物有橡胶、椰子、油棕等。

胡姬花（兰花）是新加坡著名的热带观赏花卉，种植普遍，品种繁多，四季常开，被大量销往西欧、日本、澳大利亚和中国等地，是新加坡重要的出口创汇商品之一。

新加坡的森林不多，约有23%的国土属于森林或自然保护区，而都市化缩小了雨林面积，森林主要分布于武吉知马等保护区，西部地段和离岸岛屿。新加坡土地贫瘠，可耕地少，农业用地只占土地面积的0.9%。新加坡依靠现代化密集的农业技术，一半的可耕地已成为高产的水果、蔬菜产地。新加坡的矿产资源极其贫乏，除武吉知马山和大小德光岛上有些花岗岩外，几乎没有其他矿产。新加坡的动物资源主要为海洋鱼类，但渔业资源并不丰富，仅能满足部分国内的消费需求，此外还有少量的家禽、家畜等。

5. 人口及行政区划

新加坡人主要是由近一百多年来从欧亚地区迁移而来的移民及其后裔组成的。新加坡移民社会的特性加上殖民统治的历史和地理位置的影响，使得新加坡呈现出多元文化的社会特色。新加坡总人口545万人（2022）。

新加坡设一级政府，将全国划分为5个社区，由相应的社区发展理事会管理。5个社区定名为：东北、东南、西北、西南和中区社区发展理事会。5个社区再划分为27个选区，包括12个单选区和15个集选区。

10.3 政治环境

1. 政治体制

新加坡实行议会共和制,其特征如下。

① 选举制。宪法规定,公民有选举权和罢免权;国家元首(总统)和国家代表机关的领导人全国直接选举产生。

② 轮换制。规定国家元首、政府首脑和议会,都有一定的任期。

③ 分权制。除立法、行政、司法"三权分立"外,国家各级领导人也依法分掌若干权力,分工负责,相互制衡。宪法规定:马来西亚宪法中的部分内容对新加坡仍将适用;实行议会共和制,总统为国家元首,国会(议会)实行一院制;内阁集体向国会负责,总统和议会共同行使立法权。

总统与行政机构共同构成新加坡政府。自1993年起,新加坡总统由国会选举改为国民直接选举产生,任期6年。总统委任国会中多数党的领袖出任政府总理;并按总理提名,从议员中任命部长。总统有权否决政府财政预算和公共部门职位的任命;可审查政府执行内部安全法令和宗教和谐法令的情况;有权调查贪腐案件;等等。

新加坡实行责任内阁制。内阁是国家最高的行政机构,由总理、副总理和各部部长组成。总理、副总理和部长都必须是国会议员。内阁任期与国会相同,为期5年。

内阁对政府进行总的领导和控制,集体向国会负责。内阁其他成员由总统根据总理提名任命。除内阁成员外,政府组成人员还包括政务次长和事务次长,政务次长协助各部部长履行义务和职责。政府机构由内阁各部和若干独立的非内阁机构组成,内阁下属15个部,分为综合服务部门、安全部门、社会服务部门、经济与基础发展部门。

2. 主要政党

2020年,新加坡登记政党共24个,其中人民行动党是执政党,其他党派包括工人党、人民联合党、民主联合党、人民阵线、民主进步党、新加坡民主党等。

3. 司法体制

新加坡实行司法独立制度,司法机关由法院、总检察厅和政府律政部组成:法院行使国家司法权;总检察厅行使国家检察权;政府律政部行使政府的司法行政权。最高司法权属于最高法院,最高法院下设高等法庭、上诉庭和刑事上诉庭。

4. 对外关系

新加坡奉行和平、中立、不结盟的外交政策,主张在独立自主、平等互利和互不干涉内政的基础上,同所有不同社会制度的国家发展友好合作关系,其外交活动的重点是维护本国的生存和安全,为本国的经济社会发展创造良好的外部条件。

因此,新加坡的对外关系特点是:立足东盟,将维护东盟团结与合作、推动东盟在地区事务中发挥更大作用放在外交工作重要地位;面向亚洲,注重发展与亚洲国家特别是中、日、韩、印等国的合作关系;奉行"大国平衡"政策,重视发展与美、英、俄等区域外的大国关系;积极开展经济外交。截至 2019 年,新加坡已与 180 多个国家建立了外交关系。

自 1990 年 10 月 3 日新加坡与中国建交以来,两国在各领域交流与合作发展顺利合作成果显著,国家高层和民间保持密切联系和相互合作。

10.4 经济环境

1. 经济发展概述

独立后,新加坡政府在坚持自由开放的市场经济的同时,积极引导和干预、制定并推行了工业化战略,改变单一经济的格局,建立以工业为主导的多元经济体系。

1965—1970 年,新加坡政府把进口替代发展战略调整为出口导向发展战略,鼓励企业根据市场的需要为出口而生产;1971—1978 年是实现产业转型的过渡时期,新加坡政府制定了由劳动密集型工业向资本密集型工业转型的过渡战略;1979—1984 年是发展资本和技术密集型产业时期;1985—1990 年是技术升级换代时期,新加坡政府制定了工业生产向高技术、高增值转化的中长期经济发展战略。

经过以上 4 个阶段的发展后,新加坡经济不但实现了工业化,而且向高级化和科技化的方向发展。从 1996 年起,新加坡进入发达国家的行列。2021 年 3 月,新加坡 GDP 为 3500 亿美元,人均 GDP 为 62000 美元。

2. 经济结构

随着工业化的实现和经济向高级化发展,新加坡的经济结构也发生了重大转变。到 20 世纪 80 年代初,以石油提炼、电子电器、船舶修造为主体的新兴工业发展起来,新加坡成为世界上著名的航运中心、亚洲的金融中心、世界电子产品重要制造中心和第三大炼油中心。到 20 世纪 80 年代中期,新加坡已经形成以制造业、商业、金融和服务业、交通运输业和建筑业为五大支柱的多元化经济结构。新加坡国土面积狭小,农业在国民经济中所占比重较小,主要有家禽饲养和水产业。新加坡工业主要包括制造业和建筑业,在工业化和现代化的过程中,制造业一直是新加坡经济的支柱产业,其产品主要包括电子产品、化学与化工产品、机械设备、生物医药、精密机械、交通设备、石油产品、炼油等。服务业作为新加坡经济增长的龙头产业主要包括零售与批发贸易、旅游、交通与电信、金融服务、商业服务等。旅游业是新加坡外汇主要来源之一,2019 年,到访游客 1911 万人次,增长 3.3%,主要客源地包括中国、印度尼西亚、印度、马来西亚和澳大利亚;其中中国游客 363 万人次,增长 6.1%,占外国游客总数的 19%,2019 年,前三季度中国游客消费额占新加坡旅游业收入的 16.8%,中国为新加坡旅游业收入第一大来源国。

2017 年 2 月,新加坡未来经济委员会发布报告,提出七大战略,勾勒出未来五至十年经济发展愿景。七大战略为:①深化并扩展国际联系;②掌握并善用精深技能;③加强企业创新与壮大的能力;④增强数码能力;⑤打造机遇处处的蓬勃互通都市;⑥发展并落实产业转型蓝图；⑦携手合作促进创新与增长。

2020年2月，新加坡贸工部部长陈振声表示政府为支持新加坡企业应对挑战、紧抓商机，除了会强化新加坡基本面、协助企业开拓海外市场，还会积极探索新增长领域。例如，利用电子和精密工程领域的现有优势，开拓机器人技术、传感器等新行业。新加坡政府也正与从业者合作，发展农业食品、城市交通和精密医学等具高增长潜能的领域。

3. 经济基础设施

新加坡交通发达、设施便利，是重要的国际海运和国际航运中心。

（1）铁路

新加坡的铁路以地铁为主，截至2019年，轨道交通线路总长228.1千米，其中地铁199.3千米，设122个站点（地铁转换站不重复计算），轻轨28.8千米，设42个站点。

（2）公路

新加坡12%的土地面积用于建设道路，形成以8条快速路为主线的公路网络。截至2019年年底，机动车保有量97.3万辆。2011—2019年，新加坡机动车保有量均维持在96万辆左右。

（3）海运

新加坡既是世界上最繁忙的港口和亚洲主要转口枢纽之一，也是世界第一大燃油供应港。新加坡港已开通200多条航线，连接123个国家和地区的600多个港口，有5个集装箱码头，集装箱船舶位54个，为全球仅次于中国上海的第二大集装箱港口。2019年，新加坡港货运量6260万吨，集装箱吞吐量3720万标箱，占全球集装箱吞吐量的5%。截至2019年年底，新加坡注册船舶4437艘，总吨位973.2万吨。

（4）空运

新加坡是亚太地区重要的航空运输枢纽。2019年，新加坡樟宜国际机场（以下简称樟宜机场）客运量6830万人次，货运量200万吨，飞机起降超过38.2万架次，为全球最繁忙的机场之一。自1981年运营以来，樟宜机场共获得560多项"最佳机场"奖项，100多家航空公司在此运营通往全球400多个城市、每周超过7200个班次的航空网络，平均每84秒即有一架飞机起降。2020年，受新冠肺炎疫情影响，樟宜机场航班数量锐减，2020年6月，每周有8家航空公司维持新加坡直飞中国的航线。

（5）网络通信

截至2019年年底，新加坡固定电话用户190.58万户，移动电话用户907.67万户，其中4G用户742.56万户。宽带用户1230.93万户，其中无线宽带用户1081.12万户。2019年，新加坡连续第2年在世界数码竞争力排行榜中名列第2，也是前5名中唯一的亚洲经济体。

4. 投资、贸易、金融与货币

（1）投资

吸引外资。1986年以后，新加坡的外资投资持续增长。随着新加坡经济结构的升级，外资的投资重点从制造工业部门转向以服务业为中心的非制造业部门。制造业部门的内部结构转向资本和技术密集型。跨国公司对区域性营业总部与区域性服务中心的投资迅速增加。劳动密集型制造业企业的外资投资逐步向其他邻近国家转移。据联合国贸发会议发布的《2018年世界投资报告》显示，截至2018年年底，新加坡累计吸收外国直接投资17367.96亿新元，较上年底增加1694.89亿新元。外资主要来源于欧盟、美国、英属维尔京群岛、开曼群岛和日本。行业流向主要为金融保险业、批发零售业、制造业、商业服务业、房地产业和运输仓储业。

对外投资。新加坡政府非常重视对外投资所带来的经济、政治、文化等各方面利益。自21世纪以来新加坡推行"区域化经济发展战略"的对外投资有了更快的发展，每年都增长4%以上，最高的年份达到31%。新加坡的对外直接投资主要集中在金融服务业、制造业、交通、仓储、通信、商业、建筑业、房地产业和商业服务业等。截至2019年年底，新加坡累计对外直接投资9131亿新元。对外投资目的地主要为欧盟、东盟、中国、澳大利亚、开曼群岛和英属维尔京群岛，对外直接投资的行业主要为金融保险业、制造业、批发零售业、房地产业和商业服务业等。

新加坡是东南亚国家中最早和中国开展经济合作的国家。新加坡对华直接投资始于1982年。1985年，中新两国签订投资保护协定以后，新加坡在中国的投资规模逐步扩大。截至2018年年底，新加坡累计对华直接投资1408.7亿新元，占新加坡累计对外直接投资总额的16.4%，中国连续12年保持新加坡对外直接投资第一大目的国。

（2）贸易

对外贸易是新加坡国民经济的重要支柱。1819年开埠后，新加坡的经济主要依托转口贸易发展起来。独立后，随着工业化的推进和基础设施的改善，对外贸易迅速发展。2000年初，新加坡贸易发展局制订"贸易21"计划，要在2005年使贸易总额达到5000亿新元。2000年，当年贸易总额就达到4700亿元左右，比1999年增长了23%。

2019年，新加坡货物贸易额10222.26亿新元，下降3.2%；其中出口5325.14亿新元，下降4.2%；进口4897.12亿新元，下降2.1%；贸易顺差428.02亿新元。

随着新加坡经济结构的不断调整，其对外贸易的商品结构也在发生变化。无论在出口领域还是在进口领域，初级产品在贸易中的比重都不断下降，而工业制成品的比重都不断上升。新加坡主要出口商品为电子元器件、石油产品、办公设备、船用燃油、有机化工品等；主要进口商品为电子元器件、石油产品、办公设备、电信设备等。同时，2019年新加坡服务贸易额5509.34亿新元，增长1.31%，其中出口2793.98亿新元，增长2.23%，进口2715.36亿新元，增长0.39%，贸易逆差78.62亿新元。

2019年，新加坡货物贸易伙伴主要集中在邻近的东南亚地区，以及中国、日本、韩国和美国；2019年，新加坡主要出口市场为中国、马来西亚、美国、印度尼西亚、日本、泰国和韩国；主要进口来源地为中国、美国、马来西亚、日本、印度尼西亚、韩国和法国。中国为新加坡第一大货物贸易伙伴、第一大出口市场和第一大进口来源。2020年，中新双边贸易额达890.9亿美元，同比下降1.0%。其中中国对新加坡出口额为575.4亿美元，同比增长5.0%；中国从新加坡进口额为315.5亿美元，同比下降10.5%。

（3）金融与外汇

新加坡积极发展国际银行业，成功建立离岸金融中心。新加坡不设中央银行，截至2022年，共有商业银行207家，其中本地银行4家，外资银行203家。新加坡本地银行有星展银行、大华银行、华侨银行等。这些银行实行多元化经营，除银行业务多元化外，还经营非银行本业之外的其他金融服务，如保险、证券、期货业务等，此外还经营非金融业务，包括工业、运输、租赁、贸易、酒店管理、咨询等。它们还在海外建立分支机构，走跨国金融经营之路。中国五大国有银行、中信银行、招商银行，以及浦发银行在新加坡均设有分行。

新加坡无外汇管制，资金可自由流入流出。新加坡本国的外汇管理分属以下机构：金融管理局负责固定收入投资和外汇流动性管理，用于干预外汇市场和作为外汇督察机构发行货币；新加坡政府投资公司负责外汇储备的长期管理；淡马锡控股利用外汇储备投资国际金融和高科技产业以获取高回报。新加坡也是亚洲重要的外汇股票市场之一，主要有新加坡亚洲美元市场（简称"亚元市场"）、新加坡证券交易所、新加坡国际金融交易所等。

（4）货币

新加坡的货币名称：新加坡元。纸币面值有1元、2元、5元、10元、50元、100元、1000元、10000元；硬币有1分、5分、10分、20分、50分。

10.5 社会环境

1. 社会风气

新加坡政府素以严格、规范、清廉著称。各政府部门都有一套细致规范的工作流程，政府工作人员严格按照这些工作流程和规章制度办事。同时，新加坡还拥有强大的反腐败机构和调查力量，腐败预防和惩戒体系健全严格，因此各级公务员都能够做到廉洁自律。中资企业在新加坡投资经营时无需花费政府公关成本，需要与政府部门沟通、请求帮助或咨询时，可以直接与负责人员联系。不过企业有必要了解各政府部门的职能和相关的工作流程，以达到节省时间、提高效率的目的。企业可以查询各部门的官方网站获得相关信息。

新加坡公民具有很强的法律意识、自我保护意识和本土意识。新加坡政府也非常尊重居民的民族习惯和宗教信仰，重视不同民族间的融合和不同宗教信仰人群的和谐共处。这种理解和尊重也体现在工作、生活、教育、宗教活动等方面。例如，新加坡的公共假日大部分是宗教节日，如佛教的卫塞节、伊斯兰教的开斋节和哈芝节、印度教的屠妖节、基督教的耶稣受难日和圣诞节等。新加坡领导人发表重要讲话时也针对不同宗教关心的问题分别使用英语、马来语等，以体现不同宗教的平等和政府的重视。

2. 教育

新加坡政府认为，人民素质的提高是经济建设的基础，而提高人民素质的关键是要发展教育。新加坡的教育制度强调双语、体育、道德教育、创新和独立思考能力并重。新加坡推行"资讯技术教育"促进学生学习和掌握现代信息技术，每个儿童都必须接受10年基础教育（小学6年，中学4年）。

政府制定的教育目标是：尽量发挥学生的学习潜能；培养学生的思考与创造能力；向学生进行国民意识与道德观念的教育。1994年，政府的教育津贴已达到每个学生平均所需教育经费的90%。新加坡的学校大部分是公立学校，截至2019年年底，有170多所小学，150余所中学、20余所初级学院，以及新加坡国立大学、南洋理工大学、管理大学、科技大学、理工大学和新跃社科大学6所公立高等学府。

新加坡的教育体制分为3种形式：公立教育、私立教育和政府补贴教育。新加坡受教育程度分为学前教育、小学教育、中学教育和高等教育4个阶段，教育的指导方针是"因材施教"。1979年起，新加坡实行分流制度，学生按成绩编入不同层次的班级，按不同的要求进行教育。

道德教育是一项重要的内容。新加坡教育部规定，从小学开始就必须开设道德教育课程，小学生每周有一个半小时的道德教育课，中学生则为每周一个小时。

新加坡实施双语教育，规定从小学开始实行英语加母语的双语教育，到中学毕业时，每个人至少要掌握两种语言。

3. 社会基础设施

新加坡独立自治后，所面对的是人口拥挤、房屋狭窄问题，老百姓的居住状况非常恶劣。为了解决人民的住房和生活环境，新加坡政府采取了一系列政策和措施，逐步完善了新加坡基础设施，兴建了大量的新镇及公共住宅，科学地规划和设计道路、桥梁、供水、供电、排水管道等城市基础设施，兴建了运动场馆、图书馆、博物馆、公园等配套设施。新镇的每个组屋区几乎都建造了体育活动场馆，如篮球场、网球馆、游泳池等，并且绿化建设得很好，草坪、花园等一应俱全。这就使得新加坡的每一处新镇都成为基础设施完备、配套设施齐全、居住舒适、环境幽雅的居住场所。

在新闻出版和传媒方面，新加坡也非常重视。新加坡的英文报有《海峡时报》《商业时报》《新报》；中文报有《联合早报》《联合晚报》《新明日报》《我报》《大拇指》；马来文报有《每日新闻》；此外还有泰米尔文报《泰米尔日报》。

新加坡广播电台在1936年开播，自1959年1月起以马来语、英语、泰米尔语等广播，现有15个波段，每周广播1307个小时。新加坡广播电台拥有并经营12个国内电台和3个国际电台。新加坡电视台在1963年开播，自1974年开始播送彩色节目。新加坡电视机构拥有并经营两个频道，每天播送24个小时。12家私人电视公司经营2个频道。1995年，新加坡开通有线电视和卫星电视，可接收30多个频道，10多个国家的节目。

新加坡卫星通信和信息技术发展很快，但对接收外国卫星传送的电视节目一直管理很严格。为满足民众的需要，新加坡电视台只是有选择地转播一部分节目。新加坡政府规定，除少数有特殊需要的金融机构经审核后可自行接收国外卫星传送的节目外，其他单位和个人一律不许接收。

4. 社会保障体系

新加坡政府一贯重视社会福利问题，制定和实施了许多社会福利措施。然而，新加坡并不是福利国家，政府并不包办从摇篮到坟墓的全部福利。新加坡政府认为这样会过分增加政府的负担，同时也会使人民养成完全依赖的惰性。

新加坡医疗保障体系主要是通过政府补贴和强制性储蓄积累来满足国民的需求。其核心内容就是3M计划，即保健储蓄计划（medisave）、健保双全计划（medishield）和保健基金计划（medifund）。发展、分担、互助是新加坡福利政策的特点。政府在福利方面的基本态度是提供帮助，但不养懒人。福利措施是为了帮助每个人充分就业、自力更生，从而发展经济,进一步提高人民的生活水平。中央公积金、工业灾害保险和医疗储蓄等都是政府强制人民储蓄积累而成的。政府主要是制定和完善有关的法律与规章制度,并建立半官方的机构与中央公积金局来对资金加强管理。

新加坡政府鼓励全社会都来关心和参与社会福利和慈善活动。政府规定,凡是以从事社区、慈善及文教事业为目的的基金会,都享受免税的优惠。

10.6 文化环境

1. 民族

印度族、马来族和华族是新加坡的主要民族,因来源地或方言的差异,这几种民族内部又分成不同的群体。印度族中有泰米尔人、旁遮普人、锡克人、古吉拉特人、孟加拉人、泰卢固人和帕坦人等。马来族中有马来人、爪哇人、武吉斯人、邦加人、米南加保人等。华族的情况更为复杂,祖籍地域方面,可分为:福建帮、潮州帮、广州帮、客家帮、海南帮和三江帮。此外,华族还可以划分为老一代、中生代和新生代3种华人:老一代是指在中国出生而来新加坡创业的一代;中生代是指在新加坡出生而接受中文教育,或从小来到新加坡并接受英语教育的华人;新生代则主要是指第二次世界大战后在新加坡出生并接受英语教育的华人。

2. 宗教

新加坡是个多宗教的国家,主要宗教为佛教、道教、伊斯兰教、基督教和印度教。此外,耆那教、锡克教、犹太教、拜火教在新加坡都有自己的组织。

新加坡大多数人信奉宗教,信教徒约占全国人口的79.6%(2019年)。新加坡不设国教,实行宗教信仰自由政策。政府严格实行政教分离政策,宗教社团不能干涉和介入政治,不允许宗教原因导致不同宗教团体之间的冲突、社会结构的破坏甚至国家的分裂。新加坡政府的有关法令规定,宗教团体只能从事宗教、教育、科学、文化和慈善事业,尤其鼓励各宗教团体从事社会福利和慈善事业。

3. 语言

新加坡宪法规定,马来语、汉语、泰米尔语和英语同为官方语言。国会议员在国会发言时,可任选其中的一种语言。马来语被宣布为新加坡国语。学校全部用英语教学。

4. 风俗习惯

(1) 生活习俗

服饰。由于长期受西方文化的影响,在新加坡不论哪个民族,男士一般都喜欢穿西服,穿夹克衫和牛仔装也很普遍;女士喜欢穿裙子;学生穿校服,男学生穿白衬衫黑裤子,女学生则穿白衬衫红裙子。

饮食。新加坡的华人大多是中国东南沿海移民及其后裔,因而在饮食上喜欢清淡、爱微甜味道、爱喝啤酒等,对中国粤菜也十分喜欢。新加坡高层知识家庭早点喜欢吃西餐,主食爱吃米饭和包子，不吃馒头，下午一般要吃些点心。宴请新加坡客户时，须注意他们的口味，与新加坡的印度人或马来人吃饭时，注意不要用左手。

 背景知识

餐 桌 礼 仪

1. 正确做法

① 从主菜中取食物时使用公用勺子。

② 如果愿意，可以学习像马来西亚和印度人那样用手吃饭。

③ 吃螃蟹或对虾这种海鲜时完全可以用手。

2. 应避免的做法

① 不要让公用勺子碰到盘子里的任何东西。

② 不要拿清真食品专用的餐具取用非清真食品。

③ 绝不要用左手接触即将放进嘴里的食物。

④ 不要误把洗手水当成汤或饮料。

⑤ 不要将筷子竖直插在碗中，这会让人们联想到葬礼的仪式。

（2）交往礼节

新加坡是世界著名的礼仪国度。在和新加坡人的日常交往中，要注意衣着整洁，讲究卫生。衣着邋遢，不刮胡须，会被人看轻，或被认为是对对方的不尊重。在新加坡从事商务和社交时，可穿西服，也可穿衬衫、系领带，但到政府部门办事，需穿西服。如果得到参加某一社会活动的邀请函，则需书面答复，明确表态，并表示感谢；如果不能赴约，那么一定要事先告知对方并说明情况。新加坡人热情好客，注重礼貌。在日常交往中，要尊重对方，谦虚有礼，请对方多关照指教。收到礼品时，要本着礼尚往来的原则，回赠同等价值的礼品，礼品要注意包装，送礼应用右手以示郑重。除非对方要求，一般不要当面打开礼品。

新加坡人见面时，通常相互握手，熟人见面也可以点头致意。和新加坡的印度人见面时一般是双手合十致意；马来人则按伊斯兰教习俗，首先将双手合在一起，互相手面手背轻拍几下，然后把手贴住额角或嘴唇。

称呼方面，对男性可称先生，对年长男性可称老先生或某老。对女性可称小姐，对年长女性则可称女士。如果知道对方的职务，那么也可称其职务后缀。

（3）禁忌避讳

不要议论新加坡的政治或民族、宗教方面的问题。与新加坡人交往时，尽量把双脚平放在地板上，因为露出脚心或鞋底被认为是不礼貌的；如果双腿交叉，则要把一条腿的膝盖直接叠在另一条腿的膝盖上，切忌在长者面前交叉双腿。应邀到新加坡人家中做客时，进门前应该脱鞋。用食指指人、用紧握的拳头打在另一只张开的掌心上，或紧握拳头、将拇指插入食指和中指之间，均被新加坡人认为是极端无理的动作；双手不要随便叉腰，因为在新加坡那是生气的表示。

新加坡人不喜欢听"恭喜发财"的祝词，因为他们所理解的"发财"是发"不义之财"或"为富不仁"。新加坡人新年期间不扫地，不洗头，否则好运会被扫掉、洗掉；不

要打破屋里的东西，尤其是不要打破镜子。新加坡人认为头部为心灵所在，头被人触摸即被视为受到污辱。

新加坡人对色彩的想象力很强，喜欢红、绿、蓝3色，认为紫色、黑色不吉利，忌讳黑、白、黄3色。数字上禁忌4、7、8、13、37、69，最讨厌数字7，平时尽量避免这个数字。新加坡人喜好红双喜、大象、蝙蝠的图案。

新加坡人要求衣着整洁，不喜欢蓄胡须者，讨厌男子留长发。在新加坡公共场所或政府办事机构经常有"长发男子不受欢迎"的提示牌。新加坡对"嬉皮士"男子管制严格，嬉皮士打扮的男子会被禁止入境。

由于新加坡是多民族国家，因此应该注意不同民族的区别，尊重不同民族的生活习俗。

10.7 商 业 环 境

1. 贸易法规及政策

（1）贸易主管部门

新加坡对外贸易的主管部门是新加坡国际企业发展局，是隶属于新加坡贸易工业部的法定机构。

（2）贸易法律体系

新加坡与贸易相关的主要法律有《商品对外贸易法》《进出口管理办法》《商品服务税法》《竞争法》《海关法》《商务争端法》《自由贸易区法》《商船运输法》《禁止化学武器法》《战略物资管制法》等。

（3）进出口管理政策

在新加坡开展进出口和转运业务的基本条件：①必须在新加坡组建一家公司并向会计与企业管理局注册；②注册公司后，须向新加坡关税局免费申请中央注册号码。中央注册号码将允许申请人通过贸易网系统提交进出口和转运准证申请。贸易交换网系统是新加坡全国范围内的贸易电子信息交换系统，能让公共和私营部门在此平台上交换电子贸易数据和信息。一般情况下，在新加坡开展进出口或转运业务必须在贸易交换网上获得相关业务准证。

货物进口：进口商需通过贸易交换网向新加坡关税局提交准证申请。如符合有关规定，新加坡关税局将签发新加坡进口证书和交货确认书给进口商，以保证货物真正进口到新加坡，没有被转移或出口到被禁止的目的地。一般情况下，新加坡所有进口货物都要缴纳消费税。如果进口货物是受管制货物，那么必须向相关主管部门提交准证申请并获得批准。

货物出口：非受管制货物通过海运或空运出口，必须在出口之后3天内，通过贸易交换网提交准证申请。受管制货物或非受管制货物通过公路和铁路出口的，需要在出口之前通过贸易交换网提交准证申请。出口受管制货物还必须事先取得相关主管机构的批准或许可。

货物转运：所有从一个自由贸易区转运至另一个自由贸易区的货物，或在同一个自由贸易区内转运受主管部门管制的货物，必须事先通过贸易交换网取得有效的转运准证才能将货物装载到运输工具上。

（4）进出口商品检验检疫

新加坡对进口商品检验检疫的标准和程序十分严格。新加坡负责进口食品、动植物检验检疫的部门是农粮兽医局，负责进口药品、化妆品等商品检验的部门是卫生科学局。

（5）海关管理规章制度

新加坡海关是新加坡财政部的下属部门，是贸易便利化和执行税收的牵头机构。新加坡海关负责维护《海关法》及《贸易法》，以建立国际社会对新加坡对外贸易体系的信任，促使贸易便利化并保护税收。

新加坡海关通过与政府机构及商业主体的合作，依靠健全的法律规定及有效的执法，促进对外贸易。新加坡在平衡贸易便利化、安全及监管合规之间的关系方面发挥主动作用，以巩固新加坡作为受外国贸易伙伴和在新加坡经营的商业主体信任的全球贸易中心的地位。

新加坡海关管理的主要法律法规有《海关法》《货物和服务税收条例》《进出口管理条例》《自由贸易区条例》等。

新加坡《海关法》规定，进口商品分为应税货物和非应税货物，应税货物包括石油、酒类、烟类和机动车辆，非应税货物为上述商品之外的所有商品。应税货物和非应税货物进口到新加坡都要征收7%的消费税，应税货物除征收消费税外，还需征收国内货物税和关税。

根据2008年10月中新签署的《自由贸易协定》，新加坡对从中国进口的应税货物税率给予了优惠安排。根据协定，新加坡已于2009年1月1日起取消全部来自中国的进口商品关税；中国也于2010年1月1日前对97.1%的自新加坡进口产品实现零关税。2019年10月，《中华人民共和国政府与新加坡共和国政府关于升级〈自由贸易协定〉的议定书》正式生效，除对原协定的原产地规则、海关程序与贸易便利化、贸易救济、服务贸易、投资、经济合作6个领域进行升级外，还新增了电子商务、竞争政策和环境3个领域。

2. 投资法规与政策

（1）投资主管部门

新加坡负责投资的主管部门是经济发展局（以下简称经发局），成立于1961年，既是隶属于新加坡贸工部的法定机构，也是专门负责吸引外资的机构，具体制定和实施各种吸引外资的优惠政策并提供高效的行政服务。其远景目标是将新加坡打造成为具有强烈吸引力的全球商业与投资枢纽。

（2）投资行业规定

新加坡的投资环境开放，鼓励外国投资，希望在新加坡进行商业活动的外国公司或个人可选择各种经营载体。无论个人或企业，只要是新加坡主体，均可充分享受外资利益，并且成立新加坡公司不受最低投资金额的限制。本国和外国投资者均适用相同的法律和法规。从监管的角度来看,在新加坡进行商业活动总体上是十分自由的,对在新加坡的外商投资无一般性要求或义务,但仍存在一些受管制的行业,包括银行和金融服务、保险、电信、广播、报纸、印刷、房地产、游戏等,对这些行业的投资需取得政府批准。在这些行业中,特定法律也可能对其设置外国股权限制、特殊许可或其他要求的规定。新加坡政府还制订了特许国际贸易计划、区域总部奖励、跨国营业总部奖励、金融与资金管理中心奖励等多项计划以鼓励外资进入。同时,新加坡经发局还推出了一些优惠政策和发展计划来推动企业拓展业务,如创新发展计划、企业研究奖励计划、新技能资助计划等。

(3) 投资方式监管

新加坡对外资进入新加坡的方式无限制。除银行、金融、保险、证券等特殊领域需向主管部门报备外,绝大多数产业领域对外资的股权比例等无限制性措施。

(4) 税收政策

新加坡为城市国家,全国实行统一的税收制度。任何公司和个人(包括外国公司和个人)只要根据上述属地原则取得新加坡应税收入,则需在新加坡纳税。新加坡现行主要税种有公司所得税、个人所得税、消费税、房产税和印花税等。新加坡对内外资企业实行统一的企业所得税政策,税率为17%,并且所有企业可享受前30万新元应税所得部分免税待遇:一般企业前1万新元所得免征75%,后29万新元所得免征50%;符合条件的企业前10万新元所得全部免税,后20万新元所得免征50%。新加坡实行属地原则征税,全国实行统一税收制度。任何人(公司和个人)在新加坡发生或来源于新加坡的收入都需要在新加坡纳税。个人所得税的税率最低为2.5%(年收入在5000新元以下者),最高为30%(年收入超过40万新元者);采取累进税率。新加坡对外籍人免征所得税的条件很宽,大量外籍人在各种形式下享受免税待遇。但是,如果某外籍人未能享受免税待遇,而在新加坡工作又超过6个月,新加坡政府对其所得则无论多少一律按32%的税率征收所得税。如果该外籍人不是任公司经理职务,而在新加坡工作又不足6个月,新加坡政府则按15%的税率征收所得税。

(5) 商务代理商

新加坡官方开展代理商务的公司是国际贸易公司,成立于1968年,作为新加坡的买卖代理商和生产厂家的代表,该公司同各国商界保持着紧密联系。其所经营的商品主要有建筑材料、石油化工产品、塑料制品、电子电器产品、各类机械及粮食等。新加坡国际企业发展局在世界各地设有工作点,为促进各国同新加坡的贸易,这些工作点常年免费为那些希望同新加坡开展贸易的外国公司提供各种服务。

 背景知识

在新加坡创业应该了解的信息

Enterprise One 是由新加坡批准,生产力与创新局经营的政府网站,在上面能找到创业之初所需了解的全部信息,网址是 http://www.business.gov.sg。

在网站上还能找到创业前需要了解的一些条款、资源,或许能帮助较为顺利地开创自己的事业。

除了上述网站,也应该去新加坡会计与企业管制局的网站上浏览,上面有对各种不同行业、不同公司常见问题的解答,网址是 http：//www.acra.gov.sg。

资料来源：贝辛,2008.文化震撼之旅：新加坡[M].赵菁,译.北京：旅游教育出版社．

(6) 投资优惠政策

新加坡优惠政策的主要依据是《公司所得税法案》《经济扩展法案》,以及每年政府财政预算案中涉及的一些优惠政策。新加坡采取的优惠政策主要是为了鼓励投资、出口、增加就业机会、鼓励研发和高新技术产品的生产,以及使整个经济更具有活力的生产经营活动。例如,对涉及特殊产业和服务(如高技术、高附加值企业)、大型跨国公司、研发机构、区域总部、国际船运,以及出口企业等给予一定期限的减、免税优惠或资金扶持等。政府推出的各项优惠政策,外资企业基本上可以和本土企业一样享受。同时,新加坡与中国签署《关于促进和保护投资协定》《避免双重征税和防止漏税协定》等双边投资保护协定,避免双重征税。

3. 知识产权保护

新加坡政府十分重视知识产权的保护、鼓励,制定了一系列的保护知识产权的法律法规,如《专利法》《商标法》《版权法》等。新加坡还是多个知识产权国际公约的成员,如《巴黎公约》《伯尔尼公约》《马德里协定》《专利合作条约》《布达佩斯条约》《与贸易有关知识产权协议》和世界知识产权组织等。

在新加坡境内受到保护的知识产权除了专利、商标、版权(著作权),还有注册外观设计、集成电路设计、地理标识、商业机密、机密信息和植物品种等,并且分别制定单项法规对这些知识产权进行保护。

4. 商务礼仪与惯例

(1) 商务礼仪

由于长期受英国的影响,新加坡已经西方化,人们见面和分手时都要握手,商务活动一般穿白衬衫、长裤、系领带即可,访问政府部门应着西装。在新加坡商界,普遍使用名片,双方首次会面要互换名片。发送名片时,确保在场的每个人人手一张。商务名片上最好中英对照,因为新加坡懂英文的人也很多,特别是对非华人很方便。政府规定,当地政府官员不使用名片。

若要送礼,则最好送全办公室或全公司一份礼,或者每人一份等值的礼物,如镇纸、名片夹或小盒糖果等。

(2) 商务惯例

办公及营业时间。新加坡人每周工作5天半,即从周一至周六的上午,周六下午和周日休息。新加坡的商店一般每周营业7天,营业时间10：00—18：00。但大百货商店的营业时间是10：00—21：30。新加坡的大部分银行营业时间周一至周五是10：00—15：00,周六是9：30—11：30。在新加坡商务旅游最好是在3—11月,避免在圣诞节及中国农历新年前后1周内进行。

由于新加坡商人将合约看得很神圣,因此在交易磋商阶段一般都很慎重,不喜欢草率达成书面文件,但是订约之后,他们就不会违约。

（3）商务会议

在抵达新加坡之前，应先准备一份依职位高低排列的成员名单，并注明个人专长，供对方参考。对于职衔，应转换为当地惯用的称呼，并且注明性别。

进入会场时，由职位最高者带领，接着是次高者，以此类推。这样的顺序符合新加坡当地惯例，也让主人可以依次核对名单。新加坡人讲求层级分明，没有所谓的"平行"公司。新加坡公司会依照相对应的身份，安排成员在客方对面入座。

会议进行中，务必让职位最高者主持会议，新加坡人讲求效率，开会时直奔主题，无谓地寒暄可免则免，商讨价格问题时最好直截了当。

本章小结

新加坡是一个美丽的花园城市国家，位于马来半岛南端、马六甲海峡出入口，处于"海上的十字路口"，地理位置优越。新加坡显著的区位优势、优越的营商环境和无差别的国民待遇，成为推动其国家经济快速发展的关键因素。新加坡以服务业为发展中心，带动工业化发展，加速经济国际化、自由化、高科技化，使其成为亚洲地区贸易的门户和金融中心。勤劳的新加坡人民正在用自己的智慧创造辉煌，在这个国家从事商务活动能够很好地体验全球国际化的浪潮。

思 考 题

1. 新加坡的地理位置对其经济发展有何影响？
2. 新加坡的信息产业迅速发展的原因是什么？
3. 新加坡奉行什么样的贸易政策？
4. 新加坡为什么会成为亚洲重要的金融中心？

第 11 章

文 莱

拓展视频 11-1

文莱全称文莱达鲁萨兰国。文莱,在马来语中的意思是"植物",这里专指沙罗门果;"达鲁萨兰"是阿拉伯语,意思是"和平之地,安乐世界"。

11.1 简 史

文莱是东南亚最古老的国家之一,在公元 5 世纪中国的史籍已有记载,称为"婆黎"。其统治范围大致为加里曼丹岛(婆罗洲)西北部,曾多次遣使来华,并与中国有贸易往来。自唐代之后,中国史籍改称"婆黎"为"渤泥"。14 世纪中叶伊斯兰教传入,建立苏丹国。15 世纪末,文莱在第五世苏丹博尔基亚(1473—1521)的治理下达到空前的强盛。文莱的疆域不仅扩大到整个婆罗洲,还多次远征爪哇、马六甲、吕宋等地,并迫使周边一些小国每年朝贡。16 世纪中期以后,葡萄牙、西班牙、荷兰、英国等国家相继入侵文莱。1888 年,文莱沦为英国的"保护国"。1941 年,文莱被日本占领。1946 年,日本战败后英国又恢复了对文莱的统治。1959 年,文莱与英国签署协定,规定除了国防、治安、外交事务由英国管理,其余的事务由苏丹政府管理。1971 年,文莱苏丹政府又与英国进行谈判,重新签约规定,除外交事务和部分国防事务外,苏丹政府行使所有的内部自治权。1978 年,文莱与英国就文莱实现完全独立问题进行谈判,双方缔结了和平友好条约。1984 年 1 月,英国交出外交和国防权,文莱实现了完全的独立。同年,文莱加入东盟,成为东盟第 6 个成员国。文莱独立后,政治社会稳定,经济持续发展,人民生活富裕。在外交方面,文莱奉行不结盟和同各国友好的政策,以东盟为基石,主张地区稳定,繁荣与团结,在东南亚事务中努力发挥积极作用。

11.2 自 然 环 境

1. 人口、位置与面积

文莱全国总人口 45.36 万人(2020);其中,马来人占比 65.7%,华人占比 10.23%,其他占比 24.07%。马来语为国语,通用英语。

文莱位于东南亚马来群岛的加里曼丹岛西北部，其东、南、西三面与马来西亚的沙捞越州接壤，并被沙捞越州的林梦地区分隔为不相连的东西两个部分，北面是浩瀚的南中国海，与中国的南沙群岛遥遥相望。文莱陆地边界总长381千米，海岸线总长162千米，有33个岛屿，国土总面积为5765平方千米。

2. 地形地貌

文莱的沿海为平原，内地多山，其东部的淡布伦地区地势较高，多丘陵、山地。文莱最高山峰是巴贡山，海拔1841米。文莱国土虽小却有许多河流，其中主要的河流有马来奕河、都东河、淡布隆河和文莱河。

3. 气候与降水

文莱属于低纬度热带雨林气候，一年分为两个季节：雨季和旱季，全年气温温差较小，受季风的影响，终年炎热，平均气温为28℃。文莱雨量充沛，年平均降雨量在2500～3500毫米。

4. 自然资源禀赋

由于国土面积较小，自然资源除了石油天然气具有一定开采价值，文莱的其他自然资源相对较贫乏。根据2021年《BP世界能源统计年鉴》，截至2020年年底，文莱已探明石油储量为11亿桶，占全球总量的0.1%。2020年，文莱石油日产量为11万桶；天然气储量为2000亿立方米，占全球总量的0.1%。其他自然资源还有木材、橡胶、椰子、胡椒和一些热带农作物及少量海产。

5. 首都

斯里巴加湾市（原称文莱市）位于文莱—摩拉区，面积100.36平方千米，人口约14万人（2019年），自17世纪以来不仅是文莱的首都，也是文莱政治、经济、文化的中心。

11.3 政治环境

1. 政治体制

在文莱获得独立之后，苏丹宣告文莱永远是一个享有主权、民主和独立的马来伊斯兰君主制国家。文莱苏丹政府大力推行"马来化、伊斯兰化和君主化"政策，以巩固王室的统治，重点扶持马来人和原住民的经济发展，在进行物质现代化的同时严格维护伊斯兰教义。

（1）宪法

1959年，文莱颁布首部宪法，并分别于1971年、1984年和2004年进行了重要修改。文莱宪法规定，苏丹为国家元首和宗教领袖，拥有全部的行政权力和颁布法律的权力；设宗教委员会、继承与册封委员会、枢密院、立法院和内阁部长会议协助苏丹理政。2004年2月，文莱立法院首届会议通过宪法修正案，涉及司法、宗教、民俗等方面的内容（修订和增加），包括赋予苏丹无须经立法院同意而自行颁布紧急法令的权力、制定选举法令、让人民参选从政,增加议员人数;伊斯兰教为国教,马来语为官方语言,英语可作为法庭办案语言等。

(2)议会

文莱的原立法院由33人组成,其中16人由民选产生,1962年,曾举行选举;1970年,取消选举,议员改由苏丹任命。1984年2月,苏丹宣布终止立法会,立法以苏丹圣训方式颁布。2004年7月,苏丹宣布重开立法会。2005年9月,苏丹解散立法会,重新任命议长和议员。2011年2月,再次任命新议长和议员。2015年,苏丹任命拉赫曼为立法会新任议长。2017年1月,苏丹任命本届立法会议员,议长拉赫曼获得连任,议员包括苏丹、王储兼首相府高级部长比拉等内阁成员、各区县代表及社会贤达共35人。2018年1月,因内阁改组增加3名内阁部长,议员人数增至38人。

2. 政府

1988年12月1日,苏丹宣布组成政府。根据文莱宪法规定,苏丹为国家元首,拥有全部最高行政权力和颁布法律的权力,同时也是宗教领袖。另外,设宗教、枢密、内阁、立法和世袭5个委员会(1984年独立后,立法委员会停止运作,内阁委员会改为内阁政府),协助苏丹理政。2005年5月,苏丹再次改组内阁,新增首相府高级部长、能源部长、第二财政部长、第二外交部长等4个职位,提升国家大祭司、总检察长为正部级官员,首次宣布所有内阁部长和副部长任期均为5年。1989年1月、2005年5月、2010年5月、2015年10月和2018年1月,苏丹多次对内阁进行改组。

3. 政党

1985年5月30日,苏丹宣布允许政党注册,随后出现了文莱国家民主党和文莱国家团结党。国家民主党是文莱独立后出现的第一个政党,因政见主张不同,于1988年1月被政府取缔。

文莱国家团结党:于1986年2月从国家民主党脱离而成,自称多元民族政党,支持君主制,主张建立一个民主的马来伊斯兰君主国,要求恢复议会选举。该党忠于苏丹王室统治,配合政府政策,必要时作为民间力量出来支持政府。该党是文莱唯一合法的政党。

4. 司法体制

文莱司法体系以英国习惯法为基础。一般刑事案件在推事庭或中级法院审理,较严重的案件由高级法院审理。最高法院由上诉法院和高级法院组成。

5. 对外关系

文莱奉行不结盟和同各国友好的外交政策,主张国家无论大小、强弱,都应相互尊重。1984年2月24日,文莱加入联合国,重视联合国的作用。1984年1月7日,文莱成为东盟第6个成员国,与东盟各国关系密切。1993年12月9日,文莱加入关贸总协定,1994年4月15日,文莱成为世界贸易组织成员。截至2021年8月,文莱已与172个国家建交,共设立对外派驻机构42个。

自1991年9月30日文莱与中国建交以来,两国关系一直保持稳定的发展势头。多年以来两国政府高层保持互访和密切联系,文莱与中国双方在政治上相互尊重和信任。文莱与中国之间在经济贸易、文化教育、旅游、军事等领域合作成效显著,在国际和地区事务中保持良好的协调与配合。2013 年，中文两国建立战略合作关系。2018 年 11 月，中国领导人对文莱进行国事访问，两国元首将中文关系提升为战略合作伙伴关系。

11.4 经济环境

文莱是东南亚主要的产油国和世界主要液化天然气生产国，石油和天然气的生产、出口及相关产业是国民经济的支柱。文莱侧重油气产品深度开发和港口扩建等基础设施建设，积极吸引外资，促进经济向多元化方向发展。经过多年努力，文莱非油气产业占 GDP 的比重逐渐上升，特别是建筑业、旅游、贸易、交通和金融等服务业，已成为继油气业之后的第二大出口收入来源。

1. 经济发展概述

石油天然气是文莱的经济支柱。从 1953 年开始，文莱制定了第 1 个国家发展计划，独立以后政府积极推行经济多样化，力图改变对石油天然气工业过分依赖的单一经济结构。自 1994 年起，文莱启动多元化发展战略，积极鼓励经济多元化，提倡发展油气以外的经济发展，主线是调整单一经济结构，减少油气产业比重，实现"进口替代"。该战略最初（20 世纪 80 年代中期至 90 年代初）的重点是发展工业和农牧业。20 世纪 90 年代中期，文莱转向资本再生开发，即进行海外投资、推动国内中小企业发展等。因成效不大，文莱于 2003 年起转而实施"双叉战略"：利用深水港优势，建设本地区最大的货物集散港口，并以港口建设带动基础设施建设；建设工业园区，发展制造业、金融业和其他服务行业。

由于国内市场狭小、技术和人才短缺、生产成本过高、发展项目严重依赖国际市场、缺少国际吸引力等原因，文莱经济多元化发展战略的实施迄今收效不大，经济发展仍以油气生产和出口为主。文莱经济连续 4 年呈现正增长。2020 年，文莱国内生产总值（GDP）按不变价格计算为 190.98 亿文元（约合 140.43 亿美元），同比增长 1.2%。其中，农林渔业产值同比下降 1.4%，工业产值同比增长 4.2%，服务业产值增长 3.4%。

2014 年，文莱新设立"2035 宏愿"理事会，首相府高级部长、王储比拉任理事会主席，旨在协调政府各部门行动，进行战略和政策顶层设计，以实现宏愿目标。文莱"2035 宏愿"提出了 2035 年的发展目标：①提高教育水平，培训造就更多具备国际水准的人才；②提高生活质量，使文莱生活水准进入全球前 10 之列；③提高经济水平，发展高效可持续的经济，使文莱人均收入进入世界前 10 名。为实现上述目标，文莱全面实施以下发展战略，分别是：教育战略、经济战略、国家安全战略、体制发展战略、本地商业发展战略、基础设施发展战略、社会安全战略和环境保护战略。

2. 经济结构

文莱经济结构单一，油气产业是其重要经济支柱。2020 年国内生产总值的 47.4%、财政收入的 57% 和外贸出口的 51.4% 均来自油气产业。文莱工业设备、农产品、日用品均较为依赖进口。

旅游业也是文莱除油气业外大力发展的又一产业。政府成立文莱旅游发展委员会,指导旅游业的发展。2016年5月1日,文莱开始对中国游客实施落地签证政策,中国赴文莱游客快速增长。

3. 经济基础设施

文莱经济基础设施比较完备,水陆空交通便利、交通通信发展水平处于东盟前列。

(1) 公路

截至2020年年底,文莱公路总长3713.6千米。2016年6月,中国公司在文莱承建的特利赛—鲁木高速公路建成通车,全长18.6千米。贯穿文莱2/3的陆地、长135千米的摩拉—都东—马来奕高速公路连结首都斯里巴加湾市、石油城诗里亚和马来奕区。文莱主要居民点之间都有现代化道路网连通。文莱是东南亚地区拥有私家车比例最高的国家之一,截至2019年,文莱各类车辆登记289978辆。文莱公共交通不发达,全国仅有8条公交线路、72辆公交车辆。

(2) 水运

水运是文莱重要的运输渠道。穆阿拉深水港是主要港口,此外还有斯里巴加湾市港、马来奕港等,另有诗里亚港和卢穆港等,主要供出口石油和液化天然气使用。文莱与新加坡、马来西亚、泰国、菲律宾、印度尼西亚和中国有定期货运航班。2019年,文莱共有各类注册船只249艘,主要为渔船、客运船只和政府公务船只。2019年,文莱海运货物吞吐量156.9万吨,其中到港货物145.3万吨,离岗货物11.6万吨。

(3) 空运

文莱国际机场于1974年建成,有2条跑道,疫情前每周有多个航班直达东盟、澳大利亚、中东、欧洲、中国等。此外,文莱还与其他国家的航空公司开通了代码共享航线。2019年,文莱国际机场飞机起降17947架次,进出港乘客214.9万人次,货运吞吐量2.49万吨。

4. 投资、贸易、金融与外汇

文莱政府欢迎和鼓励外国投资者在非石油领域进行投资,并给予优惠待遇。对投资者来说,虽然文莱市场小,但是仍然具有一定的吸引力,有以下有利条件。①文莱既无个人所得税,也无出口税、销售税、工资税和生产税。文莱的税种也很少,国内税主要税种为公司所得税。在投资者创业和发展阶段,文莱提供比其他国家更为优惠的条件。②外商可以设立100%的独资企业,如果投资"先锋产业"或"先锋产品"则在一定时期内免交30%的公司税。③对外籍劳工和经理人员无任何担保批准要求。④文莱的当地富人具有一定购买力。⑤投资政府建设的高科技园的企业免税期为11年。"先锋产品"包括航空食品、搅拌混凝土、制药、铝材板、轧钢设备、化工、造船、纸巾、纺织品、听装、瓶装和其他包装食品、家具、玻璃、陶瓷、胶合板、塑料及合成材料、肥料和杀虫剂、玩具、工业用气体、金属板材、工业电气设备、供水设备、宰杀、加工清真食品、废品处理工业、非金属矿产品的制造、无线电、电视及通信设备和器械的生产、其他纸和纸板的生产。

在贸易方面,文莱主张自由贸易,鼓励对出口产业的投资,发展出口贸易。由于文莱经济结构较单一,主要出口商品是原油和天然气。2020年,文莱原油和液化天然气共占出口总额的 51.35%。2020 年，文莱前五大原油出口市场分别为印度、新加坡、泰国、澳大利亚、越南。文莱液化天然气主要出口市场为日本、马来西亚、中国、韩国和泰国。在进口方面，文莱 90% 以上的制成品、工业设备、农产品、日用品均依赖进口。在文莱进口贸易中，主要进口商品为矿物燃料、机械及交通设备、工业制成品、食品等，主要进口来源市场依次为马来西亚、新加坡、中国、英国和美国。

自 2000 年起，由于我国开始从文莱大量进口原油，双边贸易额大幅上升，中国与文莱的双边贸易迅速增长。中国向文莱出口的商品主要为家具、设备及其零附件、钢铁制品、机械器具及零件、有机化学品等。据中国海关统计，2020 年，中文双边贸易额达 19.1 亿美元，同比增长 72.5%。其中，中方出口额为 4.7 亿美元，同比下降 28.3%；进口额为 14.4 亿美元，同比增长 217.4%。

文莱对中国直接投资主要以在文莱金融中心注册的离岸公司在中国投资为主。据中国商务部统计，截至 2020 年年底，中国对文莱直接投资存量 4.5 亿美元。

文莱与马来西亚、新加坡曾经是一个统一的货币流通区域，实行金汇兑本位制和英镑汇兑本位制。文莱使用马元，到 1967 年，文莱货币单位改为文元。按照新加坡、马来西亚、文莱签订的"货币等价互换"协定，3 国货币等价，并可相互通用。1973 年，马来西亚废除上述协定，从此文元与新元挂钩，保持 1∶1 等价关系。文莱的巨额美元和外汇主要存放在新加坡银行。

文莱无外汇限制，银行允许非居民开户和借款。外资企业在当地开立外汇账户须提供公司注册文件及护照复印件等材料。

11.5 社会环境

1. 社会福利

文莱人民能够享受政府提供的高福利待遇，免缴个人所得税、享受医疗保健和各级教育免费制度。2019 年，文莱共有固定电话 8.66 万部，移动电话 64.52 万部。

2. 教育

文莱的现代教育开始于 20 世纪初。1918 年，英国殖民政府、教会和石油公司先后在文莱设立学校。文莱政府实行免费教育（华校除外），资助留学费用。2019 年，文莱拥有各类学校 251 所，文莱在校学生 10.67 万人，教师总人数 1.09 万人。

3. 医疗机构

文莱实行医疗保健免费制度。早在 1965 年，文莱就建立了"飞行医疗服务站"，派出医疗小分队乘直升飞机到国内较偏僻的乡村为村民看病，在各个村庄设有诊疗站，设备齐全，有的村庄还设有通信设备，方便与大医院联系来救助危重患者。2019 年，文莱拥有 7 所医院（4 所政府医院，3 所私人医院）、9 个医疗中心、15 个卫生中心和 17 个诊所、1622 张床位，病床占用率为 67%。

4. 新闻出版与传媒

文莱新闻社是文莱唯一的官方新闻机构，创建于 1959 年。文莱主要的英文报有《婆罗洲公报》。马来西亚中文日报《诗华日报》《星洲日报》设有文莱新闻版，在文莱发行。文莱广播电视台创建于 1957 年 5 月，以马来语、英语等播音。

11.6 文化环境

1. 民族

文莱是一个以马来族为主体的国家。首先是马来族，占比接近文莱全国总人口的 2/3；其次是华人，也称为华族，约占总人口的 10.2%。文莱原住民是达雅克人，现在外来人口数量已经超过原住民数量。

2. 宗教

文莱马来族信奉伊斯兰教。1959 年，文莱将伊斯兰教定为国教。除了伊斯兰教，文莱也有部分居民信仰佛教、基督教等。

3. 重要节日

文莱独立日：1 月 1 日。国庆日：2 月 23 日。现任文莱苏丹哈吉·哈桑纳尔·博尔基亚的生日：7 月 15 日。文莱为伊斯兰教国家，开斋节是其最盛大的节日，每年日期根据伊斯兰教历均有变化。

4. 家庭与社会生活

文莱人的家庭与社会生活，如婚丧嫁娶、礼仪习俗、日常社会生活与马来西亚和新加坡大同小异，但由于地域差异也存在许多不同。在文莱组成家庭也需要"媒妁之言"和"父母之命"的过程，但是男女之间必须"情投意合"，不能强迫。

11.7 商业环境

作为东盟东部经济增长区的一部分，文莱正在加快发展，它以建设金融、服务和贸易为一体的增长区为目标，具有潜在的商机。在进入文莱进行商务活动之前，了解当地的法规和政策是非常有必要的。

1. 贸易法规与政策

文莱外交与贸易部是文莱对外贸易归口管理部门，牵头参与对外贸易谈判、商签自由贸易区协定、负责对外贸易促进等工作。文莱能源与工业部牵头改善文莱营商环境。

（1）贸易法规体系

文莱与贸易相关的主要法律包括海关法、消费法，以及一系列涉及食品安全和清真要求的法规。文莱于2001年和2006年分别颁布《证券法》和《银行法》,2010年出台全球首个清真药品、保健品生产认证标准,2015年颁布《竞争法》,2016年颁布《破产法》和《公司法修正案》。文莱实行自由贸易政策,除少数商品受许可证、配额等限制外,其余商品均放开经营。文莱除对石油天然气出口控制外,对动物、植物、木材、大米、食糖、食盐、文物、军火等少数物品实行出口许可证管理,其他商品出口管制很少。

(2) 进出口商品检验检疫

文莱公共卫生(食品)条例规定:所有食品,无论是进口产品还是本地产品,都要安全可靠,具有良好品质,符合清真食品的要求,尤其对肉类的进口实行严格的清真检验;对于某些动植物产品,如牛肉、家禽,需提交卫生检疫证书。

(3) 海关管理规章制度

文莱于2006年新《海关条例》对特别关税、关税返还、处罚方式等做了规定,2017年3月16日,文莱财政部正式发布《2012年海关进口税和消费税法令》的修正法案。该法案旨在通过对部分日常消费品的进口关税和消费税的调整,改变民众的消费习惯,提高民众的安全、健康、幸福指数。其中包括:大幅降低汽车零配件、新轮胎进口关税,以减轻民众养车成本并提高汽车安全性;对食品饮料新征收消费税,同时调高塑料商品的消费税,引导民众选择更加健康的生活方式。该修正案已于2017年4月1日正式实施。

文莱总体关税税率很低,对极少商品如香烟等商品的进口关税略高于对东盟成员国的关税。自2010年中国—东盟自贸区正式启动以来,文莱对中国商品关税逐年下降,部分非敏感产品关税在2012年已降至0,2015年,完成所有高度敏感产品的降税(到50%),2018年,完成所有一般敏感产品的降税(到5%)。

2. 投资法规与政策

(1) 投资主管部门

文莱主管外国投资的部门是利用外资及下游产业投资指导委员会,以及其常设办事机构外资行动与支持中心,负责外资项目审批及协调落实工作。达鲁萨兰企业负责提供外资项目用地及落地后的管理服务工作。文莱经济发展局负责对外招商引资。

(2) 投资相关法律

与投资相关的法律包括《合同法》《土地法》和《投资促进法》。

(3) 投资行业

文莱禁止对包括武器、毒品,以及与伊斯兰教义相悖的行业进行投资。同时,林业作为文莱限制的行业,不对外资开放。文莱鼓励外资的行业包括化工、制药、制铝、建筑材料,以及金融业等行业。文莱《2001投资促进法》将航空、制药、造船等部分产业纳入先锋行业,投资享受税收优惠,以吸引外来投资。

(4) 投资方式

文莱对大部分行业外资企业投资没有明确的本地股份占比规定,对外国自然人投资也无特殊限制,仅要求公司董事至少1人为当地居民。外资企业在文莱投资可成立私人有限公司、公众公司或办事处,但文莱本地小型工程一般仅向本地私人有限公司开放。

(5) 税收制度

文莱既无个人所得税,也无出口税、销售税、工资税和生产税。文莱的税种也很少,国内税主要税种为公司所得税。2004年9月，中国与文莱签署了《避免双重征税和防止偷漏税协定》，以避免双重征税。同时，文莱在2001年颁发新的投资促进法令中，延长了对部分鼓励投资产业的税收优惠期。

3. 知识产权保护

文莱知识产权法正在草拟中。文莱的《1999年紧急（商标）条规》于2000年6月1日生效。文莱是世界贸易组织的成员，已加入世界知识产权组织，于2017年1月6日加入《商标国际注册马德里协定》。在知识产权保护方面，文莱正在努力加入保护知识产权的有关国际条约。2020年，文莱对《商标法》《专利法》进行了修订。

4. 商务礼仪

（1）语言与交流

文莱通行马来语和英语，在进行商务活动时兼备两种语言是最理想的。在商务活动中，文莱对国际通行的商务惯例是接受的。文莱马来人在接待客人时总是彬彬有礼，以微笑待客。在和文莱人交流中，要尽量避免谈论敏感的话题，如宗教方面的看法等。

（2）习俗和礼仪

在初次见面时，男士会以握手问候，女士一般不握手，除非对方先伸出手来；不要用左手传递东西或接送物品；不可用手触摸异性；不要用手指指别人来打招呼，这些都是不礼貌的。进入清真寺或到穆斯林朋友家做客时，一定要脱鞋。不可从正在祷告的人面前走过。女士在进入清真寺和圣地时，必须盖住头、手臂、膝，禁止穿迷你裙、短裤和无袖衣服。到文莱马来人家做客时要注意衣着整洁，进门后要把太阳镜（墨镜）摘下来，否则是不礼貌的。当主人用咖啡、点心、茶或冰水招待时，一定要吃一点或喝一点，以表示对主人的款待的感谢。

本 章 小 结

文莱是一个人口少、面积小的国家，因为境内有丰富的石油天然气储量，出口这些资源的收入成为文莱财富的主要来源。对于在文莱寻找商机的企业，要特别关注高档日用品和高档奢侈品的消费市场。对于资本市场上的金融机构而言，文莱是一个有着丰富石油资源的提供者。由于文莱在历史、文化和经济方面都与马来西亚有着紧密的关系，因此打算在文莱开拓市场的企业可以通过在马来西亚的经营进入该国市场。

思 考 题

1. 文莱是怎样的一个国家？有何特征？
2. 文莱的经济发展和市场有何特点？

第 12 章

东 帝 汶

拓展视频 12-1

东帝汶全称东帝汶民主共和国。

12.1 简　　史

从 16 世纪起,葡萄牙与荷兰殖民者就先后登上了帝汶岛。1859 年,葡、荷签订条约瓜分东帝汶,规定帝汶岛东部及欧库西归葡萄牙,西部并入荷兰属东印度(今印度尼西亚)。1942 年,日本占领东帝汶。第二次世界大战后,在澳大利亚短暂管理后葡萄牙恢复对东帝汶的殖民统治,1951 年,将其列为葡萄牙"海外省"。1960 年,第 15 届联合国大会通过 1542 号决议,宣布东帝汶岛及附属地为"非自治领土",由葡萄牙管理。1974 年,葡萄牙新政府上台后允许东帝汶自决。1975 年,印度尼西亚出兵占领东帝汶。

自 20 世纪 70 年代起,为从印度尼西亚统治下独立出来,东帝汶一直在进行不懈地努力和开展独立运动。1982 年,联合国大会通过了支持东帝汶人民自决的决议。1983—1998 年,在联合国秘书长斡旋下,印度尼西亚与葡萄牙政府就东帝汶问题进行了十几轮谈判。1999 年 1 月,印度尼西亚同意东帝汶通过全民公决选择自治或脱离印度尼西亚。同年 10 月,印度尼西亚承认东帝汶公投结果,允许东帝汶脱离印度尼西亚。2000 年 7 月,在联合国的主持下,东帝汶成立了过渡内阁,初步构建了行政、立法、司法的政权框架。2002 年 5 月,东帝汶民主共和国正式成立。

12.2 自 然 环 境

1. 位置及面积

东帝汶位于东南亚努沙登加拉群岛最东端,包括帝汶岛东部和西部北海岸欧库西地区,以及附近的阿陶罗岛等和东端的雅库岛,西部与印度尼西亚、西帝汶相接,面积14874 平方千米,海岸线全长 735 千米。

2. 地形及气候

东帝汶境内多山,沿海有平原和谷地,大部分地区属热带雨林气候,平原、谷地属热带草原气候，年平均气温 26℃，年平均湿度为 70%~80%。年平均降水量 1200~1500 毫米，但地区差异较大。东帝汶北部沿海地区每年 5—11 月为旱季，12 月—次年 5 月为雨季，年降水量为 500~1500 毫米；南部沿海地区 6—12 月为旱季，12 月—次年 2 月和 5—6 月为雨季，年降水量为 1500~2000 毫米；中部山区年降水量为 2500~3000 毫米。

3. 资源禀赋

东帝汶地处热带，自然条件较好，已发现的矿藏有金、锰、铬、锡、铜等。帝汶海沟已探明石油蕴藏量为 1.87 亿吨、天然气 7000 亿立方米。

4. 人口及行政区划

截至 2021 年 2 月底，东帝汶人口 132 万人。东帝汶首都帝力位于帝汶岛东北部海岸，为全国政治、经济、文化中心，全国经济活动主要集中于此，人口 28.1 万人。东帝汶全国分设 13 个地区；区以下共有 65 个县、443 个乡、2236 个村。东帝汶第二大城市包考又名萨拉扎尔，位于帝汶岛东北部。

12.3 政治环境

1. 政治体制

东帝汶宪法规定：东帝汶是享有主权、独立、统一的民主法治国家，总统、国民议会、政府和法院是国家权力机构；总统是国家元首和武装部队最高统帅，由全民直接选举产生，任期 5 年，仅可连任一届；总统不能履行职务或职务空缺时，由国民议会议长暂行总统职权。

2. 国民议会

东帝汶的国民议会实行一院制，代表全体公民行使立法、监督和政治决策权，由选民直接选举产生，共有 65 个议席，每届任期 5 年。

3. 政府

东帝汶政府由总理、部长、副部长和国务秘书组成，对总统和国民议会负责。总理是政府首脑，由议会选举中得票最多的政党或占议会大多数的政党联盟提名，由总统任命。副总理、部长和国务秘书由总理提名，由总统任命。

4. 司法体制

东帝汶的司法体制由最高法院和其他司法法院、行政、税务和审计高等法院、初审行政法院、军事法院组成。法院代表人民行使司法管辖权，职权独立，只服从于宪法和法律。最高法院院长由总统任命，任期 4 年。总检察院是检察院最高机关，总检察长由总统任命，任期 4 年，对总统负责，每年向国民议会报告工作。

5. 政党

2004 年，东帝汶颁布《政党法》，要求所有政党在司法部登记注册，以合法方式参加选举。东帝汶的主要政党有东帝汶全国重建大会党、东帝汶独立革命阵线、人民解放党等。

6. 对外关系

东帝汶以澳大利亚、印度尼西亚、美国、葡萄牙为其外交政策立足点，奉行实务平衡、睦邻友好外交政策，与世界各国交好，发展与欧盟、东盟和南太平洋论坛的合作关系，已与122个国家建交，有20个国家在首都帝力设立了大使馆（或代表处）并派驻大使或代表，20个国际组织在东帝汶设立了办事处。2002年9月27日，东帝汶成为联合国第191个会员国，已加入22个国际组织，现为东盟观察员国。

在东帝汶脱离印度尼西亚后，中国作为联合国安理会常任理事国，在政治解决东帝汶问题上发挥了积极的作用。应联合国的要求，中国派遣了民事警察和民政官员参加联合国东帝汶维和行动，以及东帝汶过渡行政当局的工作。2002年5月20日，中国与东帝汶建交。2008年后，东帝汶政府高层多次访问中国。2014年，中国与东帝汶共同发表《关于建立睦邻友好、互信互利的全面合作伙伴关系联合声明》。中国和东帝汶签订双方互免签证协议，两国公民持外交与公务护照可免办签证入境。

12.4 经 济 环 境

1. 经济计划及发展状况

东帝汶独立后，开始国家重建和恢复经济，在国际社会的支持与帮助下，政府制定了第一个国家发展五年计划，规划了2003—2007年的发展思路和未来20年的宏伟蓝图，以经济增长和减少贫困为两大目标。2009年，政府又确定了优先发展的领域，分别是：①保障农业和粮食安全，实现粮食增产25%；②大力发展农村不发达地区；③促进人力资源发展，改善基础教育质量；④建立社会保障和服务体系；⑤强化国家安全和治安环境，继续推进安全领域改革；⑥提高政府廉洁度和效率，逐步开展地方政府基层改革；⑦建立司法公正通道，制定刑法典、民法典等基础大法。同时，为了保障经济长期、可持续发展，东帝汶政府已着手制定国家中长期发展战略计划。2011年6月，国会又审批通过了《2011—2030年国家发展战略规划》，其目标是：推动经济自由化和提升竞争力；创建由私营经济主导的市场经济；为企业投资建厂创造条件；吸引私人投资；促进出口；发展国有企业；为国内外投资者提供鼓励措施；推进经济领域基础设施建设；创造就业机会；减少贫困；提高居民生活质量。根据世界银行数据，2020年，东帝汶GDP为18亿美元，人均GDP为1381美元，经济增长率为-8.7%。

2. 经济结构

东帝汶经济发展不平衡，以农业为主，基础设施落后，加工业体系尚未建立，大部分地区基本上处于自然经济状态。2019年，东帝汶农业、工业和服务业等产业增加值增长率分别为-17%、-3.6%和5.4%，东帝汶80%以上的劳动人口从事农业活动。东帝汶主要农产品有玉米、稻谷、薯类等，粮食不能自给；主要经济作物有咖啡、橡胶、椰子等，主要供出口。东帝汶石油和天然气收入逐年增加，截至 2020 年年底，石油基金滚存至 189.9 亿美元。东帝汶加工制造业等非石油经济发展缓慢，经济发展和公共设施主要依赖国际援助。

3. 经济基础设施

东帝汶交通不便，公路总长 10820 千米，道路质量一般，部分路段只能在旱季通车。中铁国际中海外—中铁一局东帝汶联营体公司承建苏艾高速公路（图 12.1）项目为东帝汶第一条高速公路，2018 年，一期工程已通车。

图 12.1　已通车的苏艾高速公路

帝力港为深水港，另有欧库西码头、科姆码头等。2018 年 8 月 30 日，蒂坝港正式开工建设，由中交集团下属子公司中国港湾工程有限公司承建。帝力机场为东帝汶唯一的国际机场，可起降波音 737 较大型飞机。东帝汶另有 3 个一级机场、5 个二级机场。2009 年以来，东帝汶政府预算大部分都投入基础设施建设，包括学校、健康中心、公路和卫生设施等，这些基础设施主要集中于首都帝力。

4. 投资、贸易、金融与外汇

（1）外资和外援

东帝汶政府积极引进和鼓励国内外投资，制定了《国民投资法》《外国投资法》。据联合国贸发会议发布的《2021 年世界投资报告》显示，2020 年东帝汶外资流入同比仅减少 3%，外资流入 7200 万美元；截至 2020 年年底，东帝汶外资存量 4.68 亿美元，主要来自新加坡、泰国、葡萄牙、澳大利亚、新西兰、英国、韩国、美国等，主要投资领域是旅馆、基础设施建设、咖啡种植和旅游等行业。

东帝汶被联合国开发计划署列为亚洲最贫困国家和全球 20 个最落后的国家之一，外资和外援对东帝汶的人道救援、农业、能源开发、基础设施建设等项目发展至关重要。据东帝汶财政部援助透明度网络平台统计，截至 2019 年年底，外国援助以提供资金和无偿援助方式为主，共向东帝汶提供了约 28 亿美元的援助；"其他"以 9.23 亿美元排名第一、澳大利亚以 7.4 亿美元排名第二、亚洲开发银行以 3.56 亿美元排名第三、日本国际协力机构以 2.81 亿美元排名第四、欧盟以 2.76 亿美元排名第五、美国以 2.63 亿美元排名第六。外国援助主要用于东帝汶基础设施的重建和发展、交通运输和仓储，以及政府管理等。

（2）对外贸易

东帝汶的主要出口商品是石油（不经过本国出口）、咖啡等；进口货值前十类商品分别为成品油、汽车、粮食、机械及配件、电气产品、饮料、光学及照相器械、水泥、钢铁和药品。据东帝汶国家统计局统计，2020年，东帝汶进出口总额为8.77亿美元，进口额为6.25亿美元，出口额为2.52亿美元；主要进口国为印度尼西亚、新加坡和中国等。

自1999年东帝汶脱离印度尼西亚以来，中国和东帝汶双方签订了多项经济技术合作协定，两国经贸关系发展顺利。自2010年7月1日起，中国逐步对东帝汶95%以上的对华出口产品实行零关税优惠待遇。2014年4月，中国与东帝汶签署《中华人民共和国国家旅游局和东帝汶民主共和国旅游部关于旅游合作交流意向书》。2017年5月，中国与东帝汶签署两国政府共同推进"一带一路"建设谅解备忘录。2019年4月，东帝汶加入"一带一路"能源合作伙伴关系，会同中国在内的伙伴关系成员国共同对外发布《"一带一路"能源合作伙伴关系合作原则与务实行动》。根据中国海关统计，2003—2004年，双方的贸易额都还在100万美元左右，到2007—2008年则增加了10倍左右，分别达到1000万美元和900万美元，且基本上是中国对东帝汶出口。2020年，中东贸易额为1.91亿美元，同比增长14.4%，其中中国对东帝汶出口额为1.9亿美元，同比增长33.2%；中国从东帝汶进口额为0.01亿美元，同比下降95.1%。中国对东帝汶出口商品主要类别包括机电零部件、水泥、钢铁制品、陶瓷产品、纺织品、家具等。中国从东帝汶进口商品主要类别包括农产品、木制品等。

（3）金融与外汇

东帝汶设立中央银行，有1家国家商业银行、4家外国商业银行，还有9家汇款服务提供商、2家外汇兑换处和2家保险公司。

东帝汶以美元为主要流通货币，并发行有与美元等值的本国硬币。东帝汶没有正式的外汇管制，资金可以自由汇入和汇出。东帝汶各商业银行会根据东帝汶中央银行的要求对超过一定数额的资金交易履行报告义务，以反对洗钱犯罪。外国人携带现金超过5000美元出入境，需对海关如实申报；携带现金超过10000美元出入境，须获得明确授权。

12.5 社会环境

1. 基本情况

东帝汶独立后，经过多年的战乱和动荡，社会秩序遭到了很大破坏，其中"东部人"和"西部人"、军人和警察、各派系和种族之间的矛盾纷争使暴力冲突事件屡见不鲜，政治僵局长期持续，但社会治安状况总体安稳。东帝汶国民经济以农业为主，80%以上的人口依赖农业，农村地区40%的适龄劳动人口处于失业状态。2020年东帝汶全国劳动人口失业率约为5%。东帝汶青年普遍缺乏一定的技能，只能从事一些简单体力工作，失业比较严重，成为社会问题的根源。

2. 人民生活

东帝汶被联合国列为全球最不发达国家之一,经济发展困难。2019年,东帝汶生活在国家贫困线以下的人口占比为41.8%,按购买力平价计算,日均每人低于1.9美元的人口占比为30.7%。根据世界银行数据,2019年,东帝汶人口增长率2%,人口出生率6.4%,婴儿死亡率4.42%。2019年,东帝汶人均预期寿命69.5岁。2020年,东帝汶人口增长率为1.9%。

3. 医疗社会保障

根据世界银行统计,2015年,东帝汶全国有6家医院,67所卫生中心,213个卫生站,33个私人诊所。在世界银行的帮助下,东帝汶建立起了公共医疗体系,使85%的儿童能接受疫苗注射,90%的人能在方圆10千米以内的诊所就医。

4. 教育和科研

东帝汶共有1275所小学、81所初中和17所大专院校。2019年,东帝汶小学入学率为91.5%,中学入学率65.8%。2018年,东帝汶15岁以上成年人识字率为68.1%。

5. 传媒与通信

东帝汶主要报纸有《帝汶邮报》《东帝汶之声》等。2017年3月,东帝汶政府批准成立东帝汶国家通讯社,以提供官方新闻。另有葡萄牙卢萨社,主要提供葡萄牙语新闻。

东帝汶电台有东帝汶国家广播电台和东帝汶之声电台,电视台有东帝汶电视台等。

东帝汶当地手机为GSM制式,通信和网络服务提供商有三四家,如帝汶电信等。东帝汶的通信服务由帝汶电信独家经营,包括固话、移动、互联网服务,资费较高。帝汶电信覆盖东帝汶92%人口,建有139个2G网络基站,64个3G网络基站,首都帝力及部分地区有4G网络覆盖。截至2019年年底,东帝汶固定电话用户10669户,前三大运营商移动电话注册用户超过336万户,其中3G网络用户超过97万户。东帝汶互联网普及率低,目前主要由帝汶电信等公司经营。中国对东帝汶援助数字电视传输系统示范项目,已于2021年6月完工并交付东帝汶政府。

12.6 文化环境

1. 民族

东帝汶78%为东帝汶原住民(大多为巴布亚族与马来族或波利尼西亚族的混血人种),20%为印度尼西亚人,2%为华人。

2. 宗教

东帝汶居民中约91.4%信奉罗马天主教,2.6%信奉基督教,1.7%信奉伊斯兰教。

3. 语言

德顿语和葡萄牙语为东帝汶官方语言,印度尼西亚语和英语为工作语言,德顿语为通用语和主要民族语言。

4. 节日

东帝汶的重要节日有元旦、恢复独立日（建国日）；其他节日有独立公投日、宣布独立日、宗教节日等。

12.7 商业环境

1. 贸易法规和政策

（1）贸易主管部门和法规

东帝汶的贸易主管部门是财政部、经济事务协调部和旅游贸易与工业部。东帝汶主要贸易法规有《商业注册法》（2006）、《税收和关税法》（2008）、《餐饮业管理条例》（2009）、《商业活动执照法》（2011）、《商业公司法》（2017）等。

（2）关税及相关规定

政府鼓励进出口贸易，出口不征关税，进口平均关税率为 2.5%，只对少数商品进行限制。进出口商品检验检疫法规有《进出口货物检验检疫卫生法》（2003 年）、《检验检疫管理条例》（2006 年）。此外，东帝汶货物通关和清关手续比较简便。

2. 投资法规与政策

（1）投资主管部门

东帝汶投资主管部门是东帝汶贸易投资促进局，该局隶属于东帝汶经济事务协调部。

（2）投资行业及投资方式规定

根据《外国投资法》，东帝汶政府鼓励投资商投资于基础设施、出口产业、农业和农村发展；石油和矿产开发按《石油法》和《矿产法》规定执行。在投资方上，东帝汶原则上鼓励外资与当地资本合资，但不是必需的，大部分外资在东帝汶都采取了独资方式。东帝汶政府向外界推介的投资机会有石油和天然气（包括其上游和下游产品生产）、农业、森林、渔业、旅游、轻工业、基础设施等。东帝汶政府尤其致力于吸引出口导向性产业的投资，为合作企业提供优惠，鼓励私营企业参与基础设施的建设。东帝汶政府将确保外资的权益，承诺不实行国有化，给外资企业以平等待遇，确保利润和资金的转移。此外，东帝汶政府将根据不同的产业和专案，提供各种不同的税收优惠。

3. 主要税赋和税率

东帝汶主要税种：劳务税，纳税领域主要有酒店服务、酒吧和餐馆服务、电信服务等，税率为 5%，经营单位每月发票总额低于 500 美元者免税；消费税，征税的消费品主要为酒类、烟草（包括打火机，烟嘴）、燃油、武器弹药、单价超过 7 万美元的摩托车、私人游艇及私人飞机等，税率不等；所得税，指纳税人一年的总收入减去法律允许扣减部分的收入，包括商业收入、财产收入、中奖收入、任何可以增加经济能力的收入，工资收入税除外。

东帝汶尊重外国法律地位，无本国法律至尊思想及法规存在。在东帝汶注册成立公司组织后，该"公司"在东帝汶宪法精神中，"它"就是"东帝汶人"。以公司为单位，可以享受与东帝汶人同样的权利，没有明显的排外思想存在。

本 章 小 结

自东帝汶独立以来，国家的基础设施建设有了一定的发展，经济有所起色，安全形势逐步好转，社会政治秩序正在恢复，整个国家的发展开始走上正轨。但是，长期的战乱和动荡、复杂的教派和种族矛盾纷争，以及脆弱的社会经济基础，使东帝汶的发展道路困难重重、充满险阻，因此，对东帝汶颇具开发潜力的石油天然气优势资源，以及东帝汶政府出台的招商引资利好政策和措施，众多外国投资者的态度依旧观望大于行动。东帝汶当前经济社会的重建更多还是靠国际社会的资金、技术和物资援助。东帝汶的经贸、投资环境正在改善，国家的法律和社会秩序也逐步恢复和重建。

思 考 题

1. 东帝汶的基本国情和优势资源是什么？
2. 在东帝汶经商会有什么样的风险？
3. 东帝汶的发展前景如何？其贸易和投资环境有何特点？

第 13 章

东南亚地区经济一体化

第二次世界大战结束后，东南亚各国先后结束了西方殖民主义的统治，获得了独立和解放。但是，新兴的东南亚国家所面临的却是一个极为严峻的地区形势：①新独立的国家如何实现政治、经济的独立和发展；②东南亚国家之间存在陆海领土争端，地区内的冲突和矛盾十分尖锐；③由于冷战和意识形态的分裂，东南亚国家内部存在"资本主义"和"共产主义"思潮的对立，几乎所有国家都被卷入冷战的对抗之中；④东南亚各国政治体制、经济结构、发展的初始条件、民族、宗教、语言文化均存在较大差异和多样性；⑤在现行国际体系下，区域外大国在东南亚争夺战略利益，东南亚国家面临艰难抉择。

面对这样复杂的局面和历史遗产，东南亚国家在经历了内乱、冲突、外部干涉、协调和整合之后，逐步在经济自由主义和地区主义思潮的影响下，开始探寻地区合作方式，解决地区内部冲突和平衡大国关系的机制。1967 年 8 月 8 日，在泰国首都曼谷建立的"东南亚国家联盟"（以下简称"东盟"），其最初的成员国有印度尼西亚、马来西亚、菲律宾、新加坡和泰国。1984 年，文莱独立后，也加入了东盟。冷战结束后，越南于 1995 年 7 月加入东盟，老挝和缅甸于 1997 年 7 月同时加入了东盟，1999 年 4 月柬埔寨也加入了东盟。至此，东盟由最初成立时的 5 个成员国扩大到 10 个成员国。

东盟成立之初，其主要目标是寻求国家间的政治和安全的合作，并把经济合作作为政治和安全合作的基础。20 世纪 70 年代中期，随着冷战格局的缓和及越南战争的结束，东南亚政治经济形势也发生了巨大变化，东盟开始转型，地区主义兴起和冷战的结束，使和平与发展成为东南亚的主要潮流。1988 年，中南半岛国家开始了"变战场为商场"战略调整；1992 年，在新加坡召开的东盟第 4 次首脑会议决定，在 15 年内建立东盟自由贸易区；同年，在亚洲开发银行的主导下"大湄公河次区域经济合作"计划开始启动，东南亚国家经济迅速增长，东盟成为推动地区经济发展和区域经济一体化的重要力量，东南亚经济一体化也相应成为东盟经济共同体的重要组成部分。

13.1 东盟经济一体化的国际背景

20 世纪 90 年代，在信息革命的推动下，经济全球化深入发展，在全球范围内商品、服务和生产要素国际流动的规模不断扩大，国际分工进一步深化，国际经济相互依赖的程度不断提高，促使东盟国家采取各种措施积极应对。图 13.1 所示为东盟会徽。

图 13.1　东盟会徽

13.1.1　东盟经济一体化的外部原因

1. 世界经济全球化的影响

进入 20 世纪 90 年代以来，经济全球化的趋势日益明显。首先，以电子通信技术和交通革命为代表的科技突飞猛进把生产的社会化推到一个崭新的阶段，不论东方还是西方，改革开放成为一个必然的趋势。其次，贸易自由化、金融国际化、生产国际化作为经济全球化的具体体现，从全球层面、地区层面和国家层面上都在加强一体化的进程，国际分工进一步深化，引发了全球性的产业结构调整和产业转移。最后，世界经济以市场经济体制为主体将世界各国经济更加紧密地联系在了一起，相互依存、相互影响和相互制约，经济全球化正在改变冷战后的世界格局。新兴工业体脱颖而出，对东南亚国家的经济改革、开放和产业结构调整产生了巨大影响。

2. 区域经济一体化浪潮的推动

20 世纪 90 年代对东南亚地区产生巨大影响的因素是区域经济一体化浪潮。在 20 世纪 70 年代曾掀起过一次区域经济合作的高潮，在全球范围内共签订了 18 个区域贸易协定。进入 20 世纪 90 年代，区域贸易协定快速增加，据世界贸易组织的统计，1990—2001 年，全球有 150 个世界贸易组织成员参加了区域贸易协定，其中自由贸易协定占绝大部分。北美自由贸易协定在 1994 年正式生效，亚太经济合作组织开始运转，世界地区性经济贸易集团达到 37 个，区域经济一体化浪潮成为经济全球化的巨大推动力。欧洲经济共同体成功地发展成为经济联盟，对东盟产生了巨大影响。1991 年，东盟第 4 次峰会决定在 15 年内建成东盟自由贸易区，并仿效欧盟，逐步形成单一市场的经济共同体。

13.1.2　东盟经济一体化的内部原因

1. 战略重心的变化

在世界经济政治格局发生根本性改变的背景下，东南亚国家和东盟组织的战略重心也开始转移。在中南半岛，泰国率先提出了"变印支战场为商场"的战略调整；老挝、越南、柬埔寨开始在经济重建的条件下进行革新开放和经济转型。在亚洲开发银行的主导下，大湄公河次区域经济合作于 1992 年开始启动，湄公河流域国家积极响应，和平发展成为该地区主流。冷战的结束使东南亚区域内的冲突和矛盾得以缓解。由于共同的经济和地缘政治利益，发展区域经济合作就成为东盟寻求内部政治稳定和提高国际地位的重要手段和基础。2016年3月23日,"澜湄合作"首次领导人会议正式宣告"澜湄合作机制"成立,成为新型次区域经济合作组织。该机制以互联互通、产能、跨境经济等为优先合作方向,是中国"一带一路"倡议与亲诚惠容周边外交理念叠加的新尝试及南南合作的新实践,共筑"澜湄国家命运共同体"。东盟经济一体化从20世纪90年代至21世纪发展进程逐步加快,一体化程度不断提高。东盟作为整体参与全球化进程,注重与域外大国建立良好合作关系。中国—东盟自由贸易区于2000年9月提出,2010年1月建成,至2015年11月进行升级。2020年8月,第19次中国—东盟经贸部长会议召开。双方一致同意继续加强抗疫和经贸合作,深化"一带一路"合作,加强"一带一路"倡议与《东盟互联互通总体规划(2025)》等东盟发展规划对接,推动澜湄跨境经济合作和中国—东盟增长区合作等次区域合作取得更多实效。

2. 东南亚金融危机的影响

1991年,在确立建设自由贸易区目标之后,东盟国家之间签订了一系列促进和保障经济一体化的协定、政策和措施。然而,1997年的金融危机给东盟的经济发展带了灾难性的冲击。东盟和各成员国对东盟组织本身和区域经济合作发展面临的问题,以及风险应对和危机管理能力进行了反思和检讨。东盟各国领导人意识到在全球化的背景下,仅依靠一国的力量难以对付全球性问题。由于经济的相互依赖、世界经济的联动性,以及贸易、金融和生产要素国际流动的传导作用,面对金融危机的冲击,东盟各国只有站在地域发展的整体上来考虑,加速区域经济一体化进程,加强经济合作,提高东盟组织整体抵御风险的能力,才能面对全球化带来的各种危机。此后,东盟在经济发展战略、宏观经济政策协调、金融体制改革和建设、区域经济合作、产业结构调整等方面都发生了积极的变化。

《东盟货物贸易协议》《东盟服务贸易框架协议》和《东盟全面投资协议》均已签署。截至2018年年底,在东盟内部货物贸易中,6个东盟老成员取消了99.3%的进口关税,4个新成员取消了97.7%的货物进口关税。东盟内享受零关税的税目累计达98.6%,各国平均关税水平已降至0.06%。2019年4月,东盟经济部长签署《东盟服务贸易协议》,取代《东盟服务业框架协议》,为东盟国家最终实现服务贸易负面清单模式提供指南。此外,东盟在金融、交通、基础设施、能源、竞争政策等领域也正在制定相关协议或战略。

金融危机的教训使东盟领导人的观念发生了变化,面对东南亚国家国内市场规模小、经济对外依存度高、国际竞争力弱等难以改变的事实,在区域内国家之间加强合作,克服对外依赖的脆弱性和不稳定性,尽快实现经济一体化是一个务实的选择。东盟国家普遍认识到,只有在政治、经济、安全、社会与文化等领域加强合作,建立区域自觉应对外部冲击的多种机制,才能保证区域安全、稳定与发展。

13.2 东盟经济一体化的目标和进程

东盟经济一体化随着世界经济和地区形势的变化在不断调整,其目标、内容和方式日趋明确,它既有经济一体化的一般特点,又有较强的地区特征。1992年1月,第4次东盟首脑会议正式提出建立东盟自由贸易区;2007年,第12届东盟首脑会议决定于2015年建成以政治安全、经济和社会文化共同体为支柱的东盟共同体；2008 年 12 月，《东盟宪章》生效；2015 年 12 月 31 日，以政治安全共同体、经济共同体和社会文化共同体三大支柱为基础的东盟共同体正式成立，并通过愿景文件《东盟 2025：携手前行》，为东盟未来 10 年的发展指明方向。

13.2.1 自由贸易区进程及时间安排

1992 年 1 月，东盟签署了《东盟经济合作框架协定》和《共同有效优惠关税》，通过各国逐步降低关税、削减非关税壁垒，计划在 15 年内建成东盟自由贸易区。然而，受关贸总协定乌拉圭回合全球贸易谈判结束、亚太经合组织贸易和投资自由化进程的影响，东盟对自由贸易区的时间进程做了 4 次调整。

第 1 次是 1994 年第 26 届经济部长会议，决定将原定 15 年实现东盟自由贸易区的时间提前至 10 年内建成（从 2008 年提前至 2003 年完成）；将《暂定例外项目》的产品在 5 年内逐步转为《共同有效优惠关税》；每年平均关税降低的幅度不小于 20%，于 2000 年以前完成；未加工农矿产品列入《共同有效优惠关税》；允许"敏感产品"制定不同的时间表；扩大贸易合作的领域，包括服务贸易、知识产权相关贸易。

第 2 次是在 1997 年金融危机冲击下的 1998 年 12 月，在河内召开的东盟第 6 次首脑会议上，为了克服金融危机和经济动荡带来的困难，决定将《共同有效优惠关税》比原计划再提前 1 年，到 2002 年完成；尽量扩大老挝、越南、缅甸减税商品数量和减税比重；发布"河内宣言和行动计划"加快自由贸易区进程。

第 3 次是根据东盟各成员国经济的实际情况，尤其是东盟新成员国面临的经济困难，将原定 2002 年所有成员国商品关税率降至 0～5% 的期限推迟 1 年，越南推迟至 2003 年；老挝、缅甸推迟至 2005 年；柬埔寨推迟至 2007 年；未加工农产品关税，马来西亚、新加坡、印度尼西亚、菲律宾、泰国和文莱在 2003 年降到 5% 以下；越南 2006 年；老挝、缅甸 2008 年；柬埔寨 2010 年。这些调整都意在加速东盟经济一体化。

第 4 次是 2015 年 12 月 31 日，东盟共同体正式成立。这既是亚洲历史上首次建成次区域共同体，又是地区一体化发展模式的创新实践。共同体成立以来，东盟成员国之间的贸易壁垒、市场分割被逐步打破，贸易自由化和便利化程度得到进一步提高。图 13.2 展现了降税促进港口的繁荣发展。

图 13.2 降税促进港口的繁荣发展

13.2.2 自由贸易区的内容和框架

自由贸易区建设是东盟推进区域经济一体化的核心,主要的内容如下。

1. 关税措施

根据1992年《东盟自由贸易区共同有效普惠关税方案协议》的条款规定:所有成员国都必须遵守《东盟自由贸易区共同有效普惠关税方案协议》,应按照海关编码6位数码标准,在各部门确认的基础上将所有产品纳入《东盟自由贸易区共同有效普惠关税方案协议》,允许少数特殊、敏感商品实行例外制度;所有纳入的商品分为快速降税商品、常速降税商品和例外商品;无论哪类商品,关税计划原则上都必须经东盟自由贸易区理事会核准;按照原产地原则,所谓"东盟产品"是指其价值的40%以上须来源于东盟国家,否则不能适用于此关税计划。

2010年1月,马来西亚、新加坡、印度尼西亚、菲律宾、泰国和文莱再对7881种商品取消关税,合计共有54467种商品实现零关税,占《东盟自由贸易区共同有效普惠关税方案协议》项下免关税商品的99.7%。

2. 数量限制和非关税壁垒

《东盟自由贸易区共同有效普惠关税方案协议》对数量限制和非关税壁垒做了原则规定,成员国必须取消计划内所有商品的数量限制、配额、许可证和其他行政措施,在5年内消除非关税壁垒。由于东盟成员国各自的国情不同,经济发展的水平和产业结构不同,因此实施非关税壁垒的情况比较复杂。考虑到基于安全、防务、环境、保障卫生、宗教或履行国际义务的需要,允许一定的保护外,东盟自由贸易区根据《东盟自由贸易区共同有效普惠关税方案协议》与世界贸易组织相一致的原则逐步调整非关税措施。

3. 服务贸易自由化

1995年,东盟第27届经济部长会议就服务贸易自由化达成共识,决定逐步开放服务业市场,包括金融业、旅游业、运输、通信和建筑业等。1995年12月,东盟第5次首脑会议签署了《东盟服务框架协议》,主要内容包括东盟内非世界贸易组织成员也可享受世界贸易组织成员在服务贸易总协定下相同的待遇等,1996年开始,各成员国开始谈判。1997—1998年,东盟又先后签署了第1阶段和第2阶段实施草案,开放7个服务部门,即海运、空运、建筑业、金融服务业、电信、旅游和商务服务业等。在服务业中各国的限制和市场准入方面进展缓慢,由于服务业市场开放的难度和复杂性,东盟各国还要做出更大努力才可能实现服务贸易的自由化。2007年,我国与东盟10国签署了《服务贸易协议》,该协议采取"正面清单"的方式,参照WTO《服务贸易总协定》的模式,包括定义和范围、义务和纪律、具体承诺和其他条款4个部分,共33个条款和1个附件。

4. 其他领域的经济合作

东盟国家间加强国际经济合作是推进经济一体化的重要手段,包括东盟投资区、东盟工业合作计划、电子东盟框架协议等。东盟一直是外国直接投资的主要对象,在1995年第5届东盟首脑会议上就倡议建立东盟投资区,但由于行动缓慢,成效并不明显。金融危机后的 1998 年第 30 届经济部长会议签订了"东盟投资区"框架协议，目标是营造一个更加自由和透明的投资环境，促进资本、熟练劳动力、专业技术人员和技术的自由流动，提供投资便利化，削减投资壁垒，放宽投资法规、条例和政策对在本地筹资的规定，对收款、支付、利润汇出逐步实现自由化，提高吸引投资的竞争力，在 2020 年实现投资的自由流动。为了加速贸易自由化和一体化进程，1996 年 4 月，东盟 7 国经济部长会议签订了新的东盟工业合作计划。目的是促进内外投资；增加东盟内部贸易；加大东盟的整合力度和工业生产；改善工业生产规模，促进零部件和制成品的分工互补以及提升整体国际竞争力；加强科技基础；提高私人部门的参与率。

为促进投资便利化合作，营造一个稳定、有利和透明的商业环境，2015 年 11 月，中国与东盟签署《中华人民共和国与东南亚国家联盟关于修订〈中国—东盟全面经济合作框架协议〉及项下部分协议的议定书》，要求：通过组织投资促进活动、增强行业互补性和促进生产网络化、举办投资相关的研讨会和信息交流等方式促进相互投资；在投资便利化领域，简化投资批准手续，促进投资相关规则、法规、政策的信息发布，并在必要时建立一站式投资中心或相关机制，为商界提供包括便利营业执照和许可发放的支持与咨询服务。

除在投资和工业合作方面加强合作外，信息技术革命和电子商务的发展对东盟的发展也带来了巨大影响，提供了新的发展机会。1999 年冬，东盟第 3 次非正式首脑会议决定建立一个在新的电子东盟的协议框架下的商品、服务和投资的自由贸易区。东盟积极致力于第 4 次工业革命、数字经济领域发展。2019 年 1 月，东盟十国签署《东盟电子商务协定》，制定了《〈东盟数字一体化框架〉行动计划 2019—2025》。

5. 加强次区域经济合作，缩小成员国之间的差距

东盟致力于缩小成员发展差距，实现"让你的邻居昌盛"的观念，支持东盟东部经济增长区（文莱—印度尼西亚—马来西亚—菲律宾）、印马泰增长三角、印马新增长三角、大湄公河次区域经济合作和缅、老、泰、柬经济合作战略等次区域地区的经济合作，目的是加强东盟新老成员之间、毗邻次区域地区的合作，缩小发展差距，使所有成员尽快地进入一体化进程。

建立自由贸易区只是实现区域经济一体化的重要手段，经济一体化进程也促进了东盟的经济发展。东盟经济一体化经历了 3 个阶段的发展。第 1 阶段为 2004—2008 年，东盟的"万象行动计划"和《东盟宪章》的签订，标志着东盟经济一体化向共同市场的目标迈进。第 2 阶段为 2009—2015 年。东盟相继签署了《东盟政治安全共同体蓝图》和《东盟社会文化共同体蓝图》，如期在 2015 年实现东盟共同体提出了战略构想、具体目标和行动计划。第 3 阶段为 2015 年至今。2015 年 12 月 31 日，东盟共同体正式成立，发表《东盟 2025：携手前行》宣言，标志着东南亚地区国家之间的合作进一步深化。这也表明东盟经济一体化的进程从自由贸易区向经济共同体迈进，进入经济一体化更高级的阶段。

13.3 东盟经济一体化对东南亚经济发展的影响

经过多年的努力，东盟经济一体化已经取得长足进展，2020年，东盟人口逾6.67亿人，GDP为3.00万亿美元。经济一体化对整个东盟经济发展产生了重要影响，主要表现在以下方面。

1. 东盟经济稳定快速发展

进入20世纪90年代以来，东盟各国经济持续增长，1992—1996年东盟的老成员国中除菲律宾外GDP平均增长率为6.3%~6.8%，印度尼西亚、缅甸超过5%。1997年，金融危机爆发后，各国增长率有不同程度的下降，1999—2007年，各国经济又恢复了较高的增长率，东盟各国经济持续平稳增长，整个东盟平均增长6%，尤其是4个新成员国增长迅速，平均增长7%。由于东盟经济对世界市场的依赖性较大（2019年东盟外贸依存度为87.5%），受国际市场波动影响，东盟老成员国经济增长波动要大于新成员国。2016—2019年，东盟经济保持稳定增长，4年平均增长率达5.87%。受新冠肺炎疫情影响，2020年，8个成员国人均GDP下滑，其中缅甸跌幅最大，下降10%，仅文莱和越南人均GDP实现增长。总体来看，与世界其他地区比较，东盟经济持续稳定的增长与区域经济一体化进程是分不开的，同时，持续的经济增长也为进一步深化合作打下坚实基础。

2. 成员国内部差距缩小，凝聚力加强

由于历史、经济、政治发展方面的原因，东盟的10个成员国经济发展存在较大差距，大体上可分为3个层次。新加坡属于发达国家，其他东盟的老成员属于中等收入国家，而越南、老挝、柬埔寨和缅甸这4个在20世纪90年代中期才加入东盟的国家仍属于低收入国家。在越南、老挝、柬埔寨和缅甸加入东盟前，东盟采取积极措施对其进行帮助，为4国加入东盟创造条件。例如，泰国支持湄公河流域国家经济合作，变商场为市场，设立了"印支基金"专门帮助印支地区经济发展；新加坡积极帮助越南、老挝发展贸易和投资。1995年，东盟声明将帮助印支地区和缅甸的经济发展，并制订了具体的分工和计划。泰国与越南建立了经济委员会，签订了财政合作协定，并帮助越南制定有关关税、基本政策与经济计划等，提供人员培训，给予越南长期低息和无息贷款。泰国、菲律宾还与老挝、柬埔寨签订了技术援助、人员训练（包括熟悉英文、东盟经济合作运作程序、外交和军事人员）等协议，此外还特别强调大湄公河次区域经济合作带动印支地区经济发展的战略。

1999年，东盟实现了"大东盟"。越南、老挝、柬埔寨、缅甸4个新成员加入后，各国意识到要实现经济一体化的当务之急就是要缩小成员国之间的发展差距，只有这样，东盟的整体实力和竞争力才会得以增强。2001年，东盟的《为促进东南亚国家联盟一体化缩小发展差距的河内宣言》一致同意加大对4个新成员的经济援助力度，重点在基础设施、信息和通信技术、人力资源开发、地区经济合作以及参与湄公河流域开发等方面给予扶持。2002年，东盟又对4个新成员国实施贸易优惠机制，根据4国的不同情况采取逐步减税措施，缩小与其他成员国的差距。截至2020年年底，4国人均GDP有较大幅度的增

长,越南人均 GDP 为 2786 美元（1995 年加入东盟时为 359 美元）、老挝人均 GDP 为 2630 美元（1997 年加入东盟时为 696 美元）、柬埔寨人均 GDP 为 1513 美元（1999 年加入东盟时为 294 美元）、缅甸人均 GDP 为 1400 美元（1997 年加入东盟时为 116 美元）。另外,东盟内部贸易也有所上升,2020 年,东盟区内货物贸易总额为 5658.9 亿美元,占东盟国际贸易总额的 21.3%；东盟区内服务贸易总额为 802.65 亿美元,占各国对外服务贸易总和的 12.6%。

3. 制成品出口增加,工业化水平进一步提高

随着制造能力的增强和产业转移,大量资本和技术投入东盟,伴随东盟区域经济一体化的推动,出口加工制造业发展迅速,东盟国家的产业结构不断升级,有效提升了加工制造业的竞争力,制成品在出口商品中的比重也大幅上升。其中,新加坡、菲律宾、马来西亚、印度尼西亚、泰国等主要东盟国家的出口商品中工业制成品的比重已经达到 60%～90%。新加入东盟的 4 个成员国工业增加值和制成品在总出口中的比重也迅速上升。2020 年,东盟主要进出口产品包括：①电机、电气设备及其零件、录音机及放声机、电视图像、声音的录制和重放设备及其零件、附件；②锅炉、机器、机械器具及其零件；③矿物燃料、矿物油及其蒸馏产品、沥青物质、矿物蜡；④天然或养殖珍珠、宝石或半宝石、贵金属、包贵金属及其制品、仿首饰、硬币；⑤塑料及其制品；⑥光学、照相、电影、计量、检验、医疗或外科用仪器及设备、精密仪器及设备,上述物品的零件、附件；⑦车辆及其零件、附件,但铁道及电车道车辆除外；⑧钢铁制品；⑨橡胶及其制品；⑩有机化学品。

4. 市场进一步开放,促进经济规模的扩大

2017 年,随着东盟自由贸易区的形成,区域经济一体化使东盟区域内市场进一步开放,关税大幅度降低,内部贸易和相互投资增加,经济规模也不断扩大。1995 年,东盟的 GDP 为 6550 亿美元,2020 年,增长至 30021.6 亿美元,东盟各成员国间经济总量存在很大差异,东盟老成员国印度尼西亚、泰国、菲律宾、新加坡和马来西亚依次居前五位。近年来,这五国 GDP 合计占东盟 GDP 总量的近 88%,2020 年受新冠肺炎疫情影响,占比略有下降,但仍高居 86.6%。2020 年,东盟成员国中,仅越南、文莱和老挝实现增长,其他 7 个成员国 GDP 下滑,跌幅最大的是缅甸（-10%）。在出口方面,东盟大部分国家推行出口导向经济发展战略,出口产业推动经济快速增长,经济规模均翻了一番。

5. 强化与中、日、韩的合作,提升东盟在亚洲经济中的地位

在推进东盟区域经济一体化的同时,1997 年,东盟还与中国、日本和韩国建立了"10＋3"合作机制,2003 年,东盟又分别与 3 个国家达成自由贸易协定,即 3 个"10＋1"的经济合作机制。中国、日本、韩国三国都是东盟主要的贸易伙伴,也是主要的资金、技术和制成品的来源和市场。例如,2006—2008 年,中国对东盟的直接投资为 36.8 亿美元；日本对东盟直接投资为 257.7 亿美元；韩国对东盟的直接投资为 57.9 亿美元。在与东盟的合作中,中国—东盟自由贸易区建设是最有成效的合作。2001 年 11 月,中国与东盟领导人决定共同建立中国—东盟自由贸易区,2002 年,双方签订了《中国—东盟全面经济合作框架协定》,决定用 10 年建成中国—东盟自由贸易区。2009 年 10 月,双方宣布从

2010年1月1日起正式建成中国—东盟自由贸易区。截至2008年年底，东盟与中国的贸易总额已经突破2000亿美元大关，2012年，中国与东盟贸易总额突破4000亿美元大关，成为中国第二大贸易伙伴。2020年，中国与东盟贸易额达6846.0亿美元，增长6.7%。其中，中国向东盟出口3837.2亿美元，同比增长6.7%；进口3008.8亿美元，同比增长6.6%。

2002年1月，日本提出与东盟建立自由贸易区；2003年，双方签署了《全面经济合作框架协议》，从2004年开始日本与东盟就商品贸易、服务贸易和投资自由化等问题进行谈判，并且已经达成共识。日本与东盟成员国新加坡、菲律宾、泰国、马来西亚、印度尼西亚、越南、文莱等国家建立了双边自由贸易区，启动了双边会谈。2020年，日本与东盟贸易额为2040.3亿美元，其中日本出口额1024.2亿美元，进口额1016.1亿美元。

2003年，韩国提出与东盟建立自由贸易区，2004年，开始进行磋商和谈判，2005年，韩国与东盟签订了《全面经济和合作框架协议》；2006年，除泰国外，韩国与东盟9个国家正式签署了双边商品自由贸易协定，合作涉及贸易、投资、旅游、科技、人力资源、环境、金融货币等多个领域。2010年，韩国和东盟建立战略伙伴关系，之后双方在政治、安全领域上的合作得到全面深化。截至2020年年底，韩国是东盟主要的直接投资来源国。

通过与中、日、韩的紧密合作，东盟不仅加速了经济增长和产业结构升级，而且提高了东盟在东亚和世界经济中的地位。2020年11月15日，由东盟10国于2012年发起的《区域全面经济伙伴关系协定》正式签署，协定要求成员国承诺降低关税、开放市场、减少贸易壁垒，其实施必将极大地推动中、日、韩与东盟区域经济合作纵深发展。

13.4 东盟经济一体化发展的制约因素与发展趋势

东盟经济一体化进程虽然在不断加快，同时也提出了建立共同体的目标，但是由于东南亚历史、文化和社会发展的多样性，一体化发展仍面对多方面的制约，这需要通过东盟的共同努力才能达到目标。

1. 东盟区域经济一体化存在的主要问题

（1）东盟的内部组织模式和决策机制的局限性

东盟自建立以来，形成了一套具有东盟特点的决策方式——"东盟方式"，即东盟成员国不论国家大小、国力强弱，都在决策议事过程中实行绝对平等的原则，形成一个以相互平等协商为基础的共同利益集团。由于不遵循"超国家主义"原则，东盟成立之初就不是一个强制性的组织机构，而是一个松散灵活的决策机构，决策过程中实行全体一致原则和不干涉内政原则，而不是少数服从多数原则。在对待成员间纷争、矛盾和冲突时，由于东盟组织内部没有仲裁协调机构，因此只能通过成员国领导人之间的"首脑外交"来解决。一旦政府及领导人更迭，沟通就产生困难。由于东盟方式依靠人际关系来维持，在发生重大事件和危机时，协商一致就很困难，因此削弱了内部凝聚力。

（2）东盟成员国之间经济发展存在明显差距

由于东盟国家发展的初始条件和战后经济发展道路的战略选择不同,工业化进程快慢不一,经济发展的水平依然存在巨大差距。例如,新加坡已经进入后工业时代;马来西亚、菲律宾、泰国、印度尼西亚和文莱刚刚进入工业化阶段,而且这几个国家发展程度还有差别,相互之间的产业结构、市场互补还存在竞争,内部贸易、产业合作均存在差异;柬埔寨、老挝、缅甸和越南正处于从农业国向工业化初级阶段发展的水平,发展的程度较低,同时也是经济转型国家,市场经济体制正在建设过程中,GDP 与其他国家相比差距较大。此外,东盟内部的国际分工还没有形成,使东盟在一体化中应达到的广度和深度都存在较大差距。

(3) 东盟内部贸易和相互依存度水平低

与世界主要经济贸易集团相比,东盟区域内部的贸易在整个国际贸易总额中所占比重虽然已经有所提升,但仍然远远低于平均 50% 的水平。由于东盟区域内部贸易显著小于与区域外欧美、日本等发达国家和地区的外部贸易,相互依存度低,在应对国际经济集团的竞争和冲击时没有整体抵御能力,也很难承受经济和金融危机的冲击,导致内部凝聚力较弱。

(4) 经济结构相似、产业趋同、竞争大于互补

由于资源禀赋差别较小,东盟国家经济发展战略路径基本是按传统工业化发展的思路来推进的,因此,经济结构产业发展具有趋同的特点。另外由于发展的资金、技术、人力资源不足,不能形成大规模的专业化分工和差别化生产,各国产业门类大同小异,出口商品结构也大致相同,形成了国家间产业关联度较低,互补性弱,内部贸易的比重也较低。东盟各国的产业基本上集中在资源密集型产业、劳动密集型产业及加工装配、纺织和电子等领域,而且都是出口导向型经济,出口成为国民经济的重大贡献力量之一,导致低端产业的同质性竞争风险加大。

(5) 对国际市场的高度依赖,抗风险能力低

长期以来,东盟将对外经济关系的重点放在东盟地区之外,经济发展的资金、技术、市场都高度依赖于欧美和日本。例如,制造业需要的原材料、机器设备、中间产品、零配件、工艺技术主要依赖进口,生产的大部分产品出口主要在欧美和周边地区。由于东盟大部分国家对国际市场的高度依赖,因此对外部环境的变化十分敏感,国际市场的任何变化都会影响宏观经济的波动。

总之,东盟要真正实现区域经济一体化的目标,还存在许多制约因素,还需要较长时期的内部整合、深化合作和外部促进。

2. 东南亚经济一体化的发展趋势

2015 年,东盟共同体宣布建成后,东盟又推出了《东盟经济共同体 2025 蓝图》,对今后构建经济互联性强、具有竞争力和创新力、高度一体化的东盟做出了规划。《东盟经济共同体 2025 蓝图》提出未来东盟建设将具有以下特点。①经济高度一体化。东盟将推动货物、服务、投资、资本和技术工人在东盟范围内自由流动,促进建成东盟贸易和生产网络,同时为企业和消费者打造更加统一的市场。②具有竞争力、创新力并充满活力。东盟将制定竞争政策引导企业行为,鼓励创新和加强知识产权保护,深入参与全球价值链,在区域层面加强监督管理。③加强互联互通和行业合作。在东盟互联互通总体规划基础上,

进一步加强区域内软、硬件网络建设，增强东盟整体竞争力。④有韧性、包容性并以人为本。东盟将帮助中小企业及私营经济发挥更大作用，充分利用公私合营模式，缩小发展差距。⑤深入参与全球化。东盟将通过推进双边自贸交易区、区域全面经济伙伴关系等谈判，以补充域内经济合作内容，并借此进一步融入全球经济。

本 章 小 结

东盟自成立以来，不断发展壮大，经济实力和影响力持续增强，在推动一体化和提升整体实力方面稳步前行。东盟一体化逐步走向成熟的同时，与周边国家建立了较为紧密的关系。中国与东盟毗邻而居，利益相融，命运相通。中国既是东盟主要对话伙伴国，也是东盟最重要的经贸伙伴之一。双方在贸易、投资等领域深度融合和发展，已形成相互依存的发展格局。2020 年，东盟超过欧盟历史性地成为中国第一大货物贸易伙伴，这是东盟继 2019 年超过美国成为我国第二大贸易伙伴后实现的又一突破。中国也连续 12 年保持东盟第一大贸易伙伴地位。同时，中国与东盟互为重要的投资来源地和目的地。

思 考 题

1. 东南亚经济一体化将对中国经济发展产生何种影响？
2. 试比较东盟自由贸易区与北美自由贸易区的不同。
3. 分析东盟在未来东南亚区域经济合作中的地位和作用。
4. 东盟的建立是否意味着东盟经济一体化的升级？

第3篇

南亚国家商务环境

第 14 章

南亚国家经济贸易、市场及商务环境特点

南亚位于亚洲南部，是喜马拉雅山脉以南，亚欧大陆的南延部分，在亚洲大陆是除东亚地区外第二大的区域，为自成一体相对独立的地理单元，故以南亚次大陆（或印度次大陆）称之。

南亚地区包括印度、巴基斯坦、孟加拉国、尼泊尔、不丹、阿富汗、斯里兰卡及马尔代夫 8 个国家，2019 年，其人口已超过 18 亿人。

从地理位置看，南亚次大陆位于东南亚和阿拉伯半岛之间，三面环海，其东部濒临孟加拉湾，西部连接阿拉伯海，南部面对印度洋，与东南亚、海湾地区、阿拉伯半岛和非洲东部都有着良好的地缘联系优势，是东亚连接中亚、西亚进而到达欧洲陆上通道的中心区域，从古代起就是东西方经贸文化交流的枢纽地带。

从经济社会发展看，自 20 世纪上半叶开始南亚国家先后从英国殖民统治下独立出来后，经过半个多世纪的努力，各国的经济贸易状况、市场建设和商务环境都有了很大的发展和变化。如果把南亚作为一个整体看待，其独立后各国实行的经济体制和经济发展战略大致相同，如实行混合经济体制、注重公营经济、制订经济发展计划，以及政府对经济进行干预等。在开展经济改革之前，南亚国家基本上实行的是内向型的经济体制，其中以印度最为典型。

背景知识

1991 年以前的印度混合经济体制

印度独立后的国家发展战略是尽快建立能够维护国家独立、实现工业化的大工业基础，在工业强国的基础上，使印度成为"有声有色"的世界大国。为此，印度以苏联社会主义经济模式为鉴，结合印度国情，采取折中立场，走一条调和、渐进的中间道路——即在不冲击资本主义所有制结构的前提下，强调国家的经济职能、社会公平和民主的目标。在建立"印度式"社会主义社会的理想号召下，印度《1948 年工业政策决议》明确划分了工业领域里四大部类中各自的活动范围，将重工业和基础工业划归国家经营，对私营经济则主要限制在轻纺和消费品生产领域。印度国营部门成为混合经济计划的核心，政府首先将大型工业企业国有化，与此同时对私营企业推行许可证制度和直接控制。

1947 年独立之后，印度一直实行公营与私营并存的混合经济体制。1991 年，印度实行经济改革。为扭转混乱的经济局面，印度大力推进本国的自由化、市场化和全球

化。经过不懈努力,印度经济取得了突破性的进展。2021年,印度GDP为3.17万亿美元。

受印度影响,自20世纪80年代中期以来,为适应世界潮流,南亚各国也纷纷在不同程度上对以往的经济体制及政策进行了调整和改革,其核心内容就是政府放松对经济的管制和干预,实施私有化,鼓励私人经济发展和吸引外国投资。到20世纪90年代初期,南亚大部分国家摆脱了长期以来经济增长缓慢的局面,几乎所有国家国内生产总值的增长率由3.5%上升至5.2%,成为世界上除东亚地区外经济增长最快的地区。

为促进区内的贸易增长,提高国际竞争力,南亚七国于1985年在孟加拉国首都达卡成立了"南亚区域合作联盟",通过了《南亚区域合作宣言》和《南亚区域合作联盟宪章》,定下了"通过最有效地利用南亚国家的人力和物力资源加速各自国家的经济和社会发展进程,从而促进该地区各国人民的福利和繁荣,并改善他们的生活质量"的基本目标。2004年1月,第12届南盟首脑会议通过了《南亚自由贸易协定框架条约》,规定各国从2006年1月1日起开始逐步降低关税,7~10年内从30%左右降至5%以下。2005年11月,第13届南盟首脑会议为加强在区域经济发展、消除贫困、反恐、应对自然灾害等方面的合作制定了50条措施,并宣布2006—2015年为南盟"减贫10年"。2007年4月,第14届南盟首脑会议通过了涉及减贫、能源合作、环境保护、自由贸易、文化交流和打击恐怖主义等多项内容的宣言。2008年8月,第15届南盟首脑会议通过了涉及反恐、消除贫困、能源和环境保护等多项内容的《科伦坡宣言》。《科伦坡宣言》为南亚区域的经济发展、政治稳定、社会繁荣提供了良好的契机。

背景知识

"人口红利"通常表现在某个阶段、某个国家劳动年龄阶段的人口占总人口中的比重较大,抚养负担较轻,从而为这个国家的经济发展提供较为充足的劳动力,促进这个国家制造业的发展、存款储蓄的增加、社会财富的增长。"人口红利"并不意味着经济一定会增长,但经济增长一旦步入快车道,"人口红利"就可以成为经济增长的助推剂。

按照世界银行、亚洲开发银行和国际货币基金组织等国际组织机构的测评,近年来,南亚地区的经济正进入一个较高的持续增长期。2019年,南亚地区经济增长率为5.9%左右。其中,孟加拉国达到8.15%;尼泊尔达到6.81%,保持在6%以上;不丹5.46%;印度5.3%;马尔代夫5.22%,保持在5%以上;巴基斯坦3.3%;斯里兰卡2.28%;阿富汗2.9%,高于当年世界2.3%的平均水平。受新冠肺炎疫情的影响,南亚地区GDP增长率2020年为−6.6%,2021年为8.3%。世界银行认为,南亚经济反弹的前景正在巩固,从2020年的历史低点开始攀升,该地区将逐步走上复苏之路。

南亚各国在经济持续增长的同时,不断探索全球化和区域经济一体化的路径。1995年,印度、南非、澳大利亚、肯尼亚、毛里求斯、新加坡、阿曼7个环印度洋国家在毛里求斯举行了国际会议,签署了推动"环印度洋经济圈计划"的联合声明。1996年12月,印度、孟加拉国、尼泊尔和不丹提出建立"南亚增长四角"的议案,期望通过合作来打破相互封闭的状态,疏通出海口,提升经济规模,最终改善该地区的贫困落后面貌,提高人民的生活水平和生活质量。1997年，印度、孟加拉国、斯里兰卡、缅甸、泰国5国成立合作组织，成为南亚和东南亚国家之间第1个环孟加拉湾地区的区域性经济合作组织。该组织于2004年7月将尼泊尔和不丹吸收入盟，使其进一步扩大为7国。1999年，孟加拉国、中国、印度、缅甸四国经济合作论坛成立。2013年，中印双方发表联合声明，对该地区合作进行了肯定。2000年11月，印度和东南亚的柬埔寨、老挝、缅甸、泰国、越南5国成立了"恒河—湄公河流域合作组织"。巴基斯坦在2006年与中国签署了双边自由贸易协定，并加入了中亚10国的经济合作组织。上述区域组织机构的成立与合作，对南亚地区参与、扩大区域内外的经贸合作，降低关税水平，促进商品货物快速流通，加快实现地区经济一体化十分有利。

自2013年中国提出"一带一路"倡议以来，南亚大多数国家在不同时间和场合一定程度上表达了响应该倡议的态度，认为"一带一路"倡议为各国同中国深化合作、区域和全球经济一体化提供了助力，将给各国发展带来更大机遇。各国愿继续积极支持和参与共建"一带一路"，希望加强发展战略对接，深化各领域务实合作，共同致力于建设开放型世界经济，共同构建人类命运共同体。

尽管有合作的表现和意愿，但由于经济发展水平的不平衡，南亚各国的市场开放度、投资准入政策和投资水平是有区别的。以印度为例，海关关税虽有逐渐下调的趋势，但非关税的壁垒措施依然严格，其隐蔽性和歧视性更能直接达到限制进口的目的。引资方面也一样，尽管印度允许外国投资比例可高达100%，但项目审批手续繁多，程序复杂，要真正获得批准实属不易，尤其涉及"安全问题"的项目更加困难。巴基斯坦的商贸环境有着相对自由化、制度化和私有化的特点，外资进入巴基斯坦的制造业，无须征得政府的批准；在工业、建筑业和服务业3个领域的外商独资企业，可以自由地汇出利润；宽松的关税与税务制度；等等。这些措施使得巴基斯坦备受外资青睐。孟加拉国平均进口关税税率由2004年的26.5%降至2019年的14%，其关税具有升级的特点。但据世界银行评估报告，孟加拉国是南亚地区投资政策最自由的国家之一，赴该国投资只需到该国投资局办理登记注册即可，无须事先批准。尼泊尔自1992年以来，对外贸政策进行了调整，实施经济自由化，鼓励私人和外国投资者发展出口型企业，给予政策优惠，其政府允许外国投资可在绝大部分工业领域进行，并可占有100%的股份，从保护民族工业的角度出发，政府鼓励技术转让，而且没有行业限制。不丹的市场开放程度有限，投资准入门槛较高，其外贸主要和印度进行，从印度进口商品没有任何限制和关税。斯里兰卡和马尔代夫在市场开放和投资准入方面都有较大的自由度。与亚洲其他国家相比，斯里兰卡规定的受限制的投资范围比较小，这使得外国在该国基础设施方面的投资力度较大；而马尔代夫则因其市场狭小，尽管制定有积极的引资政策，但吸引外国投资的能力却十分有限。

除经济增速、市场开放、投资准入和融资水平等经济因素外，南亚国家的社会文化环境对商务活动开展也有很大的影响。

在南亚各国中，除马尔代夫是单一民族国家外，其余都是多民族国家。以印度为例，印度有100多个民族。印度几乎所有的民族都有自己的语言，印度宪法在规定印地语和英语为国家官方语言的同时，还规定了21种语言为各邦官方用语。语言的复杂多样，在多民族的南亚国家里已成为一个非常敏感的政治问题，它不仅关系到民族的情感、地位和尊严，而且还直接涉及入学考试、政府公务员录用等重大政治、经济利益问题。

南亚地区宗教众多，可谓是"世界宗教的万花筒"。在该地区流行的宗教主要有印度教、伊斯兰教、佛教、基督教、锡克教和耆那教等。在南亚国家中，只有马尔代夫属于单一信仰伊斯兰教的国家，其余都是以一种宗教为主体的多宗教国家。

根深蒂固的种姓制度更是南亚宗教和社会的一大特征。种姓制度主要流行于印度、尼泊尔和斯里兰卡的印度教社会之中。起源于印度教的佛教和锡克教也多少保留了一些种姓制度的残余。由于种姓对立根深蒂固，加上现代社会中不同种姓之间在政治、经济和就业机会上的激烈竞争，高等种姓与低级种姓之间的矛盾不但成为南亚政治斗争的重要内容，而且阻碍了南亚商业社会的繁荣发达。

 背景知识

种姓制度在印度已有3000多年的历史，是印度教社会特有的等级制度。这一制度在理论上把人按高低贵贱划分成4个等级：第一种姓为婆罗门、第二种姓为刹帝利、第三种姓为吠舍、第四种姓为首陀罗。这一制度又称"瓦尔纳"（颜色、种、品质之意）制度。除这4个等级外还有一个"贱民"阶层，称为不可接触者（这些人社会地位最低，最受歧视，只能住在村外或某一指定区域，不能和其他种姓的人使用同一口井，无权进庙拜神等，其工作是从事洗衣、扫地、扫厕所、屠宰和搬运尸体等"不洁"行业）。

种姓制度自产生后，在数千年的历史长河中不断分裂、衍化，其每个等级都一再分化成许多更小的集团，称为"亚种姓"。

种姓是世袭的，代代相传，不能更改。印度独立以后，虽然宪法废除了种姓制度，规定不允许种姓歧视，但是由于几千年来种姓制度痼疾深重，现实生活中种姓歧视仍处处可见，深刻影响着印度人的行为处事，尤其在广大农村情况十分严重。

全面认识、了解、熟悉南亚的历史、文化、语言、宗教、民族、民情、风俗、习惯，有助于外国商人在进入南亚地区时游刃有余地应对处理错综复杂的政治环境、文化环境、社会环境和商业环境，有利于在南亚国家的经贸活动取得成功。

综上所述，在南亚国家从事商务活动，还要关注该地区的安全局势与社会稳定。由于上述民族、文化、宗教、语言、种姓问题的存在，南亚地区一直是世界上最不安定和冲突频发的地区之一，具体表现如下。

① 印巴克什米尔争端问题的存在，一再搅乱南亚地区正常的社会经济生活秩序，降低了双方在域内的经济合作力度。

② 民族分裂主义既是产生许多地区问题的症结所在，也是威胁地区安全与稳定的主要根源。在过去的半个多世纪中，南亚国家内部的民族分裂主义运动始终就没有中断过，民族分裂对该地区的经贸、旅游、投资和商务环境带来不可估量的损害。

③ 跨国移民问题。南亚地区的跨国移民大致上分为政治难民和经济移民两类。政治难民的迁移大多因政治和内战等原因引起。

④ 教派冲突。南亚地区的宗教众多，以及民众宗教意识较为强烈，在历史长河中，大多数宗教能和睦相处。但印度教和伊斯兰教这两个南亚次大陆最主要的宗教，由于意

识形态存在差异且生活习俗相悖及其他历史原因，曾多次发生激烈冲突，矛盾难以解决。

⑤ 政局不稳。进入 21 世纪，南亚国家的政局并没有因冷战的结束或是全球化、区域经济一体化的快速推进而充分稳定下来。一些国家的政局依然还在动荡，反复无常。

 背景知识

克什米尔问题

克什米尔位于南亚次大陆喜马拉雅山脉和喀喇昆仑山脉之间，与巴基斯坦、印度、中国和阿富汗毗邻，离塔吉克斯坦共和国很近，对于印巴两国来说都具有极大的战略价值。1947 年，印巴分治前为一个土邦，面积约 19 万平方千米，土邦王公是印度教徒。

根据 1947 年印巴分治时英国提出的"蒙巴顿方案"规定，克什米尔土邦可以自由加入印度或巴基斯坦，也可以宣布独立。由于归属未定，克什米尔土邦内部发生权力之争。1947 年 10 月 24 日，在大批入侵克什米尔的巴基斯坦部落武装的支持下，反抗土邦王公的克什米尔武装人员宣布成立"自由克什米尔"政府。10 月 26—27 日，土邦王公宣布加入印度，并要求印度派军队进入克什米尔进行保护，印巴两国发生武装冲突，导致第一次印巴战争爆发。从 1948 年 1 月—1949 年 1 月，联合国对印巴克什米尔冲突进行了调解并通过决议：克什米尔归并印度或巴基斯坦，应通过自由、公正的全民公决的民主方式来决定。1949 年 7 月 27 日，印巴两国达成协议，划分了在克什米尔地区的停火线。印度控制了 3/5 的地区，约 400 万人；巴基斯坦控制了 2/5 的地区，约 100 万人。

1954 年，印度以巴基斯坦参加东南亚条约组织和中央条约组织为由，宣布克什米尔举行公民投票的原则已不适用。1956 年 11 月，印控克什米尔立宪会议声明，"查谟和克什米尔是印度联邦的组成部分"。此后，印度坚持克什米尔是印度领土的一部分，印巴沿停火线各自实际控制的边界应为两国的边界线。巴基斯坦政府则反对印度政府的决定，认为克什米尔归属未定，应按联合国决议规定给予克什米尔人民自决权。两国边界实际控制线不是已确定的边界线。1962 年—1963 年，印巴双方为解决克什米尔问题举行了 6 次部长级会谈，但均没有任何结果。两国就克什米尔问题不断争执、长期对立，无法通过双方和平谈判解决。1965 年和 1971 年爆发的第二、第三次印巴战争冲突均与克什米尔问题有关。而 1971 年的印巴战争结束后，败北的巴基斯坦不得不承认其东部的独立，东巴基斯坦独立成为孟加拉国。

1972 年 7 月 2 日，印巴两国签订协议，双方同意以谈判等和平方式解决分歧。在克什米尔问题最终解决前，任何一方不得单方面改变现状，也不得进行有组织的援助或鼓励任何破坏和睦关系的行动。双方应尊重 1971 年 12 月 7 日停火时的控制线，任何一方不得以威胁或使用武力违反这条控制线。

然而，克什米尔并未迎来和平与安宁。自 20 世纪 80 年代起，在印控克什米尔和巴控克什米尔地区，地方政府与中央政府发生矛盾冲突、伊斯兰教原教旨极端武装制造恐怖爆炸袭击、印度政府派兵镇压其控制地区穆斯林人民的反抗，以及要求克什米尔独立建国的事件和呼声层出不穷，使得集历史、民族、宗教、领土纷争为一身的克什米尔问题即使提

交到联合国，也拿不出一个妥善的解决方案。

思 考 题

1. 试述南亚各国市场开放的基本表现。
2. 影响南亚国家商务环境的主要因素是哪些？
3. 中国与南亚国家开展经贸合作的表现及重要性何在？

第 15 章

印　度

拓展视频
15-1

印度全称印度共和国，其得名来自于信德河。古代印度人以梵文"信度"一词表示河流，所以"印度"意指河流及附近地区。印度古称婆罗多，中国史籍称之为"身毒""天竺""印度"。

15.1　简　史

印度是世界四大文明古国之一。大约在公元前 2500 年，印度河流域逐步形成了印度河文明。公元前 1500 年左右，来自中亚的雅利安人进入印度，创造了影响深远的吠陀时代文化，并开始形成以人种和社会分工不同为基础的种姓制度。1947 年，印度独立后，颁布法律废除了种姓制度。

历史上，印度这块土地在公元前 6 世纪曾出现过十几个国家并立、征战不已的列国时代，其间遭受过马其顿王国的入侵。在列国动乱时代，这块土地先后产生了耆那教和佛教。公元前 324 年，出生于孔雀族的旃陀罗笈多经过征战，在马其顿军队撤走后建立了印度历史上有名的孔雀王朝。孔雀王朝在阿育王统治时期达到全盛，其版图几乎包括整个南亚次大陆。

孔雀王朝覆灭后，印度陷入政权不断更迭与重建、分裂、战乱时期，时间延续了近千年，历经笈多王朝和戒日王朝等。在笈多王朝和戒日王朝时期，中国东晋僧人法显和唐朝僧人玄奘曾在印度游学取经，而笈多王朝也是印度教兴起、佛教衰落的重要时期。

公元 7 世纪末，乘印度内部分裂割据、战争不断之际，大批信奉伊斯兰教的阿拉伯商人进入印度信德地区，形成庞大的穆斯林群体，印度文化和阿拉伯文化之间的交流不断加强。公元 10 世纪之后，印度再遭异族入侵，突厥人、阿拉伯人、阿富汗人、波斯人、蒙古人纷至沓来。1206—1526 年，在印度北部以德里为中心更换过 5 个信奉伊斯兰教的政权，史称德里苏丹国。德里苏丹国末期，旁遮普一带产生了一个新的宗教——锡克教。

16 世纪初，信奉伊斯兰教，来自中亚，自称是蒙古英雄帖木儿和成吉思汗后代的巴伯尔率领强悍的突厥-阿富汗骑兵，击败了德里苏丹国，征服了北印度，建立了辉煌近两个世纪的莫卧儿帝国。莫卧儿帝国是印度历史上最后一个王朝，在阿克巴统治时期达到鼎盛，其疆域覆盖除印度南端外的整个南亚次大陆。

从 15 世纪开始，到东方寻找宝藏和香料的西方探险家就不断踏上了印度的土地。在之后的岁月里，葡萄牙人、西班牙人、荷兰人、英国人、法国人在这块土地上展开了激烈的殖民争夺。在激烈的争夺中，英国最终胜出。从 1600 年英国东印度公司建立后，英国就对印度开始了血腥的殖民征服。1757 年的普拉西战役，东印度公司军队打败了莫卧儿帝国军队，印度沦为英国殖民地。1849 年印度全境被英国占领。

对英国人的殖民侵略和统治，印度人民进行了不屈不挠、艰苦卓绝的反抗和斗争。1857 年，印度士兵大起义和詹西女王起义；自 19 世纪中叶以来印度国民大会党、全印穆斯林联盟领导的争取民族解放的民族主义运动；自 20 世纪 20 年代开始"圣雄"甘地领导的"非暴力不合作运动"，以及 1942 年要求英国人"退出印度"的运动，都使得英国在印度的殖民统治备受打击、难以为继。第一次世界大战和第二次世界大战更进一步提升了印度人民争取民族解放、独立的信心和斗志，掀起了一波又一波"全印和平抵抗运动"的高潮，不断动摇着英国的殖民统治基础。

面对印度风起云涌的和平请愿、政治诉求、罢工、教派冲突、民族纷争、士兵起义事件和复杂社会局势，英国深感对印度已无力统治下去。1947 年，英国公布《蒙巴顿方案》将印度分为印度和巴基斯坦两个自治领进行分治，至此英国对印度 100 多年来的殖民侵略和统治宣告结束。同年 8 月 15 日印度独立。1950 年 1 月 26 日，印度共和国成立，并成为英联邦成员。

15.2　自然环境

1. 位置与面积

印度位于南亚，是南亚次大陆最大的国家，国土面积 298 万平方千米（不包括中印边境印占区和克什米尔印度实际控制区等），居世界第 7 位。印度东北部同中国、尼泊尔、不丹接壤，东部与缅甸为邻，东南部与斯里兰卡隔海相望，西北部与巴基斯坦交界。印度东临孟加拉湾，西濒阿拉伯海。印度跨越 2 个时区，即东 5 区、东 6 区。首都新德里时间比北京时间晚 2.5 小时，没有夏令时。印度是连接亚、欧、非三大洲的交通枢纽，战略地位十分重要。

2. 地形与地貌

印度的地形由北部喜马拉雅高山区、中部平原区、南部半岛高原区和西部沙漠 4 个部分组成。印度分布于四大水系之间：北部喜马拉雅水系、南部高原水系、内陆河水系和沿海水系。印度的第一大河恒河也是南亚最大的河流，发源于喜马拉雅山南麓的冈戈里冰川，向东横贯恒河平原，经过北方邦、比哈尔邦、西孟加拉邦，在孟加拉国境内与布拉马普特拉河汇合后注入孟加拉湾。印度的大河还有布拉马普特拉河、戈达瓦里河等。

印度次大陆有两块大平原，一块是恒河平原，既是世界上最大的冲积平原之一，也是世界上人口最密集的地区。这里气候炎热，最高温度可达 49℃。恒河平原土地肥沃、河道纵横、交通便利、经济发达，盛产水稻、黄麻、小麦、棉花等作物。另一块是阿萨姆平原，位于印度东北角。这里东、西、北三面环山，布拉马普特拉河横贯其中，海拔 86 米，气候湿润、雨量充足，也是印度最富饶的地区之一。印度还有一块位于恒河平原西部的印度大沙漠。此外印度还有安达曼群岛、尼科巴群岛和拉克沙群岛等群岛。

3. 气候与降水

印度纬度低，加上北面高耸的喜马拉雅山挡住了冷空气，因此是世界上最热的国家之一。印度南部属热带季风气候，北部为温带气候，一年分为凉季（10月—次年3月）、暑季（4—6月）和雨季（7—9月）三季。印度年平均气温在22℃以上，最冷月一般在16℃以上，年降雨量各地差异很大，年降雨2000~4000毫米。

4. 自然资源禀赋

印度的自然资源十分丰富，尤其是矿物资源、生物资源、水资源等储量大，种类多。

矿物资源。印度有近100种矿藏，非金属矿主要有重晶石、石膏、云母等；金属矿主要有铜、黄金、铁、铅、锌、锰、钛、磷酸盐、钍、铀等。

生物资源。印度主要用于经济用途的植物资源有各种木材、竹、椰子、槟榔、胡椒、橡胶、腰果、咖啡、茶叶、紫胶、烟草、黄麻、油料作物等，以及多种蔬菜和水果。印度动物资源的种类也比较丰富，有鱼类、两栖类、爬行类、鸟类、哺乳类等。

水利资源。印度雨量充沛，河流众多，地下水也很丰富。年储水量188000亿立方米，有效利用6900亿立方米。江河水能发电的理论蕴藏量为8700亿千瓦。

5. 人口

印度是世界第二大人口国，2022年，人口约13.9亿人。从年龄结构来看，印度有着巨大的人口红利优势。

6. 首都和主要城市

印度首都新德里总面积为1485平方千米，总人口1800万人（2020）。1911年，新德里动工兴建，1929年建成，1931年，英国殖民统治机构从加尔各答迁往新德里，1947年，印度独立后定新德里为首都。新德里是一个集传统与现代化为一体的城市，是印度政治、经济、文化、教育的中心。印度其他主要城市：孟买，马哈拉施特拉邦首府，是印度商业、金融、工业和电影生产中心；加尔各答，西孟加拉邦首府，既是印度最大的商业城市，也是工业、文化、教育和科研比较发达的城市；金奈，泰米尔纳德邦的首府，既是印度第四大工商业城市，也是印度最大的人工港口城市；班加罗尔，卡纳塔克邦首府，是印度电子信息产业中心，有印度"硅谷"之称。

7. 行政区划

印度独立以前有16个省和500多个土邦。印度独立后，对全国行政区划进行了全面调整，大体是：中央政府下设邦和中央直辖区，邦下设专区、县、发展区和行政村四级单位，中央直辖区下辖县、区和行政村三级单位。截至2020年12月底，印度自称有29个邦和7个中央直辖区（包括中印边境印占区——所谓的"阿鲁纳恰尔邦"和查谟—克什米尔地区）。

15.3 政治环境

1. 政治体制

印度政治体制为联邦制，人民院是主要立法机构，联邦议会为两院制，包括联邦院和人民院。政府以总统名义行使广泛的行政权力，总统名义上是国家元首和武装部队统帅。以总理为首的部长会议（内阁）是最高行政机关。总理由总统任命的人民院多数党议会党团领袖担任。

印度独立后，大部分时间是印度国大党执政，之后由于党内发生分裂，反对党曾在1977—1979年和1989—1991年有过两次短暂的执政。1996年后，印度政局一直不稳定，1999年，以印度人民党为首的全国民主联盟在大选中获胜，印度人民党领袖瓦杰帕伊出任总理。2004年，印度国大党再次在第14届人民院选举中获得胜利，结束了印度人民党的统治。印度国大党重新执政，由曼莫汉·辛格出任总理。2014年，印度人民党赢得大选，纳伦德拉·莫迪正式就任总理。2019年5月，印度人民党再次赢得大选，纳伦德拉·莫迪连任总理。

（1）宪法

印度独立后的新宪法于1950年1月26日生效。宪法规定，印度既是一个联邦制国家，也是一个主权的、社会主义的、世俗的民主共和国，采取英国式议会民主制。宪法规定：公民不分种族、性别、出身、宗教信仰和出生地点，在法律面前一律平等。总统为国家元首和武装部队统帅，由联邦议会和邦议会组成的选举团选出，每届任期5年。总统依照以总理为首的部长会议的建议行使职权。宪法赋予印度公民的基本权利有：①平等权，包括在法律面前平等的权利，禁止宗教、种族、种姓、性别、出生地的歧视，受雇机会平等；②反对剥削的权利，禁止任何形式的强迫劳动、童工和贩卖人口；③公民有信仰和传播宗教的自由；④任何地域的公民都有权保留他们的文化、语言或书稿，少数民族有权建立并管理他们选择的教育机构；⑤有权要求宪法完善以增强基本权利。

（2）议会

印度的议会由联邦院（上院）和人民院（下院）组成。联邦院共250席，由总统指定12名具有专门学识或实际经验的议员，其余238名议员为各邦及中央直辖区代表，任期6年，每2年改选1/3。宪法规定副总统为联邦院议长，现任联邦院议长为副总统、联邦院议长温凯亚·奈都。人民院为下院，共545席，其中543席由选民直接选举产生，每5年举行一次大选。人民院为国家主要立法机构，其主要职能是制定法律和修改宪法，控制和调整联邦政府的收入和支出，对联邦政府提出不信任案，并有弹劾总统的权力。

2. 政府

政府的日常工作由总理领导的部长会议来完成。首先总理由总统任命，然后总统再根据总理的建议任命其他各部部长，部长会议集体对人民院负责。印度的政府事务在各部、局、秘书处和办公室办理。内阁是印度联邦行政机构的核心，下设各种委员会处理庞杂的政府事务。在政府事务中，内阁秘书处制定事务规则，并向各部局分配政府事务，内阁秘书起重要的协调作用。

3. 政党

印度的主要全国性政党有印度国民大会党（英迪拉·甘地派）、印度人民党、印度共产党、印度共产党（马克思主义）等。

印度国民大会党简称国大党，是印度最大的资产阶级政党，领导了反对英国殖民统治和争取印度独立的斗争，印度独立后长期执政。国大党在政治上奉行西方的议会民主制，外交上实行不结盟政策，推行世俗化的建国方略，目标是要把印度建设成为一个"有声有色的大国"。对内，国大党追求政治、经济、社会权利的平等和机会均等。

印度人民党有较强的印度教派主义色彩和浓厚的民族主义色彩，代表北部印度教教徒和城镇中小商人利益，得到许多虔诚的高种姓印度教徒的支持。在后来的发展中，为争取更广泛的支持，其教派主义色彩一度淡化。2014年，印度人民党赢得大选，组建新一届中央政府以后，印度人民党的影响力与日俱增，在2019年再次赢得大选后，印度人民党成为印度最大政党之一。

印度共产党是由苏联提供帮助，在亚洲最早建立的共产主义政党。其斗争方略是通过合法的议会道路方式来夺取政权。1957年，印度共产党曾在喀拉拉邦的议会选举中获胜，组成了印度历史上第一个共产党的地方政府。

印度共产党（马克思主义）是从印度共产党中分裂出来的，被外界称为"左派共产党"或者"印度共产党（左）"。该党政策和措施灵活务实，其纪律严明、队伍精干、发展迅速，在左翼政党中地位较高，曾在西孟加拉邦长期执政。

印度地方性政党主要有南印度泰米尔纳德邦地区的德拉维达进步联盟等。

4. 司法机构

印度的司法机构采取英国司法形式，与政府的行政和立法机构相对独立，其最高法院是司法最高权力机构，有权解释宪法，有权审理中央政府与各邦之间有争议的问题。印度各邦还设有高等法院，县设有县法院，最高法院法官由总统任命。总检察长由政府任命，其主要职责是就执法事项向政府提供咨询和建议，完成宪法和法律规定的检察权，对宪法和法律的执行情况进行监督，等等。

5. 对外关系

印度是"不结盟运动"的创始国之一，不结盟被称为印度外交政策的基石。但在实践中，不结盟通常是作为实现国家目标的手段和工具，而并不是目标本身。冷战后印度调整了倾向于苏联的大国平衡政策，实施大国外交战略，推行全方位的务实外交政策，创造有利于印度自身发展的国际环境和持久稳定的地区环境。印度在南亚有着举足轻重的地位，印度和巴基斯坦的关系是南亚国家间关系中最重要的部分。1992年，印度提出成为联合国安理会常任理事国的要求，并积极与大国磋商为进入安理会努力。1998年，印度在坚持建立"最低有效核威慑"的理论下进行了核试验。21世纪以来，印度政府继续推行全方位大国外交战略，优先发展与美关系，高度重视中印关系，巩固印俄传统关系，推进与欧洲国家、日本等主要发达国家的关系。印度外交战略的核心是强化与美国的安全合作和与中国的经济合作，不断提升其国际影响力。印度在积极推进大国外交战略的同时继续改善与周边国家的关系。首先是继续推进与巴基斯坦的对话，改善两国关系；其次是加快步伐推进"东向战略"，加强同东盟的政治经济关系，积极参与东亚合作。

1950年4月1日，印度与中国建交，两国关系一度十分亲密。1959年，中印关系开始恶化。1962年10月，因边界问题引发中印边境发生大规模武装冲突，两国外交关系中断，直至1976年双方互派大使后才得以恢复。然而1998年，印度以"中国威胁"为借口进行了五次核试验，把矛头指向中国，使中印关系严重受挫。进入21世纪，中印两国高层领导人互访密切，中印关系再次进入了一个新的发展时期。2003年6月，印度总理瓦杰帕伊访华时，双方签署了《中华人民共和国和印度共和国关系原则和全面合作的宣言》的纲领性文件，确立了中印关系的目标和指导原则，全面规划了两国在各个领域的合作，建立了"中印面向和平与繁荣的战略合作伙伴关系"。虽然中印还没有最终解决边界争端，但双方并没有因这一问题的存在就忽视、放弃对彼此关系的发展和维护。印度与中国自古以来交往密切，中国和印度是两大古老文明、两个最大的发展中国家和新兴市场国家，是世界多极化进程中两支重要力量，两国关系具有战略意义。中印携手合作、共同发展，将给两国人民带来福祉，给亚洲带来繁荣，给世界带来机遇。

15.4 经 济 环 境

1. 经济发展概述

1948年，独立后的印度发布了发展工业化的"工业政策决议"，确立了公营和私营多元经济成分并存的混合经济体制。具体包括国家资本主义的国营经济；私人垄断资本的大财团经济；中小型私人工商企业和乡村手工业经济；外国私人资本在印度的公司企业经济；农业资本主义农场主经济；农村封建和半封建地主经济六种经济成分。1950年，印度成立"国家计划委员会"，从1951年起开始实施社会经济发展的第一个五年计划。

1951—1990年，印度在混合经济体制下历经七个五年计划，经济取得较大成效："三五"计划结束时，印度形成了完整的工业体系，重工业和基础工业得到充分重视；"四五"和"五五"计划期间，印度通过推行"绿色革命"运动，基本实现了粮食自给；"六五"计划期间，印度年均经济增长率达到了5.5%，打破了过去20多年年均经济增长率3.5%的所谓"印度教徒增长率"的记录；到"七五"计划时，印度的年均经济增长率已达到了5.6%，农业和工业的年均增长率分别达到3.0%和8.1%。但是这种体制也存在严重的问题：①经济增长缓慢，1991年人均GDP才达到310美元；②过分强调公营经济的主要地位，国家干预过多阻碍了市场作用的发挥；③过分强调重工业的发展忽视了农业和民生工业的发展，导致产业结构不协调；④片面强调自力更生和替代进口，对国内产业保护过多造成低效益。

1991年，严重的外汇危机促使印度开始新一轮的经济改革。同年6月份上台的拉奥政府彻底抛弃了尼赫鲁时期的混合经济发展模式，实施经济改革，大力推进印度的自由化、市场化、全球化和现代化。第一个阶段（1991—1998）主要是促进经济私有化，转变经济体制；促进市场化，向以市场调节为主体的管理机制转变；促进印度经济融入世界经济，向全球化转变。第二个阶段（1999年以来）主要是进一步促进市场化发展，加强基础设施建设和改造；加大农业改革的力度，促进农产品流通和期货贸易；进一步开放市场，调低关税、提高外资在股票市场上的投资比例；放松外汇管制；此外还通过对企业降息，减少保护，促进印度企业的竞争力提高。通过两个阶段的改革，印度经济增长率明显提高。同时，印度政府在税制、币制等经济领域进行大刀阔斧的改革，2016年，印度政府发布旨在打击腐败、黑钱交易和假币的"废钞令"。

2. 经济结构

20世纪90年代以来，印度已经成为世界经济增长最快的国家之一。其经济增长的加快主要得益于经济改革和开放政策，以及调整结构迅速融入世界经济。在过去的多年间印度经济增长的主要动力和源泉是服务业的发展，印度金融服务自由化政策、印度金融基础设施完善、电信部门对外开放，具有大规模适应于国际服务的人力资源以及国际服务贸易数量和质量不断提高，是服务业增长加快的原因。1950—2020年，印度的经济结构发生了巨大变化：农业在GDP中的比重大幅下降至15.1%；工业和服务业在GDP中的比重则分别上升至27%和51%。

印度的重点产业包括软件出口和服务外包业、纺织业、旅游业、医药业。关键性行业主要有：汽车行业、银行业、资本市场、健康科学。

3. 经济基础设施

印度的经济基础设施建设在亚洲国家中发展较早，早期其设施比较完备，尤其是交通运输的系统化、网络化对其经济社会发展发挥了巨大作用。

(1) 铁路

印度铁路轨道总长12.54万千米，居世界前列。全国约有13.5万列客运列车，9100列货运列车。铁路运输是印度最大的国营部门。

(2) 公路

印度公路分为国家、邦级和边境公路3种。公路总长621.6万千米，公路运输承担全国客运总量的90%和货运量的近64.5%，但是公路质量较低，交通秩序混乱，运输效率不高。

(3) 水运和港口

印度全国共有53家海运公司，其中30%承运远洋运输业务。印度全国有12个主要港口和187个非主要港口。2019年，主要港口全年货运量达7.05亿吨。孟买是全国最大的港口，海运的1/5和集装箱运输的1/2经过这里。印度其他重要的大型港口有加尔各答港、帕拉迪普港、金奈港等。

(4) 航空运输

截至2021年年底，印度拥有约460个运营机场，其中新德里、孟买、加尔各答、金奈等主要城市建有29个国际机场。2019年，印度航空旅客吞吐量达3.44亿人次。

(5) 电信

印度电信业发展比较迅速，人均拥有电话的比例在2000年时仅有25‰，2017年，全国电话用户总数超过12亿户，电话普及率达到93.6%，电话网络规模居世界第二位。印度互联网用户快速发展。2019年,印度互联网用户总数为5.66亿户,其中超过80%的上网行为都是通过手机产生的。国有、民营和外资运营商之间竞争激烈,资费相对低廉。手机银行和农业短信等服务已经兴起。

(6) 电力

截至2021年5月30日,印度全国总装机容量达382.7吉瓦,其中化石燃料发电占61.3%,可再生能源发电占37%。按所有制结构划分,中央政府、邦政府、私营部门的装机容量比例分别为27%、37%、36%。虽然印度已有大部分邦实现了100%的农村电气化,但印度总体供电状况仍不太稳定,电厂燃料供应不足,电力供应仍面临较大缺口,大部分地区用电高峰期断电的情况时常发生,制约印度经济的发展。

4. 投资、贸易、金融与外汇

(1) 投资

自1991年实行经济改革以来,印度政府逐步放宽对外商直接投资领域的限制,鼓励外国资本进行直接投资和组合式投资弥补本国投资缺口,充分利用国际资本和向其他国家借贷,使印度利用外资实现快速增长。2020年,印度吸收外资累计640.62亿美元。主要投资来源国为毛里求斯、新加坡、美国等。投资领域主要包括金融和非金融服务业、计算机软件与硬件业、通信业等。

印度对外投资规模呈缓慢扩大趋势,根据联合国贸发会议《2021年世界投资报告》,印度在2020年对外投资115.6亿美元,同比减少4.49%。截至2020年年底,印度对外投资存量1913.04亿美元。新冠肺炎疫情发生后,印度政府提出"自力更生"战略,积极吸引各国企业来印度投资,包括在其他国家投资的印度企业回国经营设厂,以提升本地化生产能力,减小产业链对外依赖程度。

据印度官方最新数据显示,截至2020年年底,印外债余额5634.9亿美元,约占2020/2021财年GDP的31.3%。据中国商务部统计,截至2020年年底,中国对印度直接投资存量31.83亿美元。对印投资的主要领域包括电子商务、手机、电信设备、电力设备、家用电器、钢铁、工程机械等。中国阿里巴巴、腾讯、小米、VIVO、OPPO、复星医药、上海汽车、海尔、华为、特变电工、青山钢铁、三一重工等企业在印度投资较大。2020年,中国企业在印度新签承包工程合同额22.8亿美元,完成营业额18亿美元;累计派出各类劳务人员572人,年底在印度劳务人员1320人。

(2) 对外贸易

印度是关贸总协定的缔约国,也是WTO的创始成员。印度自建国后至20世纪80年代中期一直采取保守的贸易政策,20世纪90年代实行经济改革,才逐步放宽贸易管制,实施鼓励出口的贸易政策,促进了对外贸易的持续增长。印度积极参与国际性、区域性经济合作组织,注重发展与南亚、东南亚各国经贸关系。1985年,印度加入南亚区域合作联盟,1988年加入77国集团倡议的发展中国家全球贸易优惠制,1997年,与孟加拉国、斯里兰卡、缅甸和泰国共同组建孟印缅斯泰次区域经济合作组织,2000年,与缅甸、泰国、老挝、柬埔寨、越南启动"湄公河—恒河合作计划"。印度积极推动南亚区域经济一体化,但进程缓慢。印度与东盟签署了自由贸易区《货物贸易协议》,与南盟各国签署了《服务贸易协定》。此外,印度与非洲19个国家、泰国、新加坡、智利、韩国、芬兰、日本等国签署经济或贸易协定。印度通过与全球主要经济体签署多、双边贸易协定或经济合作协定，在全球范围内获取资源、资金和技术，加之国民经济快速增长，连接东亚、非洲的优越地理位置，充足的矿产资源和人口红利，印度市场辐射能力不断增强。

根据印度商工部统计，2020 年，印度进出口商品总额为 6486.5 亿美元，同比减少 19.6%；其中，出口总额为 2758.4 亿美元，同比减少 15.0%；进口总额 3728.2 亿美元，同比减少 22.7%。

从贸易商品结构看，印度主要出口商品包括矿物燃料产品、贵金属及制品、机械设备等；主要进口商品包括矿物燃料产品、机电产品、贵金属及制品等。

印度主要货物贸易伙伴有中国、美国、阿联酋、沙特阿拉伯、德国、韩国、印度尼西亚、新加坡等。

印度是中国在南亚最大的贸易伙伴，双方都拥有极具潜力的巨大市场，竞争与互补并存。进入 21 世纪以来，中印双边贸易发展迅速。据中国海关总署统计，2020 年，中印货物贸易总额 875.9 亿美元，同比下降 5.6%。其中，中国对印度出口 667.3 亿美元，同比下降 10.8%；中国自印度进口 208.6 亿美元，同比增长 16%。据中国海关统计，中国对印度出口的商品以工业制成品为主，主要包括机电产品、机械设备、有机化学品等；中国从印度进口的商品以劳动密集型和资源密集型产品为主，主要包括矿石、有机化学品、钢铁、矿物燃料产品等。

（3）金融

印度金融系统可分为以下 4 个组成部分。①印度储备银行，也就是印度的中央银行，它的主要职能包括发行货币，直接监管银行系统，充当政府的财务顾问，是中央与各邦政府和商业银行，以及金融机构的银行，管理中央与各邦政府的卢比公债和国家外汇储备。②商业银行，分表列和非表列两种。列入印度储备银行掌握的银行表的，称表列银行，反之，为非表列银行。表列银行享有自由汇款、票据贴现、买卖股票等便利。印度国家银行是最大的商业银行。③专门从事金融和国际贸易的汇兑银行、外国银行。它们主要是为外贸筹措资金，为工商业和农业提供各类短、中、长期贷款。④土地开发银行和农村信用合作社。它们主要从事农村的中短期贷款。另外还有由钱币汇兑商、高利贷者、商人等开设的"钱庄""票号"等构成的传统本土银行。

印度的金融中心和货币市场主要在孟买、加尔各答、新德里、金奈、班加罗尔和艾哈迈达巴德等地。印度有健全的金融货币管理法规和管理体系，其货币市场、资本市场的营运和管理在发展中国家中较为成熟。印度有组织的货币市场包括通知放款市场、国库券市场、商业票据市场、存单市场和商业证券市场。

印度中央银行发行的货币为印度卢比，面额主要有 5、10、20、50、100、500、1000 等。

（4）外汇

印度储备银行（央行）是印度外汇管理的主管部门，下属的外汇管理局是具体负责外汇交易和控制的部门，负责管理经常项目和资本账户下的外汇交易。印度海关对外国人携带外币现金进出境没有金额限制，但携带现金超过 5000 美元或旅行支票超过 10000 美元的，必须申报。虽然印度政府放开了外汇管制，经常账户和非居民资本账户下的卢比可以自由兑换，但在实际操作中，外币兑换、汇出、账户开立等方面仍有诸多限制，一旦违反可能涉及经济处罚乃至刑事处罚。因此，总体上，印度的外汇管理制度较为严格。

15.5 社会环境

1. 基本情况

由于宗教历史文化等因素长期积淀,印度形成了复杂的社会形态,其中最显著的莫过于种姓制度带来的影响。尽管印度独立后政府已在宪法中明令废除了种姓制,但种姓制对印度社会的现实生活、宗教文化发展,以及政治经济进步的影响是广泛而深远的。印度社会治安状况总体较好,但不同地域差别很大,大城市中心区刑事犯罪率较低,西北、东北和东部地区一些地方治安较差,部分地区宗教冲突和恐怖活动时有发生。印度社会贫富两极分化严重,国际货币基金组织认为贫富差距的拉大让印度面临巨大的社会危机。

2. 人民生活

印度的日常生活用品供应较为丰富,但除最基本的食品外,整体物价水平较高。根据印度中央统计局数据,2018/2019财年,印度人均月收入为10534卢比,约合151.57美元。印度农村人均月支出为1430卢比,其中饮食占比达52%;城市人均月支出2630卢比,其中饮食占比达42.6%。印度在实际最终消费支出方面落后于亚太地区平均水平。世界银行统计数据显示,2020年,印度人均国民收入为1900美元,2011年,印度贫困人口(每天生活费低于1.9美元)达3.4亿人,占全国总人口的22.5%,2011—2019年,印度的贫困人口数量从3.4亿人下降至7800万人。但新冠肺炎疫情对印度影响极大,据联合国发布的《2021年可持续发展融资报告》显示,印度的贫困人口增加了7500万人,累计已经有1.34亿人生活在贫困线以下,贫困人口占到了全国人口的9.7%。

3. 社会保障

印度宪法规定国家负有保障全体国民在失业、残障、疾患、年老和死亡等情形下基本生存的根本责任,国家承担着发展适当的保障体系的根本责任。印度的社会保障体系主要包括社会救济、公共分配系统、社会保险、社会福利、社会优抚、对农业工人的保障措施等。

(1) 公共分配系统

印度的公共分配系统是社会保障体系的重要组成部分,它是在政府监督和指导下,由国家给予财政补贴,专门向低收入居民提供基本生活保障的零售商业系统,即平价商店。印度现有45万多个平价商店,遍布全国各地城乡,包括边远地区、山区和少数民族地区也都开设有平价商店。按照规定,当局向低收入居民发放购物卡,这些居民持卡可到平价商店购物。平价商店主要供应小麦、大米、白糖、食用油、布匹、煤炭和煤油7种生活必需品,有的还供应茶叶、肥皂、火柴、食盐、豆类等重要生活品。为了保证这一系统的正常运转,印度政府每年拨出巨款进行补贴。为了对公共分配系统进行监督,印度还专门成立了消费监督委员会。

印度的公共分配系统在实现社会公正方面起到了一定积极作用,深受低收入平民百姓的欢迎。它既有利于消费者，也有利于生产者，因为通过该系统，一方面使低收入消费者获得平价商品，另一方面使生产者获得政府的支持价格和稳定的国家市场。

（2）社会保险措施

印度的社会保险措施主要包括疾病与生育保险、工伤保险、养老保险和失业保险。其受益者主要是工人和国家雇员，即有组织部门中的就业者，不包括非组织部门的就业者。

对非组织部门劳工的社会保障，虽然迄今尚未颁布任何正式的相关法律条款，但从已出台的多项讨论法案看，其基本思路是：通过建立福利理事会或基金的方式，以社会保障计划的形式向劳工提供卫生医疗、人寿保险和养老保障。资金来源于工人和雇主的缴费以及政府的拨款。以此手段建立一个"国家最低社会保障体系"，包括劳动者及其家庭的最低健康保障、生育保障、生存保障、退休保障和就业保障。

独立以来，印度先后颁布了100多个劳动保护方面的法规，涉及工资待遇、工作时间、劳动环境，以及人格保障等诸多方面，构成社会保险的重要组成部分。

（3）社会福利

印度的社会福利大致可以划分为几大类，如表列种姓和表列部族福利、落后阶层福利、残疾人福利、妇女儿童福利等。印度覆盖较广的全国性的福利和救助项目主要有公共分配系统、表列部族福利、营养工程、住房计划、培训工程，以及就业保证计划等。但印度的社会福利构建的是一种"低水平、广覆盖"的保障体系，在社会福利资金主要由政府承担的情况下，拮据的财政影响着印度政府对社会保障的投入。但印度政府本着"低水平、广覆盖"的原则，有选择地重点投入，重在救急，因而也发挥了一定的作用。

（4）医疗

印度的医疗保健系统总体水平不高。尽管印度宪法宣称，印度是一个福利国家，国家有责任保证国民基本健康，所有国民免费享受基本卫生与医疗服务。但所谓的免费医疗主要由公立医院承担，而公立医院医生严重不足、药品短缺，居民80%的医疗需求主要依靠私立医院。据印度官方统计，印度有12000所医院，其中私人医院1300所，22000多个初级诊疗中心，2000多个社区医疗中心和27000个诊疗所，平均每万人有3名医生。印度实行低药价，印度药业联合会拿出相当于药品总销售额的0.5%的药品，免费提供给生活在贫困线下的家庭。

4. 教育和科研

印度的现代教育是英国殖民者到来之后开始的。1854年，英国政府官员伍德提出了应重视印度教育的建议，即《伍德文告》，英国政府第一次颁布了在印度的教育政策，确立了从初级教育到大学教育的现代教育制度。印度教育实行12年一贯制中小学义务教育。高等教育共10年，包括3年本科、2年硕士、2年副博士和3年博士课程。此外还有各类职业技术教育、成人教育等非正规教育。全国现有20所国立大学、215所邦属大学、100所自治大学，以及其他多所学院，著名学府有尼赫鲁大学、德里大学、印度理工大学、印度管理学院等。2018年，印度成人识字率达到74%，其中男性识字率为82.1%，女性识字率为65.5%，南部邦区喀拉拉邦识字率为93.9%，为全印度各邦第一。印度成人文盲约有3亿人，居世界首位。印度6~14岁儿童毛入学率为93%~95%，但全国小学平均辍学率高达31%。部分企业财团投资兴办了一批私立学校，虽然学费相对较高，但因其校舍、师资配备较好,部分满足了较高层次教育的需要。

5. 新闻出版与传媒

印度的新闻出版业大多数属私人所有,全国有 96 种文字的报刊 33612 种,其中印地文和英文的报刊分别占 37% 和 16%。印度主要的报刊有《印度时报》等;主要的英文报纸有《印度斯坦时报》《政治家报》等。

印度主要的新闻机构有印度报业托拉斯、印度联合新闻社等。全印广播电台是印度官办的广播机构,广播网覆盖全国,使用 9 种外语和 5 种主要印地语进行广播,每天播音 17 个小时。全印电视台直属新闻广播部,为官方电视台,电视覆盖率 78%;每天用英语、印地语和其他主要语言播放节目,有新闻和体育、歌舞、音乐、工农业、科普、教育、名人专访、国际见闻、电视剧等节目。

6. 科技发展

印度独立伊始,尼赫鲁总理就将科学技术和教育作为国家政治经济独立的基础。印度先后于 1958 年、1983 年和 1994 年颁布了国家科技政策。印度的最高领导人往往领导过尖端科技的开发工作,科学家在印度享有崇高的地位。印度科学领域具有世界一流的科学家,先后有 17 人被选入英国皇家学会。印度在基础科学方面具有独特的优势,其数学、语言学方面的优势使印度在计算机技术方面具有较大优势。1985 年印度提出"要用电子革命把印度带入 21 世纪"的口号,1986 年政府制定了计算机软件政策,为软件产业提供进口用汇便利、金融支持、人员培训、简化投资和进出口手续,并给予关税优惠。印度促进科技发展的主要措施有以下方面:①制定明确的科技政策纲领;②把科技发展纳入国家五年发展计划,科技方针有竞争力、费用低廉、实用;③完善科技基础设施和管理体制,全国拥有农、工、医学研究机构 2962 个、国家一级的研究机构 130 个,高校科研机构 214 个,国家实验室 400 个,企业的科技研发单位 1300 多个,主要的国家科技管理机构有印度国家科学院、印度农业研究委员会、印度科学与工业研究委员会、印度原子能委员会、印度医学研究委员会、国家空间研究委员会、科学和技术部、内阁科学技术委员会等;④研究开发科研经费持续增加,全国科技投入经费约占 GDP 的 1%,其中中央政府占 64%,其余为联邦政府、企业投入;⑤大力培养科技人才,在校大学生中 1/3 是理工科学生;⑥重视和积极开展国际科技合作与交流,与 40 多个国家进行双边的科技合作。印度与中国的科技合作开始于 20 世纪 90 年代初,在激光和材料、地球物理、化学工程、医学、生物技术、化学工程、农业、渔业、电子、空间技术和遥感等方面开展合作。经过几十年的努力,印度科技在原子能科学领域、空间技术领域(通信卫星、遥感卫星、运载火箭、宇宙飞船)、信息技术、农业研究和科技推广、生物技术、海洋研究、新能源等领域均取得令人瞩目的成就。

根据近几年的全球科技竞争力排名分析,印度的科技水平基本上属于发展中国家中的科技先进国家,因此有人称之为"科技发展中国家"。但总体上,印度科技研发投入水平低,要实现"创新十年"雄心勃勃的科技腾飞计划,仍有诸多障碍需要克服,仍需加大投入和出台更多的有力措施。

7. 体育

印度人民对体育运动有浓厚兴趣,国家也重视发展体育事业,从人力、物力和财力上给予积极支持。其中棒球、板球和曲棍球为印度广大群众所喜爱。印度发展体育事业的"国家体育方针决议案"提出：①为在城乡开展群众性体育运动提供必要的基础设施；②各级政府为发展体育事业开辟运动场地和训练场；③逐级选拔培养优秀体育幼苗，把体育列为各学校的必修课；④对取得较好名次的优秀运动员给予精神和物质的奖励，在他们退役后给予就业和住房方面的照顾；⑤鼓励社会团体对体育事业的支持，允许企事业单位成立业余体育机构；⑥由国家体委为参加国际体育大赛的体育代表团（队）组织培训，鼓励体育团队尽可能多地参加奥林匹克运动会、亚运会和英联邦运动会比赛项目，并力争夺得较好名次；⑦报纸、广播、电视要大力宣传发展体育事业的重要性，鼓励群众自觉地参加体育活动。

为不断提高印度的体育运动水平，印度还与世界上众多的国家和地区签有体育交流协议。

15.6 文化环境

印度是一个具有悠久历史的文明古国，经过漫长的历史发展，印度人民创造出灿烂的文化并形成了独特的民族性格。

1. 民族

印度被称为世界民族的博物馆，有上百个民族，人口较多的民族有印度斯坦族、孟加拉族、奥里雅族、古吉拉特族、锡克族、马拉地族、泰米尔族、泰卢固族、坎拿达族和马拉雅拉姆族等。

2. 宗教

印度是一个多宗教的国度，了解印度首先要认识印度的宗教，它是开启印度之门的钥匙。宗教在印度社会和政治生活中有着巨大的作用和影响，几乎世界上的所有宗教在印度都能找到信徒，其中印度教、佛教、耆那教、锡克教是源于印度本土的宗教。伊斯兰教、基督教等是外来宗教。还有边远山区部落的原始宗教。按信众排序，最大的宗教首先是印度教（占总人口的79.8%）；其次是伊斯兰教（占14.2%）、基督教（占2.3%）、锡克教（占1.7%）、佛教（占0.7%）和耆那教（占0.4%）；其他宗教和无宗教信仰者约占0.9%。

3. 语言文字

印度民族众多，语言复杂。宪法规定的官方语言达22种。印地语是印度的官方语言，英语为官方工作语言。

4. 社会生活习俗

大多数印度人见面时一般双手合十，或举手示意表示问候。当被别人介绍时，习惯上都应握手，但男子不可主动与妇女握手，除非她先伸手。与印度人招手、握手、递东西、吃饭，切忌用左手。

对到访印度的尊贵客人，主人会送上鲜花花环，甚至在客人额上点上"吉祥痣"。与印度人交谈时，一般的话题是家庭、教育、印度食品、电影、印度美术、舞蹈和文化等，在交往中要注意一些细节，如进庙宇、厨房要脱鞋。

在交往中要注意肢体语言应用，如印度人"点头不算摇头算"，应避免异性间的身体接触，如拍背、抓肩膀等动作。在印度参加商务活动或晚宴时穿套装、打领带比较合适，男性穿长裤和短袖衬衫也可。

5. 节日

印度的节日大致可以分为几类：①政治性节日；②季节性节日；③历史性节日；④宗教性节日；因此，访问印度进行会谈，务必先了解对方的节假日，以免耽误工作。

15.7 商业环境

1. 贸易政策与法规

（1）贸易主管部门

印度商工部是贸易主管部门，其下设商业部和产业政策与促进部两个分部。商业部主管贸易事务，负责制定进出口贸易政策、处理多边和双边贸易关系、国营贸易、出口促进措施、出口导向产业及商品发展与规划等事务。产业政策与促进部负责制定和执行符合国家发展需求的产业政策与战略，监管产业和技术发展事务，促进和审批外国直接投资和引进外国技术，制定知识产权政策等。印度储备银行（央行）负责金融体系监管、外汇管制和发行货币。印度财政部下属的中央消费税和关税委员会负责关税制定、关税征收、海关监管和打击走私。

（2）贸易法规体系

印度与贸易有关的主要法律有《1962年海关法》《1975年海关关税法》《1992年外贸（发展与管理）法》《1993年外贸（管理）规则》等。

（3）关税制度

印度针对不同的产品实行不同的基本关税税率。除基本关税外，印度的进口关税还包括了社会福利附加费、商品及服务税。基本关税在关税法中有明确规定，是以进口货物到岸价为基数计算的从价税；2018年前，印度一直要求进口货物缴纳教育税，用于支持印度的教育事业，自2018年起印度废除教育税，而改征10%的社会福利附加费，用于支持政府推进的社会福利计划。社会福利附加费征收对象为所有进口商品，以进口货物的关税总值为基数计算而得。与征收教育税相同，对于按国际承诺征收约束关税的商品可免征社会福利税；在印度境内生产最终产品所需进口的投入品和资本货物，在征收社会福利税时可享受优惠减免。商品及服务税与中国的增值税类似，可进行销项抵扣，其计算方法比较复杂，是在基本关税、社会福利附加费的基础上加以征收的，税率主要可划分为0、5%、12%、18%、28%共5个档次。印度除征收关税外，还对所有进口货物征收1%的海关手续费。

（4）补贴措施

印度政府制定各种促进出口的政策措施，如促进资本品出口计划、权利义务证书计划、免税计划、钻石宝石和首饰出口促进计划、间接给予出口补贴；给予出口导向企业和出口加工区、农业出口特区、经济特区内企业免税和减税的优惠，如为生产出口产品进口的资本品厂商只需支付5%的关税。

（5）进出口管理制度

印度实行对外贸易经营权登记制度。政府将进出口产品分为禁止类、限制类、专营类和一般类。所有企业均可经营一般类产品。对限制类产品实行许可证管理。对石油、大米、小麦、化肥、棉花、高品位铁矿砂等少数产品实行国有外贸企业专营管理。政府的进口政策保护以下基本进口产品：生产资料、原料、消费品、元件、工具和设备，这些产品的进口须向印度政府主管部门申请许可。印度对活动物、牛肉及牛内脏、猪肉、活鱼、鸟蛋、纺织品、宝石、植物和种子、部分杀虫剂、药品及化学品、电子产品，以及基因产品等实行进口许可证制度；对原油、矿产品、食品等实行国营企业专营，如石油产品只能通过印度国有石油公司进口，氮、磷、钾及复合化学肥料由矿物与金属贸易公司进口，维生素A类药品由印度国营贸易公司进口，油及种子由印度国营贸易公司与印度斯坦植物油公司进口，谷类由印度粮食公司进口；等等。印度禁止进口的商品包括野生动物及其制品、动物油脂类产品和危险废品等。印度政府对出口企业免征服务税和中央销售税。此外，印度储备银行规定，只允许银行向企业提供2000万美元以下的中期进口贷款，或贷款期限少于1年的短期进口贷款，或用于进口资本品的贷款。

（6）进口限制措施

进口限制措施包括以下内容。

① 进口禁令。印度在"否定清单"上的产品分为3类：A. 禁止进口的产品，包括动物脂肪油制品；B. 需进口许可证的限制商品，如牲畜类制品；C. 列入政府管制的产品，包括石油制品、散装大米、面粉等。

② 进口许可。印度对部分产品实行进口许可，实际上产品进口许可证很难获得，一般只向外国使领馆或参股30%以上的外资公司发放。

③ 对进口产品征收歧视性税费。印度还对部分进口商品征收歧视性附加税，这一做法限制了相关产品进入印度市场。该税费依据产品零售价征收，税率为16%。

④ 通关环节壁垒。虽然印度对进口货物退关问题无明确法律规定，但实际上，印度海关要求申请退货的出口商提供由原来进口商出具的不反对退货函。由于印度进口商一般不愿意出具此类函件，常导致出口商无法顺利退回货物而遭受损失。此外，印度海关还要求提供繁杂的货物通关文件。通关文件需要根据产品、用户或印度政府出口鼓励政策的变化而变化。

⑤ 技术性贸易壁垒。印度设置了许多技术性贸易壁垒，例如，根据印度《药品和化妆品法》实施细则规定，从2003年起，凡未获得印度注册证书的所有外国药品（包括原料和成药）均不得进入印度，已获得的每3年要续办注册证书；印度卫生部对每种注册药品的生产工厂征收1500美元的注册费；对每种药品还要征收1000美元的注册费；外国药品生产商要向印度药品局支付5000美元，作为该局在原产地检查出口药品生产商厂房的检查核查费。此外，每份进口许可证和每种药品的检验也要交纳一定费用。

⑥ 卫生和动、植物检疫措施。2004年4月，印度颁布法令详细规定了对于进口植物和植物材料的要求。基于有害生物风险分析，法令包括了新的术语和定义，对许多商品增加了补充声明，并将一些新植物材料与植物种类纳入其管理范围。印度农业部于2004年4月生效的《印度官方木质包装入境检疫要求》规定：所有使用含植物材料的包装，包括干草、麦秆、木刨花、碎木片、锯屑、废木料、木托盘、垫木、木纤维、泥炭藓等，在出口到印度前均须由出口方政府按国际植物保护公约或出口方政府规定的格式，出具植物检疫证书。所有进口木质包装材料必须使用干热处理、溴甲烷熏蒸处理或化学渗透处理，以及其他国际标准认可的除害处理方法，并将处理方法在植物检疫书上标明。印度农业部下属的动物管理和制奶业部负责动物检疫工作，凡进口商进口家禽、猪、羊肉、奶制品、蛋制品和动物源宠物饲料均须向该部申请动物检疫，并在获得相关检疫证书后方准进口。

2. 投资政策与法规

（1）投资管理部门

印度主管国内投资和外国投资的政府部门主要有：商工部下属的工业和内贸促进局，负责相关政策制定和投资促进工作，其下设金融、基础设施发展、知识产权、国际合作等相关司局；公司事务部，负责公司注册审批；财政部，负责企业涉税事务和限制类外商投资的审批；储备银行，负责外资办事处、代表处的审批及其外汇管理。印度官方的投资促进机构还包括印度投资署，负责促进外国资本有重点、全面、系统地在印投资，为投资者提供优质的投资相关服务。

（2）投资政策与法律法规

印度政府没有专门针对外商投资的优惠政策，外商在印度投资设立的企业视同本地企业，须与印度企业一样遵守印度政府制定的产业政策。外资只有投资于政府鼓励发展的产业领域或区域，才能和印度本土企业一样享受优惠政策。主要的税收优惠政策包括：对投资于政府认可的向初创企业提供资金的基金而获得的资本利得免征所得税；在其初设立的3年内，对不分派股息的初创企业免征所得税；对初创企业高于公允价值的投资免税；投资于印度东北部各邦等落后地区依各邦不同可享10年免税、50%～90%的运费补贴、设备进口免税，投资额在2.5亿卢比以上的项目享有最高600万卢比投资补贴及3%～5%的利息补贴等；产品全部出口的企业、出口加工区和自由贸易区的国内外企业，5年内免征所得税；企业进口用于生产出口商品的机器设备零部件和原材料免征关税；落后地区合资企业10年内减征25%的所得税。

印度政府允许外资投资电信、金融、零售、航空、道路、港口、发电、炼油等基础设施行业和服务业。印度政府鼓励投资的行业包括电力（除核电外）、石油炼化产品销售、采矿、金融中介、农产品养殖、电子产品、特别经济区开发等。除涉及环保、国家安全、国计民生等14个行业外，外商对其他行业的投资无须政府部门审批。外资股权不超过政府规定的行业外资股权最高限额的项目，只要向印度储备银行报送有关资料后，即可自动生效。近年来，印度政府逐步放开相关行业投资限制，外资股权超过政府规定投资比例上限的，须经印度政府外国直接投资促进局审批。

截至2020年年底，印度有173个特殊经济区在运营。但印度的现行特殊经济区与中国的经济特区有本质性区别，其规模要比中国小，也不要求具有综合开发和社会发展功能,部分单一投资项目也可申请成为特殊经济区。

3. 企业注册

在印度,投资设立企业的形式包括代表处、分公司、私人有限公司和公众公司 4 种。设立代表处或分公司是由母公司或其委托人向位于孟买的印度储备银行提出申请。印度对中国企业在印度设立代表处(办事处)管控较严,审批时间很长,且在实践中极难获得批准。注册公司的主要条件有:①私人有限公司需要最少 2 名股东和最少 1 名本地董事,公众公司需要至少 7 名股东和至少 3 名董事;②私人有限公司最多可以有 50 名股东,公众公司没有限制股东数量;③私人有限公司只需要实数出资 100000 卢比的最低注册资本,公众公司的最低注册资本是 500000 卢比;④私人有限公司至少准备 6 个备选公司名称,并且名称后缀必须为私人有限公司。

在印度注册企业时需注意以下要点:①对在特别经济区设立的公司提供许多的税务豁免;②IT 企业享受许多税务的优惠;③印度与很多国家签订了免除双重税务协议;④成立私有公司只需要 100000 卢比的注册资本;⑤低廉的劳动力;⑥具有巨大精通英语的人力资源,印度是世界上最主要的商务程序外包和知识处理中心。

4. 商务活动

在印度做生意或旅游访问最好的时间是每年的 10 月至次年的 3 月,这段时间雨水少,气候凉爽,宗教节日也相对较少。办事情最好避开宗教节日,因为宗教节日年年不同。在与相关公司进行商务活动时,最好了解印度的相关法律规定,如许可证、配额、保护措施、手续程序等。一个在印度工作多年的人说,在印度要取得成功的关键因素,一是耐心;二是找好当地的合伙人;三是对商务习惯和风俗要基本掌握和了解。

印度的行业协会在企业界的影响、作用很大。行业协会定下的规矩,企业一般都会遵守。外国人与印度人做生意发生纠纷,最好找行业协会调解,往往比打官司要快得多,效果也好。

素食文化是印度的特色,因此宴请印度人时,要弄清楚对方是否是素食主义者。在印度,计程车是免小费的,旅馆、餐厅在账单中已加小费 10%,其他服务每次付少量个卢比的小费即可。

5. 时间与谈判风格

一旦与印度的当地伙伴已经熟悉,并建立了良好的关系,就可以开始进入谈判程序了。但是要为长时间的讨价还价做好准备,因此和印度人商谈事情,耐心很重要。急于敲定一笔买卖会被误解成缺少相关的过程,导致谈判的各方缺少信任,最终导致谈判失败。

本 章 小 结

印度是世界文明古国之一,悠久的历史造就了印度璀璨夺目的民族、语言、宗教、文化和习俗,在长期的发展进程中,形成了独特的政治、经济和社会文化环境。对许多人来说,印度是一个充满神秘色彩、充满矛盾、富有吸引力的国家。政治上,印度实施西方式的议会民主制,号称是世界上"最大的"民主制国家,推行不结盟政策;经济上,印度很早就与市场体制接轨，其基础工业、基础设施完善，外贸、投资体系健全，金融证券市场成熟，经贸管理制度细致完备，在很大程度上已融入了国际化的进程。然而从社会文化层面看，印度又显得非常的保守传统，其宗教、种姓、习俗深刻影响、渗透印度的政治、经济、社会生活各个层面，使得现实中的印度社会等级分层、种姓分工问题迄今依然突出，社会矛盾十分严重。一方面，印度核电研发、卫星、生物制药、信息工程、IT技术、软件服务外包等领域已位居世界前列，并且有着富裕庞大的中产阶级队伍，每年还培养出众多具备世界一流水平的信息技术、工商管理、金融证券和工程技术人才，可谓人才济济，是亚洲经济增长靠前的重要国家；但另一方面，印度的基础设施建设发展滞后、投资项目审批手续繁琐复杂、市场准入严苛保守、城乡差别巨大、收入分配不公、贫富极其悬殊和社会动荡等现象又十分突出，这与印度拟实现的世界一流大国梦、追求的现代化发展水平和速度显得格格不入。为什么会这样，对印度的现实和未来应怎样看待？显然，仅具备某个方面的认知是不够的。对印度的认识、体会和把握必须从它的历史渊源、宗教文化多元性、价值观和社会经济发展水平等多领域、多层次、多角度来全面考察。

思 考 题

1. 试分析印度经济现代化的发展之路及主要推动力。
2. 种姓制度对印度经济社会发展产生哪些影响？
3. 印度经济社会发展的反差表现怎样？
4. 印度贸易投资政策与法规体系具有哪些特点？

第 16 章

巴 基 斯 坦

巴基斯坦全称巴基斯坦伊斯兰共和国，巴基斯坦意即"清真之国"。

16.1 简 史

巴基斯坦原为英属印度的一部分，1858 年，随印度沦为英国殖民地。1940 年 3 月，全印度穆斯林联盟通过了建立巴基斯坦的决议。1947 年 6 月，英国公布"蒙巴顿方案"，实行印巴分治。方案规定印度分为印度教信徒的印度和伊斯兰教信徒的巴基斯坦，两个国家均享有自治领地位；在两个国家的国界未做最后确定之前，由西北边境省、阿萨姆省的锡尔赫特区选民在信德省立法议会进行全民投票，决定这 3 个省参加哪一个国家；印度分治前先解决孟加拉省和旁遮普省的划界问题；各土邦有权决定它们参加印度和巴基斯坦中的哪个国家，如果土邦不愿参加任何一个国家，那么它可以保持同英国的关系，但无自治领地位。同年 8 月 14 日，巴基斯坦宣告独立，成为英联邦的一个自治领，包括巴基斯坦东西两部分。1956 年 3 月 23 日，巴基斯坦伊斯兰共和国成立，1958 年，巴基斯坦进入军事统治时期。1971 年，因国内矛盾尖锐，加上大国介入，致使巴基斯坦分裂，东巴基斯坦独立为孟加拉国。国父穆罕默德·阿里·真纳虽在独立当年即逝世，但由于奠定了巴基斯坦立国基础，至今仍深受国人爱戴。巴基斯坦是世界第六人口大国，绝大多数人信仰伊斯兰教，与沙特、土耳其、阿联酋等国关系密切。

拓展视频 16-1

拓展视频 16-2

16.2 自然环境

1. 地理位置及面积

巴基斯坦领土面积约为 79.6 万平方千米（不包括巴控克什米尔地区），它位于南亚次大陆西北部的印度河流域。巴基斯坦东邻印度；东北与中国毗邻；西北与阿富汗毗邻，经过阿富汗 16~19 千米宽的"瓦罕走廊"，便可到达中亚的塔吉克斯坦；西邻伊朗；南濒阿拉伯海。巴基斯坦海岸线长 980 千米。巴基斯坦在海湾战略中有着重要的影响，它既是南亚通向中亚、西亚的陆上交通要道，也是中亚国家的出海捷径。

巴基斯坦国土略呈矩形，自东北向西南延伸约1600千米，东西宽约885千米，陆地面积778720平方千米，水域面积25220平方千米。

2. 地形地貌

巴基斯坦地形比较复杂，根据不同的地形特征，可分为北部高山区、西部低山区、俾路支高原、波特瓦尔高地、旁遮普和信德平原。山地和高原占全国总面积的3/5。巴基斯坦可分为4个大的自然区域，与其境内的4省相吻合：东部平原2省和西部高原山地2省。东部印度河平原是世界上最大的冲积平原之一，约占全国总面积的1/3。该平原南北延伸长1280千米，东西平均宽约320千米，最大宽度（在旁遮普）达550千米，沿北纬29°线可将印度河平原分为上印度河平原（又称旁遮普平原）和下印度河平原（又称信德平原）。巴基斯坦国内的主要河流印度河源自中国，印度河进入巴基斯坦后，自北向南长驱2300千米，最后注入阿拉伯海。

3. 气候和降水

除西部沿海为热带季风区外，巴基斯坦大部分属热带干旱和半干旱气候类型。它一年可分为4个季节：每年4—6月为热季或夏季，通常气候干燥；7—9月为季风季，这个季节雨水多；10—11月为短暂的转换季，又称季风后季；12月—次年3月为冬季。巴基斯坦降水稀少，全国3/4的地区年降雨量在250毫米以下。

4. 资源禀赋

巴基斯坦矿产资源较丰富，已发现的矿业资源有铬铁矿、煤、石油、天然气、铁、铜、铀、盐、石膏、硫磺、锑矿、重晶石、天青石、皂石、瓷土、白云石、长石、耐火土、萤石、漂白土、宝石、金矿、磷铁矿、锰矿、大理石、硅等47种。巴基斯坦的主要矿藏储备有：天然气6056亿立方米、石油1.84亿桶、煤1850亿吨、铁4.3亿吨、铝土7400万吨。

巴基斯坦林业资源比较贫乏。据统计，其森林面积为313万公顷，森林覆盖率仅为4.8%，远远低于世界上其他国家，主要原因是气候干燥，降雨量少和北部高山区常年冰雪覆盖。

巴基斯坦水果丰富，品种多、质量高，主要有葡萄、梨、苹果、香蕉、石榴、桃李、香木瓜、枣和各种柑橘。

巴基斯坦动物种类多，而且在北部高山区有珍稀动物。巴基斯坦平原地区和沿海水产资源丰富，尤其是卡拉奇附近海域是世界最好的渔场之一，盛产龙虾、小虾（又称白虾）、墨鱼、鲷、鲳、石斑鱼、弓鳍鱼、笛鲷、蟹、鲶鱼、银色石鲈等，其中，小虾、墨鱼和鲷大量出口，在国际市场上有一定影响。

5. 人口及结构

根据巴基斯坦国家统计局统计，2021年，巴基斯坦总人口约为2.08亿人，农村人口占总人口约为66.5%。在巴基斯坦全国各省、地区中，旁遮普省人口达1.1亿人，约占全国总人口的53%，为人口第一大省。信德省、开伯尔—普什图省与俾路支省人口分别约为0.48亿人、0.31亿人和0.12亿人。此外，联邦直辖部落区人口约500万人，首都伊斯兰堡人口约 200 万人。在巴基斯坦华侨、华人近 1.4 万人，主要集中在经济较为发达的旁遮普省和信德省。

由于自然条件和经济发展程度的差异，巴基斯坦人口分布极不平衡，各省人口密度相差悬殊。在水利和灌溉充足的平原地区，人口比较集中；而在干旱少雨的高原和山区，人口稀少。

6. 行政区划

巴基斯坦全国共设 4 个省（旁遮普省、信德省、俾路支省、开伯尔—普什图省）、巴控克什米尔地区（分为吉尔吉特—巴尔蒂斯坦地区、自由查谟和克什米尔地区两个行政区）和 7 个联邦直辖部落专区。各省下设专区、县、乡、村联会。

7. 首都和主要城市

巴基斯坦的首都是伊斯兰堡，人口约为 110 万人（2017）。它地处内陆，海拔 549 米，属亚热带季风气候，旱季和雨季界限分明，年均降水量 1143 毫米。

卡拉奇面积 3527 平方千米，人口约为 1491 万人（2017），是巴基斯坦最大、人口最多的城市，气候炎热，白天气温常年在 30℃以上。卡拉奇历史悠久，现代和古代文化在这里完美结合，既有狭窄的小巷、破旧的古城、碎石子小路，也有高雅的现代建筑。城中有不少巧手的工匠运用传承的古老技艺制作精美的手工艺品。

拉合尔是巴基斯坦的第二大城市，旁遮普省首府，地处富庶的印度河上游冲积平原。市内树木葱茏、芳草如茵、群花争艳、叠翠飘香，素有"花园城市"之称。城市分为三区：街道狭窄的旧城区、繁华的商业区和现代化住宅区。莫卧儿帝国时代遗留下来的旧城区，街道狭窄，房屋拥挤；英国统治时期修建的豪华住宅，行政、教育和商业机构的建筑物则排列整齐，街道也比较宽阔；独立后建起的住宅区更具有现代城市的风貌。

白沙瓦是巴基斯坦最具有民族特色的城市，属于西北边境省，曾经在公元前 58 年被贵霜王朝犍陀罗的迦腻色伽王一世定为国都。由于白沙瓦地处中亚多个贸易要道上，当地在多个世纪以来都是南亚大陆与中亚之间的贸易重镇。

16.3 政治环境

1. 政治体制

巴基斯坦实行联邦制。总统是国家元首，由国民议会和参议院选举产生；总理是行政首脑；内阁是行政部门，由总理及各部部长组成。

巴基斯坦议会为联邦立法机构。1947 年，巴基斯坦建国后长期实行一院制，曾于 1956 年、1962 年和 1973 年先后颁布过 3 部宪法。1973 年，宪法颁布后巴基斯坦实行两院制，由国民议会（下院）和参议院（上院）组成。1999—2001 年，巴基斯坦曾实施数次军法管制。

2010 年 4 月 19 日，宪法第 18 修正案经签署生效，总统部分权力移交给总理和议会。

拓展视频 16-3

拓展视频 16-4

2010年12月22日，巴基斯坦议会一致通过宪法第19修正案，赋予总理任命高等法院和最高法院法官一定的决定权，并由总统对决定结果进行最终认可。2012年2月20日，巴基斯坦议会通过宪法第20修正案，取消了由总统任命看守政府总理的权力，改为由总理和反对党领导人协商确定。该修正案还包括延长选举委员会任期等内容。

2. 政府

现任总统阿里夫·阿尔维于2018年9月9日就任，现任总理夏巴兹·谢里夫于2022年4月11日就任。

3. 政治党派

军政府执政前，巴基斯坦实行多党制。巴基斯坦现有政党200个左右，派系众多。巴基斯坦全国性大党主要有巴基斯坦穆斯林联盟（谢里夫派）、巴基斯坦人民党、正义运动党、穆斯林联盟（领袖派）、统一民族运动党、人民民族党、伊斯兰促进会等。

4. 司法体制

巴基斯坦最高法院为最高司法机关，各省和伊斯兰堡设高等法院，各由一名首席大法官和若干法官组成。另有其他法院行使民事和刑事裁判权。最高法院根据巴基斯坦联邦宪法设立；其他法院是根据议会法令或省议会法令而设立的。根据宪法，巴基斯坦还设立了司法专员（或称司法巡视官）。

5. 外交关系

巴基斯坦奉行独立和不结盟外交政策，注重发展同伊斯兰国家和中国的关系。致力于维护南亚地区和平与稳定，在加强同发展中国家团结合作的同时，发展同西方国家的关系。支持中东和平进程。主张销毁大规模杀伤性武器。呼吁建立公正合理的国际政治经济新秩序。重视经济外交。要求发达国家采取切实措施，缩小南北差距。

中巴友谊体现了党的二十大报告中的中国始终坚持维护世界和平、促进共同发展的外交政策宗旨，致力于推动构建人类命运共同体。巴基斯坦是最早承认我国的国家之一。1951年5月21日，中巴两国正式建交。两国关系发展顺利，高层互访频繁，互利合作成果丰硕。2005年，中巴双方签署《中华人民共和国和巴基斯坦伊斯兰共和国睦邻友好合作条约》，宣布发展更加紧密的战略合作伙伴关系。2006年，中国和巴基斯坦发表《中华人民共和国和巴基斯坦伊斯兰共和国联合声明》，进一步推进中巴战略伙伴关系。2015年4月，习近平主席访问巴基斯坦，中巴关系上升为全天候战略合作伙伴关系。

16.4　经济环境

1. 经济政策和计划

巴基斯坦计划委员会是巴基斯坦政府负责国家发展战略研究与制定的部门。2007年8月，计划委员会制定并公布了《2030年展望》。《2030年展望》的主要内容是以知识进步为动力，有效利用资源，坚持快速、可持续发展，建设经济繁荣发达、社会公平正义的巴基斯坦。目标是到 2030 年 GDP 达到 7000 亿美元，人均 GDP 达到 3000 美元（以 2005 年不变价计算）。2011 年 5 月，计划委员会公布了《巴基斯坦经济发展框架》。该框架在总结过去 10~20 年巴基斯坦经济社会发展经验和存在问题的基础上，提出了巴基斯坦对未来 5~10 年经济发展的思路总结与战略规划，确定发展战略核心是采取新方法加速和保持经济发展，主要措施有经济发展速度由每年约 3% 逐步提高到 7%，提高生产率，提高政府效率，深化改革，保持政策公开性，提高市场活力和城市创造力，加强市场连通性，加强青年教育和社区建设，等等。

2013 年以来，通过结构性改革，巴基斯坦经济逐渐趋稳，成功地走上经济振兴之路。2020 年，据国际货币基金组织统计，巴基斯坦 GDP 为 2627.99 亿美元。

2. 经济结构

在几十年的发展中，巴基斯坦国民经济结构发生了明显的变化，工业生产总值（包括制造业、矿业、建筑业和水电气）在 GDP 中所占的比例不断上升，农业在 GDP 中的比例则处于下降，其他行业在 GDP 中的比例则上升至 50% 以上。2016—2020 年，巴基斯坦第一、第二、第三产业的 GDP 占比分别为 19%、19% 和 62%。

3. 基础设施

巴基斯坦用于基础设施领域建设的公共领域发展项目资金严重不足，对外国援助和贷款的依赖度提高，一些规划中的基建项目开工和建设进度滞后。巴基斯坦基础设施建设总体相对滞后，是制约其经济发展的主要因素之一。

（1）公路

公路建设被视为巴基斯坦经济社会发展的关键。根据巴基斯坦财政部统计，截至 2019 年 12 月底，巴基斯坦全国公路总里程达 263775 千米，公路客运占客运总量的 90%，公路货运占货运总量的 96%。

（2）铁路

1947 年独立前，巴基斯坦全国铁路网已初具规模。巴基斯坦铁路共有 11881 千米，运营里程为 7791 千米。2019/2020 财年前 8 个月，巴基斯坦共运送旅客 3940 万人次，运送货物 52.66 亿吨。巴基斯坦铁路布局是"南密北疏""东密西疏"。

（3）空运

巴基斯坦共有 9 个国际机场和 27 个国内机场，30 多条国际航线。新冠肺炎疫情前巴基斯坦各机场年旅客运输量约为 2255 万人次，货、邮运输量分别为 32 万吨和 1.3 万吨。伊斯兰堡、拉合尔和卡拉奇分别为巴基斯坦北部、中部和南部地区的航空枢纽。巴基斯坦国际航空公司承担了 80% 的国内人员空运和几乎全部的货、邮运输。其中与中国、印度、阿富汗等邻国及欧洲、北美、东南亚许多国家都有直航。巴基斯坦已与 94 个国家和地区签署了双边航空协议，32 家外国航空公司有定期往返巴基斯坦的航班。

（4）水运

巴基斯坦全国对外贸易的 90% 是依靠海运，全国有 15 艘远洋货轮，载重总量为 63.6 万吨。卡拉奇港是巴基斯坦最重要的现代化港口，与全国铁路、公路网相接，交通运输极为便利。卡西姆港是巴基斯坦第二大港口，也是第一个多功能和工业港，位于卡拉奇港东南 50 千米处。

（5）电信

巴基斯坦 2000 年开始对外开放电信行业后，大量外资涌入，推动行业高速增长。截至 2019 年 6 月底，巴基斯坦正式注册的电信及相关科技服务企业已达 2013 个。巴基斯坦现有 4 家大型移动通信运营商，总用户达 1.76 亿人，宽带用户达 5800 万人，3G 和 4G 用户达 5600 万人。受经济发展水平、人口密度、地质状况等因素影响，巴基斯坦北部高海拔地区、部落和偏远农村的通信网络建设相对落后。

（6）电力

巴基斯坦国家输配电公司数据显示，截至 2019/2020 财年末，巴基斯坦总装机容量为 38.72 吉瓦，全国共有购电用户 2960 万户，消费电力总量 1347.5 亿千瓦时。

巴基斯坦电网建设落后，与周边国家互联互通程度不高，输电损耗大，电力供应紧张。夏季用电高峰期时，城市和农村停电频繁。中巴经济走廊能源项目占很大比重。萨希瓦尔、卡西姆港、胡布三座大型燃煤电站和萨察风电、吉姆普尔风电、大沃风电等一批新能源项目投产发电，缓解了巴基斯坦能源紧张局面。

4. 投资、贸易、金融与外汇

巴基斯坦的商贸环境有着自由化、制度化和私有化的特点。

（1）投资

根据巴基斯坦官方统计，2019 年 7 月到 2020 年 6 月，巴基斯坦外国直接投资 25.612 亿美元。

随着中巴经济走廊的推进，中国对巴基斯坦投资出现大幅增长。据中国商务部统计，2019 年，中国对巴基斯坦直接投资流量 5.62 亿美元；截至 2019 年年底，中国对巴基斯坦直接投资存量 47.98 亿美元，中国是巴基斯坦最大投资来源国。

（2）贸易

巴基斯坦对外贸易发展速度很快，2019/2020 财年，巴基斯坦货物贸易总额 761.26 亿美元。其中，出口总额 242.57 亿美元，较上财年下降 2.1%；进口总额 518.69 亿美元，较上财年下降 6.8%；贸易逆差 276.12 亿美元，较上财年缩小 10.65%。巴基斯坦加速工业化，扩大出口，缩小外贸逆差，与世界上 90 多个国家和地区有贸易关系。2018/2019 财年，巴基斯坦主要货物贸易伙伴包括中国、阿联酋、美国、沙特阿拉伯、新加坡、英国、印度、德国、日本和印度尼西亚。

巴基斯坦主要出口商品包括纺织品、棉花、谷物、皮革、矿产品等；主要进口商品包括矿物燃料及矿物油、天然气、棕榈油、有机化学品、通信产品、钢铁制品、电机电气设备、车辆及零附件、塑料制品等。

中巴双方致力于深化和拓展经济联系，采取了一系列战略性举措和制度性安排，2006 年，签署《中巴经贸合作五年发展规划》，2011 年，签署《中巴经贸合作五年发展规划的补充协议》，2006 年，签署《中巴自由贸易区协定》，2009 年，签署《中巴自贸区服务贸易协定》等，推动两国实现共同发展。2015 年 4 月，习近平主席访问巴基斯坦，双方一致同意将两国关系提升为全天候战略合作伙伴关系，中巴经贸合作迎来新的战略机遇期。中巴自贸协定第二阶段议定书于 2019 年 12 月 1 日生效，并于 2020 年 1 月正式实施。据中国商务部统计，2020 年，中巴双边贸易额为 174.9 亿美元，同比下降 2.7%。其中，中国出口额为 153.7 亿美元，同比下降 4.9％；中国进口额为 21.2 亿美元，同比增长 17.5％；巴基斯坦对中国出口货物主要是原棉、粗纺纱、棉纱、纺织品、烟草、铁等；从中国进口货物主要是机械产品、化工产品、轻工产品等。

5. 金融

（1）银行

巴基斯坦拥有的银行机构主要有四类：①国有银行，主要包括巴基斯坦国民银行、旁遮普银行、中小企业银行、第一妇女银行、巴基斯坦工业发展银行、旁遮普省合作银行等，共计 9 家；②私营银行，主要包括 Allied 银行等，共计 20 家；③外资银行，主要包括花旗银行、渣打银行、汇丰银行、东京三菱银行、德意志银行等，共计 11 家；④伊斯兰银行，是巴基斯坦银行机构的重要组成部分，主要包括巴伊斯兰银行、迪拜伊斯兰银行、Dawood 伊斯兰银行等，共计 5 家。

（2）货币

巴基斯坦货币名为卢比。2020 年以来，受新冠肺炎疫情影响，加之由于国际金融市场动荡、市场避险情绪上升，给巴基斯坦外汇市场带来强烈冲击，巴基斯坦货币不断贬值。

6. 外汇

巴基斯坦不对外汇实行管制。在巴基斯坦居住的外国人，在巴基斯坦境内设立的含有外资成分的公司以及在国外登记但在巴基斯坦经营的外国公司，可以在有外汇经营资格的银行开立、使用外汇账户。这些账户可以自由汇入、汇出外汇，也可在本地自由存取现金。巴基斯坦允许外国投资者将全部资本、资本所得、红利和利润汇出，上述款项的汇出将征收 10％的代扣税。外国人携带外汇现金和旅行支票出入境没有任何限制。截至 2020 年 5 月底，巴基斯坦外汇储备为 187 亿美元。

16.5　社会环境

1. 基本情况

巴基斯坦历史上与印度有着相同的渊源，社会状况也有很多的共性。巴基斯坦法律禁止堕胎，也不提倡计划生育。自 1961 年至今，巴基斯坦人口增加四倍，2021 年，人口达到 2.08 亿。据估计，到 2025 年，巴基斯坦将成为世界第四人口大国。伴随着人口增长，贫困问题也日益严重，现在有近三成的巴基斯坦人生活在贫困线以下，超过 40％的人缺乏清洁用水和基本卫生条件。在人口迅速膨胀的同时，城市贫民区的形成也成为困扰巴基斯坦政府的一个大问题。巴基斯坦财政支出不平衡，由此影响到政府对社会的服务功能。不多的财政收入在支付完军费和政府行政开支之后，已经无力提供许多基本的社会服务了。只要同东边强邻印度的关系仍然紧张，军费就削减不下去，也就没办法更多地顾及民生问题。

虽然有贫困、国际冲突和教派纷争等问题，但各个阶层的巴基斯坦人有一个共同点——视中国人为朋友。

2. 社会基础设施及社会保障体系

巴基斯坦是国际上公认的人均收入较低的国家之一，据世界银行统计，2020年，人均收入为1280美元。在使用清洁水饮用水源方面，使用自来水作为主要水源的家庭比例不到一半。

巴基斯坦政府努力解决社会问题，改善穷人生活条件，特别是就业和医疗卫生问题。医疗卫生业主要由各省自己管理，联邦政府负责全民族的医疗卫生计划、省际合作和处理与国际机构联系的合作事务。巴基斯坦政府开办惠及全民的免费医院、实行医药分开、降低药价和采取公务员看病报销制度等措施，使巴基斯坦在国民卫生保健领域走出了一条较为成功的道路。截至2016年年底，巴基斯坦有14282家医疗机构，123394张病床，1201家医院，683个农村医疗中心，195896名医生。一些社会和宗教福利组织也从事社会福利活动。

3. 教育

巴基斯坦实行中小学免费教育。正规教育分5个阶段：小学教育，1～5年级；初中教育，6～8年级；高中教育，9～10年级；普通或技术教育，又称"中等学院"或"中等学校"，也称"高级中等学校"，11～12年级；高等教育。职业教育一般从8年级以后开始，相当于普通高中的技校和职业学校，综合技术学校和技术学院对学生进行进一步培训，毕业时发给技术文凭和技术学位。在巴基斯坦正规教育制度中，学生升级都需通过考试。

与正规教育制度并存的是传统清真寺学校。这类学校办在清真寺里，由宗教人士担任老师，讲授阿拉伯文学，了解伊斯兰教的各种流派，也学习修辞、语法、逻辑、几何学、代数学、天文学、伊斯兰教理论、自然哲学、医学和神学。

联合国教科文数据显示，巴基斯坦10岁以上人口识字率为60%。另据不完全统计，巴基斯坦全国共有小学15.8万所，初中2.9万所，高中1.6万所，大学51所。巴基斯坦著名高等学府有旁遮普大学、卡拉奇大学、伊斯兰堡真纳大学和白沙瓦大学等。

4. 主要媒体

巴基斯坦媒体尤其是私营媒体较为发达，且高度自由化，总共有100多家电视台，100多家广播电台、10家通讯社和近2000家各类英文、乌尔都语或地方语种报纸、杂志等媒体。国营电视台仅有一家即巴基斯坦电视公司，国营通讯社为巴基斯坦联合通讯社。知名私营媒体集团包括战斗集团，旗下拥有GEO电视台、《战斗报》和《新闻报》；纳瓦集团，旗下有时代电视台、《国民报》等；黎明传媒集团，旗下有《黎明报》和黎明电视台；快讯传媒集团，旗下有快讯新闻电视台、《论坛快报》和《每日快讯》。除上述四大私营媒体集团运营的报纸外，巴影响力较大的英文报纸还有《每日时报》《今日巴基斯坦报》和《观察家报》等。

5. 科技发展

1984年2月，巴基斯坦政府批准了科学技术部制定的全国科学技术政策；1985年，又批准了实施该项技术政策的科学技术行动计划。全国科学技术政策涉及的方面包括：科技机构和结构，高等院校的研究活动；技术发展；科学技术人才的培养；科学技术在经济社会中的运用；国际联系与合作；科学技术发展项目的资金来源。巴基斯坦科学技术发展中存在的主要问题不是缺乏资金和机器设备，而是缺乏高等院校、研究与开发机构，以及工农业各个领域训练有素和合格的人才。因此，科学技术部于1985年实施了在新技术领域培训高级人才的人才资源开发计划，意在提高全国的科技潜能、培养足够的合格人才。为了推动高等院校的研究活动，各大学恢复了高级研究委员会，加强图书馆、文献资料和实验室等设施建设，加强培训活动，实行研究与开发资金分开等措施。

自1956年巴基斯坦成立了原子能委员会和原子能理事会以来，已构建起较为完备的核能安全体系，在建立和执行核能安全和放射性保护的法规、标准及监管方面发挥了历史作用。

16.6 文 化 环 境

1. 民族

巴基斯坦是一个多民族国家，其中旁遮普族是人口比例最大的民族，截至2021年3月底，占全国人口总数的63%，其他的主要民族，信德族占18%，普什图族占11%，俾路支族占4%。

巴基斯坦有很多部落，主要分布于开伯尔—普什图省靠近阿富汗边境一带，其中大部分人属普什图族。部落区不实行巴基斯坦的法律，部落事务由族人按照传统习惯和方式自主决定。部落首领称作长老，实行世袭制。长老威望很高，不仅在本部落内部有很大的权力，还可以对政府及司法机构施加影响。部落区在巴基斯坦联邦国民议会和参议院都有代表席位，一般都是较大部落的长老当选议员。各部落拥有自己的武装，负责维持本部落的治安。

2. 宗教

根据宪法规定，巴基斯坦的国教为伊斯兰教，伊斯兰教徒占全国人口总数的95%，此外，还有印度教、基督教和锡克教等，但仅占全国人口的5%。

3. 语言

乌尔都语为巴基斯坦的国语，英语为官方语言，主要民族语言有旁遮普语、信德语、普什图语和俾路支语等。

4. 家庭及社会生活习俗

（1）家庭

在巴基斯坦农村，重男轻女比较普遍，不过在城市这种情况在慢慢改变。男性家长在子女教育问题上的态度，对女孩子的未来具有重大影响。在一些开明的家庭中，女孩子能受到良好的教育，成为教授、作家、官员，甚至成为领导人。与此相反，家长的保守态度使许多女孩子失去上学机会。

（2）生活习俗

① 服饰。相对而言，巴基斯坦的传统服装比较保守，巴基斯坦男人冬天爱戴真纳皮帽，妇女一律着长衫长裤，并以纱巾、披单或布尔加（一种罩袍）掩盖其容貌，从头到脚都裹得比较严实。

② 饮食。

巴基斯坦人的主食为面食和大米，尤其喜欢粗面烙饼。他们还喜食各种油煎、油炸食品，喜欢生食蔬菜，蔬菜煮熟时做成菜泥。各种豆类在巴基斯坦很受欢迎，消费量很大。巴基斯坦人喜欢牛奶、酸奶、奶茶，喜欢喝凉水和冰水，茶是巴基斯坦社会各阶层每天都不可缺少的饮料。

甜食是巴基斯坦传统食品的一大项目，品种很多，消费量极大。甜食不仅是馈赠亲友的礼品，也是风俗礼仪的组成部分。在求婚、订婚和举行婚礼时，男女双方都要互相馈赠和分发大量甜食。

③ 婚丧嫁娶。巴基斯坦通行族内婚姻和近亲婚姻惯例，即堂兄妹、表兄妹之间通婚。随着社会发展，在大城市，这种婚俗已经被打破，但是，在农村地区，这种古老的习俗仍然存在。包办婚姻、早婚、换婚、在家族和部落冲突中以女子作为赔偿、买卖妇女等陋习依然存在，女性往往成为牺牲品。

由于巴基斯坦人把婚姻看得非常严肃、神圣，加之传统习俗和宗教影响，在巴基斯坦，离婚非常少见。

巴基斯坦的丧葬仪式需要按照伊斯兰教规的要求进行。

④ 礼节。巴基斯坦在礼节方面受伊斯兰教影响最大，这也决定了其商业习俗的主要特点。见面时互道安好，一般以握手为限。如遇很久不见的老朋友或贵客，在握手问好之后，还要热烈拥抱。

男子向女方问候时不可主动和对方握手。只有在女方主动伸出手来，才可和其握手。

在巴基斯坦，好客被视作一种美德。他们认为客人是真主的恩赐，主人无论贫富，都应请客人留下吃饭，竭尽所能予以款待，至少也应以茶点或冷饮招待，否则便算失礼。

16.7 商 业 环 境

1. 贸易政策与法规

（1）贸易主管部门与法规体系

巴基斯坦贸易主管部门是巴基斯坦商务部，其主要职责包括国内外贸易管理和政策制定、出口促进、公平贸易（反倾销等）、多双边贸易协议谈判、商协会的组织和监管、保险行业监管等。

巴基斯坦国家银行负责金融体系监管、外汇管制和发行货币。巴基斯坦财政部下属联邦税收委员会负责关税制定、关税征收、海关监管等。

巴基斯坦与贸易相关的主要法律法规有《公司法》《贸易组织法》《贸易垄断与限制法》《海关法》《反倾销法》《反囤积法》等。

(2) 进出口管理与关税制度

巴基斯坦政府将出口产品分为禁止类、限制类、限价类和一般类。其中部分禁止类商品出口需要获得相关政府主管部门的许可，限制类商品的出口需符合政府规定的相关要求。

在巴基斯坦从事贸易除遵守有关现行法律外，还应密切关注政府每财年年初发布的新财年贸易政策，以获取最新规定及最新商品关税税率等信息。

巴基斯坦根据《海关法》《进出口法》和《海关细则》等对进出口商品进行管理。大部分商品关税税率为5%～35%，商品关税税率每年均有调整。出于保护国内产业的目的，巴基斯坦政府可以对进口货物征收反倾销税和调解关税。

2. 投资管理制度

(1) 投资主管部门

巴基斯坦投资部是联邦政府负责投资事务的部门，下辖的职能部门投资局主要职责包括在投资商与其他政府部门之间发挥联络和纽带作用；建立投资对接数据库，提供投资商所需的必要信息和咨询服务。巴基斯坦投资局在各省均有分支机构。

(2) 投资政策与法规

巴基斯坦主要投资法律有《1976年外国私人投资（促进与保护）法案》，明确规定对外商投资应予以保护，不得对外资公司实施国有化，外资利润可汇出，外资享受国民待遇等；《1992年经济改革保护法案》强调保护国内外公司外汇账户、支持投资设厂、保护资产转让、保守银行交易秘密，允许所有经济领域向外资开放，外资同本国投资者享有同等待遇，允许外资拥有100%的股权；在最低投资金额方面，对制造业没有限制，但在非制造业方面，则根据行业不同有最低要求，服务业（含金融、通信和IT业）最低为15万美元，农业和其他行业为30万美元等。《1984年公司法》对公司成立、注册、组织、运作、转让、变更进行了详细规定，并对外国公司在巴基斯坦成立分公司、办事处和开展业务做出了明确规定。外商在巴基斯坦投资享受设备进口关税、初期折旧提存、版权技术用费等方面的优惠政策。

(3) 投资限制

巴基斯坦投资政策规定限制投资的5个领域是：武器、高强炸药、放射性物质、证券印制和造币、酒类生产（工业酒精除外）。此外，由于巴基斯坦是伊斯兰国家，外国企业不得在当地从事夜总会、歌舞厅、电影院、按摩、洗浴等娱乐休闲业。

(4) 对中国企业投资合作的特殊保护政策

1989年2月，中巴双方签署《双边投资保护协定》；2006年11月，双方签署的《中巴自由贸易协定》也对双边投资保护做出了明确规定；2008年10月，双方签署《自贸协定补充议定书》，巴方专门给予中巴投资区12条优惠政策。中国与巴基斯坦于1989年签订税收协定，截至2016年年底，中国与巴基斯坦共签署了三次议定书，对中巴税收协定进行了进一步的修订。中巴税收协定主要就所得税领域的避免双重征税和防止跨国逃避税等方面进行了规定。2019年12月1日，中巴自贸协定第二阶段议定书生效并于2020年1月正式实施。

3. 企业注册

（1）设立企业的形式

巴基斯坦法律允许外国企业在巴基斯坦以三种形式从事经营：一是独资，二是合伙，三是成立公司。独资即个体经营，指自然人以自有资金从事某种经营活动，在设立上没有正规程序要求。合伙企业是两个或两个以上的自然人或组织根据合伙合同成立的经营组织，合伙各方对合伙企业盈亏负全部责任。公司是根据《1984年公司法》规定成立的法人实体，有股份有限公司、有限责任公司和无限责任公司之分。

（2）注册企业的受理机构

巴基斯坦负责公司注册和管理的主管政府部门是证券与交易委员会。该委员会的主要职能为：管理证券市场及相关研究；公司法的执行监督、管理（包括公司注册）；除银行外的信贷机构的管理；保险业的管理；等等。证券与交易委员会在首都伊斯兰堡、卡拉奇、拉合尔、白沙瓦、费萨拉巴德等地均设有办事处。

（3）注册企业的主要程序

外国公司在巴基斯坦开设分支机构，首先需在开设30天内向巴基斯坦投资委员会提出申请，然后到证券与交易委员登记注册，经登记注册后的企业应持有关批准文件到巴基斯坦税务部门办理税务登记获取税号，以及到商业银行履行开户等手续。有关联系方式和相关表格可登录投资委员会网站和证券与交易委员会网站。

在巴基斯坦制造业领域成立公司无须政府审批，但成立银行、保险、金融投资、风险投资、资产管理等类型的公司，需要经过相关部委预先批准。

4. 知识产权

巴基斯坦知识产权立法体系包括商标法、专利法、设计法、版权法、集成电路法等，以及上述法律的相关实施细则等。巴基斯坦政府致力于强化本国经济、提升国际竞争力、加快与全球经济的接轨整合。为了更好地实现知识产权综合管理和执法协调的目标，2005年，巴基斯坦政府组建巴基斯坦知识产权组织，具体负责知识产权综合管理和执法协调，在打击假冒盗版、完善知识产权制度，以及提升公众知识产权意识方面取得显著成效。

5. 商业习俗与惯例

在巴基斯坦商务活动中，一般采用英语。在从事商业接触时，必须了解当地的社会生活和风俗习惯，否则可能会妨碍商务活动。

本 章 小 结

巴基斯坦是一个多民族国家，95％以上的居民信奉伊斯兰教（国教）。巴基斯坦是一个发展中国家，经济以农业为主，工业落后，最大的工业部门是棉纺织业，其他还有毛纺织、制糖、造纸、烟草、制革、机器制造、化肥、水泥、电力、天然气、石油等。巴基斯坦政府一直努力加速工业化，扩大出口，缩小外贸逆差，与90多个国家和地区有贸易关系。巴基斯坦主要进口石油及石油制品、机械和交通设备、钢铁产品、化肥和电器产品等；主要出口棉花、大米、纺织品、皮革制品和地毯等。巴基斯坦与印度、孟加拉共同的历史渊源形成了这几个国家在社会、经济、文化等总体环境方面的极大共性，但在政治、宗教等方面又存在差异或分歧，这使得在了解巴基斯坦的商务环境过程中既有捷径可循，又有关键环节需要注意，这样才能有效地掌握与巴基斯坦人进行商务沟通的要领。

思 考 题

1. 在巴基斯坦从事商务活动应遵循的主要规矩、注意事项和禁忌是什么？
2. 在巴基斯坦经商做生意有什么样的风险？
3. 巴基斯坦贸易限制的内容是什么？
4. 中巴经济走廊建设给两国经贸合作带来哪些机遇？

第 17 章

孟加拉国

拓展视频
17-1

孟加拉国全称孟加拉人民共和国，又称"黄麻之国"。

17.1 简 史

孟加拉国历史上曾经是北部印度多个王朝领土的一部分。孟加拉在公元 8—12 世纪由信奉佛教的巴拉王朝统治，大约在 13 世纪初被信奉伊斯兰教的穆斯林统治，1576 年，归属莫卧儿帝国。16 世纪，孟加拉地区已经成为人口稠密、经济发达、文化昌盛的地区。1757—1764 年，英国人占领孟加拉，并以此作为向印度扩张的基地。19 世纪，孟加拉国成为英属印度的一个省。1947 年印巴分治，孟加拉地区被分为东、西两个部分，西部归印度，东部归巴基斯坦，称为东巴基斯坦。1971 年，印度通过第三次印巴战争肢解了巴基斯坦。使得东巴基斯坦脱离了巴基斯坦，并于 1972 年 1 月宣布成立孟加拉人民共和国。

17.2 自 然 环 境

1. 位置与面积

孟加拉国位于南亚次大陆东北部的恒河和布拉马普特拉河冲击而成的三角洲上，东、西、北三面与印度毗邻，东南与缅甸接壤，南临孟加拉湾，海岸线长 550 千米，国土面积 147570 平方千米。

2. 地形、地貌、气候与降水

孟加拉国全境 85% 为冲积平原，地势低平、河流纵横、沼泽众多，其东南部和东北部为丘陵，土地肥沃，是农业和渔业主产区。孟加拉国被称"水泽之乡"和"河塘之国"，是世界上河流最稠密的国家之一。全国河流主要分为恒河、布拉马普特拉河、梅克纳河三大水系。其中布拉马普特拉河的上中游是中国的雅鲁藏布江。孟加拉国境内的河流总长度约为 24000 千米，约占其表面面积的 7%。

孟加拉国大部分地区属亚热带季风型气候，气候湿热多雨，全年平均气温为26.5℃，为世界多雨国之一。

由于地理位置和气候条件等原因，孟加拉国是世界上最易遭受自然灾害的国家之一。孟加拉湾是飓风最频繁的地区，因此，孟加拉国经常受到飓风的袭击。频繁的自然灾害给孟加拉国经济造成了巨大损失，严重地阻碍了孟加拉国经济的发展，也使孟加拉国的经济变得十分脆弱。

3. 资源禀赋

孟加拉国矿产资源贫乏，对进口的依赖度高。天然气储量最为丰富，据孟加拉国能源与矿产资源部估计，已探明天然气储量为3113.9亿立方米，主要分布在东北地区，煤炭储量约7.5亿吨。森林面积约200万公顷，覆盖率约13.4%。全国可耕地面积为1480万公顷（其中已耕地2/3）。孟加拉国其他重要的资源主要还包括石灰石、硬岩石、煤炭、硅砂、白粘土等。

由于地理位置和气候条件等原因，孟加拉国十分适合发展农业，其粮食作物主要有水稻、小麦、豆类、油籽、马铃薯等；经济作物主要有黄麻，黄麻以及以黄麻为原料的制成品曾是出口创汇的主要来源。孟加拉国其他经济作物还有甘蔗、茶叶、棉花、槟榔、棕榈等。

孟加拉国的渔业资源极为丰富，冷冻鱼虾是孟加拉国四大主要出口产品之一。

4. 人口及行政区划

孟加拉国总人口约1.7亿人，是世界上人口密度最高的国家。

孟加拉国全国划分为达卡、吉大港、库尔纳、拉吉沙希、巴里萨尔、锡莱特、郎布尔和迈门辛8个行政区，下设64个市，489个县，4550个乡。

首都达卡，人口约1600万人，市内有800多座清真寺，被称为"清真寺之城"，是孟加拉国政治、经济、文化中心。达卡始建于公元7世纪，1972年，孟加拉国独立后成为首都。

拓展视频 17-2　拓展视频 17-3

除首都达卡外，孟加拉国主要的大城市还有吉大港，其工业产值和国际贸易额分别占孟加拉国的40%和80%。

17.3　政治环境

1. 政治体制

孟加拉国实行一院议会制，即国民议会。20世纪90年代以来，孟加拉国政府主要由孟加拉民族主义党和孟加拉人民联盟轮流执政。

1972年，议会正式通过宪法。宪法于当年生效。宪法规定议会行使立法权。1982年3月军管后，宪法中止实行。1986年11月恢复执行宪法。议会由公民直接选举出的300名议员和由当选议员遴选的50名女性议员组成，任期5年。议会设正、副议长，由议员选举产生，还设秘书处，以及专门委员会等部门。

2. 政府

总统是孟加拉国国家元首，由议会选举产生，每届任期 5 年。总统任命在议会得到大多数支持的议员为总理，总理是内阁首脑，行使国家最高行政权力，内阁向议会负责。孟加拉国前宪法规定，一届政府 5 年任期结束后，要把权力移交给一个中立的看守政府，看守政府在 3 个月内组织下届大选。2013 年，第 16 次宪法修正案取消了看守政府制度，允许执政党政府组织大选，大选须在议会解散前 90 天内举行。2019 年 1 月 7 日，孟加拉国新一届内阁宣誓就职，人民联盟主席哈西娜出任新内阁总理，哈西娜连续四次出任孟加拉国总理，也将成为孟加拉国第一位在职时间达 20 年的总理。

3. 政治党派

孟加拉国政党林立，主要政党有孟加拉民族主义党、孟加拉人民联盟、孟加拉民族党、伊斯兰大会党等。自 20 世纪 90 年代以来，孟加拉国"对抗政治"的局面使得政局不稳定，但无论哪个政党上台执政，基本上都奉行改革开放、积极吸引外资的政策。

4. 司法体制

高等法院是孟加拉国最高司法机构，由一名首席法官和若干名法官组成，均由总统任命。高等法院分为上诉法庭和高等法庭两部分。首席大法官和部分指定的法官审理上诉法庭的案件，其他法官审理高等法庭的案件。达卡有高等法院和劳工上诉法院，此外，还设有巡回法院、县法院、民事法院、刑事法院。

5. 对外关系

孟加拉国奉行独立自主、不结盟政策，强调经济外交，在平衡同大国关系的同时，注重发展与伊斯兰国家的传统关系，努力改善和发展与印度的关系，并加强同西方国家的关系。

孟加拉国致力于推动南亚区域合作，积极参与次区域和跨区域合作，主张全面、彻底裁军，主张以和平方式解决国际争端，反对西方国家利用人权问题干涉别国内政，强调建立公正的国际经济新秩序，国与国之间应遵循和平共处五项原则。

1975 年 10 月 4 日，孟加拉国与中国正式建立外交关系。建交后，两国间友好合作关系一直健康、顺利地向前发展。双方在政治、经济、军事、文化等各个领域进行了卓有成效的合作，在一系列重大国际和地区性问题上看法基本一致，在国际事务中密切配合。2016 年 10 月，习近平主席访问孟加拉国，双方就中孟关系及共同关心的地区国际问题交换意见，达成广泛共识，两国一致同意将中孟关系上升为战略合作伙伴关系，签署了"一带一路"合作文件，开启了中孟传统友好关系的新篇章。

拓展视频 17-4　　拓展视频 17-5　　拓展视频 17-6　　拓展视频 17-7

17.4 经济环境

1. 经济发展状况

孟加拉国是世界上最不发达的国家之一，工业基础薄弱，生产技术落后，国民经济主要依靠农业。自20世纪80年代中期开始，孟加拉国实施以市场为导向的自由经济增长战略，并在20世纪90年代初期加大实施这一战略的力度，全面修订工业贸易政策，推动贸易、投资自由化进程，大力吸引外国投资，加强对民营企业发展的支持，大力改善基础设施。经历届政府努力，孟加拉国经济保持持续、平稳的增长，经济与社会取得了一定程度的发展，人民生活水平逐步有所提高。近10年来，孟加拉国经济保持稳定增长，年均国内生产总值增长率维持在6%以上。2019—2020年，受新冠肺炎疫情影响，孟加拉国的国内生产总值为27.96万亿塔卡，同比增长5.24%，人均国内生产总值约合2010美元，人均收入约合2064美元（按1美元兑84.79塔卡汇率计算）。

2. 经济结构

独立以来，孟加拉国不断地由农业社会向工业社会演进，产业结构变化大。从城市化进程来看，孟加拉国大约80%的人口生活在农村地区；从就业结构来看，约40.6%的劳动力人口从事农业，农业对于孟加拉国就业、减贫、粮食安全、国民经济增长等都有着重要影响。从产业结构来看，2020年，农业、工业和服务业三大产业占GDP的比重分别为12.65%、28.79%和54.63%。服务业在孟加拉国国民经济中占有重要地位，孟加拉国工业落后，工业以原材料工业为主，制造业欠发达，尚未形成完整的工业体系。

为促进产业结构的优化，实现经济的持续发展，在产业政策方面，孟加拉国通过了2010年国家工业政策法令，将以下产业或产品列为重点发展产业：农副业及农产品加工业、纺织业、黄麻产品及麻混合产品、成衣业、计算机软件和IT产品、电子、轻型工程产品、汽车、医药品、皮革及制品、陶瓷、时尚与高附加值成衣、人造花、冷冻食品、整合虾养殖、花卉养殖、基础设施、珠宝及钻石切割与抛光、石油与天然气、蚕及丝绸工业、填充玩具、旅游业、基础化学/工业原材料、纺织业用的染料及化工品、眼镜架、家具、时尚行李产品、化妆品、冷轧卷、手工艺品、文具产品、草药、商业种植园、园艺业。特别是其中的农副业及农产品加工业、纺织服装业、计算机软件和IT业、电子业、冷冻食品、皮革及制品业的发展，尤为孟加拉国政府所重视。

3. 经济基础设施

孟加拉国地处恒河和布拉马普特拉河三角洲水网地带，加上飓风和洪水的破坏，基础设施建设困难重重。孟加拉国政府正积极通过国际援助，调整投资政策，出台《民间基础设施投资指南》，推行私有化，开放能源、港口、电信部门，逐步改善经济基础设施状况，并提高运行效率。

(1) 交通基础设施

孟加拉国经过多年发展，基本形成以内河运输为主的包括水运、公路运输、铁路运输和航空运输的运输体系。

水运。孟加拉国河流众多，内河运输是货物和人员运输的主要方式。大部分地区由复杂的水路网络连接，在季风时期可以达到更广泛的规模，承载了超过50%的干线货运和25%的客运总量。在河流总里程中，有6000千米可在季风季节供现代机械化船只通行，约3800千米可全年通航。数以十万计的乡村船只则可以在更为细窄的水道使用，作为数百年来在内陆和沿海水域航行的传统船只，它们是农村地区货物和人员的运输工具，发挥着关键作用。孟加拉国目前有3个海港，最大的吉大港和第二大的蒙格拉港已经全面投入运营，第三大的帕亚拉港口已经部分投入使用。

公路。据孟加拉国公路局统计数据，全国公路总里程为22096千米，其中，国家级公路3906千米，地区公路4767千米，乡村路13423千米。孟加拉国交通基础设施非常落后，无市内轨道交通，道路拥挤。

铁路。孟加拉国境内现有铁路2955.53千米，运营里程2655.93千米。孟加拉国铁路局将铁路划分为东区和西区，东区现有铁路1390.78千米，主要是米轨；西区米轨线路531.15千米、宽轨线路682.19千米、套轨线路280.55千米。孟加拉国首都达卡、西北罗洪布尔、东北贝纳波尔均有铁路通往印度。

空运。孟加拉国民用航空管理局共管理和维护3个国际机场、7个国内机场（其中2个未使用）和4个短距起飞和降落港口。在孟加拉国民用航空管理局的14个机场和短距起降港口中，有13个是在补贴下运营的。哈兹拉特·沙贾拉尔国际机场是唯一的收入超过支出的机场。

(2) 能源

孟加拉国能源供应仍然不足。孟加拉国全国尚有5%的人口未实现电力覆盖，工农业生产对于电力需求十分强劲，电力是孟加拉国政府重点发展行业。

(3) 通信

孟加拉国移动通信发展迅速，五大运营商竞争激烈。2018年2月，孟加拉国正式进入4G时代，手机用户总数达到1.56亿人次，每分钟有约1121人通过4G网络进行连接。截止2020年，孟加拉国移动用户数达到1.74亿人次。

4. 贸易、投资、金融与外汇

(1) 贸易

孟加拉国近几届政府均主张实行市场经济，积极推行私有化政策，改善投资环境，大力吸引外国投资，积极创建出口加工区，贸易和投资均获得稳步增长。在对外贸易方面，孟加拉国与世界上130多个国家建立了贸易关系，对外贸易稳步增长，尤其是出口贸易增长较快，已形成一批在国际市场上具有竞争力的优势产品。孟加拉国2019—2020财年（截至2020年6月底）对外贸易情况：总额约1096亿美元，其中出口额为445亿美元，同比增长6.2%；进口额为650亿美元，同比下降5.9%。孟加拉国主要进口来源地为中国、印度、新加坡、印度尼西亚、马来西亚、日本、韩国、德国、科威特；商品出口目的地主要为加拿大、美国、英国、西班牙、法国、荷兰、意大利、比利时、德国、土耳其。

主要进口商品为纺织及手工艺品、机电产品、金属及金属制品等;主要出口商品为成衣、黄麻及黄麻产品、皮革及皮革制品、冷冻鱼虾、家用纺织品、医药产品等。

在中孟双方的共同努力下,中孟经贸关系取得长足发展,双边贸易额稳步攀升。2018年,中孟进出口额同比增长16.8%。受疫情影响,中孟双边贸易额有所下降。据中国商务部统计,2020年,中孟两国进出口总额158.6亿美元,同比下降13.6%。其中,中国对孟加拉国出口150.6亿美元,同比下降13.1%;进口8.0亿美元,同比下降22.9%。中国对孟加拉国出口的商品主要包括:棉花、工业品、矿物燃料、机动车等;中国从孟加拉国进口商品主要包括:服装纺织品、食品、皮革、塑料及其制品、工业品、饲料等。

(2) 投资

在投资方面,孟加拉国利用外资发展本国经济的战略取得显著效果。从外商直接投资趋势变化来看,尽管波幅较大,但总体上表现出稳中有升的趋势。据联合国贸发会议发布的《2021年世界投资报告》显示,2020年,孟加拉国吸收外资流量为25.64亿美元;截至2020年年底,孟加拉国吸收外资存量为193.95亿美元。主要投资来源地分别为美国、英国、荷兰、新加坡、韩国、中国。

从投资领域看,外商最主要和最集中的投资领域是能源行业,如天然气勘探开发和利用、电力建设等,其他投资领域主要是制造业和纺织服装业。进入21世纪以来,电信业外国投资势头兴旺。总体而言,孟加拉国利用外资发展本国经济的战略确实取得了令人瞩目的效果,但吸收外国直接投资的表现与其优惠的投资政策不匹配。

据中国商务部统计,2020年,中国对孟加拉国直接投资流量3.2亿美元。截至2020年年底,中国对孟加拉国直接投资存量20.1亿美元。投资领域涉及电力、公路、服装、纺织、陶瓷等,但主要集中在基础设施、纺织服装及其相关的机械设备等领域。

(3) 金融

孟加拉国现有银行体系包括1家中央银行,6家国有商业银行,40家私人银行(其中32家传统商业银行,8家伊斯兰商业银行)和9家外国商业银行。孟加拉国现有30家寿险公司和45家非寿险公司。

在孟加拉国金融体系中值得一提的是由穆罕默德·尤努斯教授创立的格莱珉(意为"乡村")银行,该银行专注于向孟加拉国最穷苦的人提供小额贷款,并保持持续盈利,取得巨大成功。格莱珉模式以实践向世界证实,银行业可以不借助抵押品、法律手段而借款给穷人,并以实践证明了"在许多国家,穷人比富人更有信誉"。这一银行模式和经验现已广为世界各地借鉴和效仿。

孟加拉国货币为塔卡。

(4) 外汇

外汇政策方面,孟加拉国实行浮动汇率制,中央银行不对本外币汇率进行硬性规定,而由各银行根据市场供求情况自行制定。1994年3月24日,孟加拉政府宣布其货币塔卡在经常项目下可以自由兑换,但对资本项目如投资和货币投机仍然实行严格的管制。

17.5 社会环境

1. 基本情况

孟加拉国劳动力资源充沛。根据孟加拉国财政部发布的年度经济报告，2017财年，孟加拉国15岁以上劳动人口总数为6350万人，技术工人较为缺乏，普通劳动力素质较差，工作效率不高。农业、服务业、工业就业人口占比分别为40.6%、39%、20.4%。迫于生活压力，孟加拉国每年都有大量劳工以劳务输出等方式走出国门，到世界各国工作。2019—2020财年，海外劳工汇款收入为182亿美元，且超过80%的海外劳工前往中东国家。

2017年7月，孟加拉国发展研究中心发布的《孟加拉国劳动力市场和技术差距报告》显示，孟加拉国对技术熟练劳工的需求在2030年将达1.07亿人，2040年则将高达1.57亿人，而相应的劳工人数仅为9300万人和1.11亿人，面临较大缺口。

2. 人民生活

2019—2020年，孟加拉国人均收入约合2064美元，人民生活贫困，按农村贫困线衡量，全国贫困线人口比例高达23.5%，预期寿命71岁。

3. 医疗卫生保健

孟加拉国国立医院和私立医院共计1683家，床位51044个，注册医生44632人。国立医院费用较低，但医疗条件较差，只能治疗一般常见病；私立医院条件较好，但费用较高。孟加拉国没有公费医疗，仅部分保险公司从事医疗保险业务。

4. 教育和科研

在教育方面，孟加拉国政府重视教育，但是由于经济落后，人口过剩，教育仍然不能满足社会发展的需要。政府规定8年级以下女生享受义务教育。孟加拉国有126615所小学，20449所中学和9314所伊斯兰学校。孟加拉国的大学主要分为公立、私立和国际。孟加拉国拥有国立大学45所，私立大学103所，国立医学院36所，国际大学3所，普通学院4238所，技术职业学院5897所，专业培训学院596所。孟加拉国主要高校有达卡大学等。孟加拉国适龄学生入学率57%，教师人数109.4万人。民众识字率为65.6%，其中女性为63.4%。

5. 新闻出版与传媒

孟加拉国全国有1660多种报刊，主要孟加拉文报纸有《团结报》《曙光报》《革命报》等；主要的英文报纸有《每日星报》《孟加拉国观察家报》《独立报》等。

通讯社主要有3家：孟加拉国通讯社（国营）、孟加拉国联合通讯社（私营）、南亚通讯社（私营）。孟加拉国有9个广播电台，每天用孟加拉语、英语、乌尔都语、印地语、阿拉伯语和尼泊尔语等对外广播。孟加拉国电视台（国营）于1964年开办，在达卡和吉大港设有2个站点，设有2座卫星电视转播站，全国有11个转播站。

6. 工会组织

孟加拉国宪法保障了工人有集会和加入工会的自由，同时也允许工人经政府批准自己组成工会，但在出口加工区内不能成立。然而2004年孟加拉国在美国的压力下，通过立法允许出口加工区内的工人享有部分联合的权利，即可先成立"福利委员会"保护工人的合法权益。孟加拉国工会力量强大，全国有超过6400个工会，其中12个为大型工会组织，会员超过190万人。大多数工会都与政党联系密切，斗争性强，因此常为政治所用，经常因政治原因发生大罢工。由于一些特殊情况，如临时解聘工人都可能导致严重的劳动纠纷。不过，私人企业中的工人大多没有加入工会，因而其生产率相对较高，管理相对容易。另外，所有的雇主都应遵守孟加拉国政府制定的劳动法，劳动法对工作环境、工作时间、工资水平、请假制度、保健和卫生条件，以及对受伤员工的补偿等都做出了规定。

17.6 文化环境

1. 民族

孟加拉国是个多民族国家，有20多个民族，主要民族为孟加拉族，约占总人口的98%。另外孟加拉国还有查拉尔玛、山塔尔、加诺等少数民族。

2. 宗教

孟加拉国是世界第三大伊斯兰国家，伊斯兰教为其国教，信奉者约占人口总数的88.3%，印度教信徒约占总人口的10.5%，其他人则信奉佛教和基督教等。

3. 语言

孟加拉语是孟加拉国的官方语言。英语被广泛使用于教育界和商务活动中。有相当部分人可以看懂阿拉伯语。

4. 社会生活习俗

在和孟加拉国人平时的交往中，尤其在就餐和传递物件时要用右手。翘拇指这个手势在孟加拉国是令人讨厌的。在孟加拉国进寺院和清真寺要脱鞋子和帽子，不要穿短裤、短裙，摄影需要事先得到允许。在平时的活动中，向服务的人付一点小费会方便办事。

在交往中孟加拉国人彬彬有礼，不时地摇摇头（左右摇摆），他们习惯的表达方式是向左摇头表示同意、尊重或认可；点头则表示不同意，也就是"点头不算摇头算"，正好与中国人的表达习惯相反，不过在商务谈判中同意与否还是要写在纸上。在孟加拉国结束商务活动或是会见工商界人士后，可以招待一顿午餐或晚宴，这是建立好关系的一个办法，宴请一般不请配偶。

在孟加拉国除了在较高级的酒店或社交场合，一般在吃饭时不用餐具，用右手抓食；男女分开吃，在家里一般是男人先吃女人后吃。在饭前饭后都要洗漱干净，在就餐中不要进卫生间；不要把盘子里的食物拿到另一个人的盘子里，即便是夫妻都是不可以的。

孟加拉国是伊斯兰国家,大多数人恪守教规,不饮酒,初到孟加拉要"入乡随俗,入境问禁"。孟加拉人不喜欢别人给他们拍照,他们也不喜欢13这个数字。在孟加拉国搭计程车应先说好价钱再上车。

5. 节日

孟加拉国的主要节日有独立日(3月26日)、胜利日(12月16日)、烈士日(2月21日)等,以及传统的开斋节和宰牲节。

17.7 商业环境

1. 贸易政策与法规

(1) 对外贸易主管部门

孟加拉国商务部主管本国大流通行业(含内贸和外贸),主要负责制定进出口政策、修订公司法、协调和管理国内商业和保险业、制定关税政策、负责世界贸易组织和国际贸易组织事务等。商务部下设办公厅、对外贸易协定局、出口局、进口和国内贸易局、世贸组织局等,负责管理出口促进局、海关税则委员会、贸易公司等。

(2) 对外贸易法律法规

孟加拉国现行对外贸易主要法律有《进出口法案(1950年)》《国家出口奖励政策(2006年)》《进口商、出口商、采购商(注册)令(1981年)》《进出口政策(2012—2015年)》等。

(3) 进出口管理

孟加拉国于1972年加入"关贸总协定",1995年,自动转为WTO成员。自20世纪80年代开始,孟加拉国一直推行贸易自由化政策,大幅削减关税,不断取消非关税壁垒。孟加拉国对进出口贸易一般不采取行政手段直接干预,而是以汇率、利率、开证保证金率、现金补贴、发展基金、附加税等经济手段加以调整。尽管多年以来孟加拉国大幅削减关税和非关税壁垒,但仍然保留相当水平的贸易壁垒。

关税既是孟加拉国调节进出口贸易的主要工具,也是财政收入的主要来源。据孟加拉国关税税则,对当地紧缺的资源和机械设备征以较低关税,对竞争性进口货品如纺织品服装、日用消费品尤其是奢侈品征以较高关税。

孟加拉国进口关税税率基本在0~25%区间。绝大部分进口商品关税为3%、5%、12%或25%。孟加拉国关税税率每财年会进行调整,部分产品调整幅度较大。

产品进入孟加拉国市场,除缴纳基本关税外,还根据情况缴纳多种繁杂的进口附加费,主要有以下几种:基础设施建设费25%,除皮革、棉花、合成纤维、计算机软硬件等产品外几乎所有进口产品都要征基础设施建设费;增值税15%,除另有免除规定外,所有进口品、国产产品均征收增值税;预提收入税3%;补充税10%~60%,孟加拉国对奢侈品和违背习俗的产品,如奢侈品和烟酒、化妆品、食品、陶瓷、大排量汽车、空调、冰箱、电视机等进口产品另行征收补充税;进口调节税,根据需要,如外汇储备压力等情况，对某些进口商品临时加征进口调节税。

孟加拉国海关隶属于国税局，在达卡和吉大港等口岸设有海关办事机构。此外，孟加拉国商业部下设有"进出口控制局"，负责对进出口凭证和进出口登记证的颁发。

2. 投资政策与法规

（1）投资管理部门

孟加拉国投资管理部门较多，包括出口加工区管理局、经济区管理局、小作坊工业公司、金融机构和商业银行、计划委员会、投资发展局等。外国投资者需要根据投资的区域、规模、行业和股比选择相应的投资管理部门。

（2）投资政策与法律法规

由于经济基础薄弱，投资缺口较大，孟加拉国经济建设主要依赖国际援助和外国投资。为了加快工业发展，孟加拉国积极建立健全相关法律法规。早在1980年孟加拉国就颁布了《外国私人投资（保护和促进）法案》《出口加工区法案》《投资委员会法案》《公司法》《私营出口加工区法案》《经济园区法案》《公私合营法案》等。

在投资政策方面，孟加拉国政府奉行投资自由化政策，鼓励私人投资和外商投资。除武器、军火、军用设施、机械、核能、造币和森林保护区内的森林种植及机械化开采等涉及国家安全保护行业的领域不允许外国企业投资外，其他行业均属于孟加拉国鼓励投资的领域。其主要的外资鼓励政策包括：降低投资准入门槛；对外国投资者实施税收减免；对外国投资主体实施国民待遇；保证外国投资不被无偿国有化和征收；设立出口加工区，为区内投资者提供优质服务和优惠的投资政策等。截至2019年年底，世界贸易组织没有报告任何孟加拉国违背"与贸易有关的投资措施"的情况，说明孟加拉国推动投资自由化的决心是很大的。

虽然孟加拉国对外国投资者的歧视并不普遍，但也存在一些歧视性的政策和法规，例如，在药品制造和进口方面，1982年颁布的《国家药品政策和药品管制法》对外国医药公司实行区别对待；进口商品在做电视广告时，需缴纳60%的广告附加费。

3. 商务活动

由于孟加拉国宗教文化发达，风俗习惯众多，在孟加拉国进行商务交往和谈判时，不仅要遵照通常的国际商务礼节和惯例，还要尊重他们的风俗习惯。

在孟加拉国开展商务活动首先要准时，包括去孟加拉国要事先发传真或打电话通知对方，许多公务人员或公司机构都喜欢到机场迎接客人。在会见时要按时到达，如果对方迟到或失约，不要抱怨，先留下余地再做安排。在孟加拉国，商务机构的工作日是星期日至星期四，星期五、星期六为公休日。由于孟加拉国基础设施落后，自然灾害频繁和慢节奏的生活，当地人养成了不争朝夕的习惯，工作效率不高。如果打算按时完成任务，最好在时间上用点技巧，在计划的时间范围内提前告知对方比较稳妥。

孟加拉国人热情、友好、喜欢公平交易和自由讨价还价。在正式谈判前要准备好相关材料，让对方尽快了解自己的意图和计划。在寒暄时不要直呼其名，要称先生、夫人、小姐等，一般用姓。在谈判中孟加拉人一般不直接用"不"这个字，而是含糊其辞或给一个建议表示不同意。在和孟加拉国人签订协议或合同时要注意细节，有关事项和有争议的问题要写清楚，以免产生纠纷导致麻烦。在和孟加拉国人一般交谈中，可以谈一些文学、文化艺术等日常生活的非敏感话题，宗教和政治的话题要谨慎，孟加拉人很关心政治，而且很认真，不要随意批评他们的政府，或评论重要的政治人物。在正式的场合要注意衣着的整洁，男士要穿西服，女士穿衬衣、长裙，保守一点为好，穿礼服是较为合适的。

孟加拉国也是关系导向型社会，因此建立良好的人际关系对顺利进行商务活动是十分重要的。在商务活动中要有跨文化的知识和交往技巧，以理解、宽容、以诚相待的态度进行交往，将会获得更好的效果。

本 章 小 结

尽管孟加拉国是世界上最贫穷的国家之一，自然灾害频繁，工业不发达，但丰富的自然资源、劳动力资源、潜在的巨大市场、政府推行的贸易和投资自由化政策以及与中国的良好关系，为开展商务活动提供了大量机会。然而，孟加拉国基础设施薄弱、政治环境动荡、法制不健全、劳动力文化素质低等因素有碍于商务活动的广泛开展。此外，在与当地的商人进行商务往来时，一定要相互尊重，平等互利，尊重对方的宗教习俗，掌握适当的谈判技巧。

思 考 题

1. 在孟加拉国经商、旅游、从事公务活动应遵循的主要规矩、注意事项和禁忌是什么？
2. 格莱珉银行对中国农村金融体系改革有何借鉴意义？
3. 在孟加拉国投资会面临哪些机会和风险？

第 18 章

斯 里 兰 卡

拓展视频
18-1

斯里兰卡全称斯里兰卡民主社会主义共和国。

18.1 简　　史

斯里兰卡是个历史悠久的国家，有文字记载的历史长达 2000 多年，古称"悉诃罗底巴"，意为狮族之岛。根据斯里兰卡古代历史文献记载，2500 年前，来自北印度的雅利安人移民至锡兰岛建立了僧伽罗王朝。

公元前 247 年，印度孔雀王朝的阿育王派其子来岛弘扬佛教，受到当地国王的欢迎，从此僧伽罗人摈弃婆罗门教而改信佛教。公元前 2 世纪前后，南印度的泰米尔人也开始迁徙并定居锡兰岛。公元 5—16 世纪，僧伽罗王国和泰米尔王国之间征战不断。16 世纪起斯里兰卡先后被葡萄牙和荷兰人统治，18 世纪末成为英国殖民地。1948 年 2 月 4 日独立，定国名锡兰；1972 年 5 月 22 日，改称"斯里兰卡共和国"；1978 年 8 月 16 日改国名为"斯里兰卡民主社会主义共和国"。从 1983 年开始斯里兰卡经历了长达 26 年内战，直到 2009 年 5 月这场内战才最终结束。

拓展视频
18-2

拓展视频
18-3

18.2 自 然 环 境

1. 位置及面积

斯里兰卡是一个岛国，素有"印度洋上的珍珠"之称，其国土面积为 65606 平方千米。

斯里兰卡四面环海，西北隔保克海峡与印度相望，扼印度洋北部东西航道要冲；东北部濒临孟加拉湾和中南半岛；东部与马来西亚、新加坡、印度尼西亚等东南亚国家隔海相望；西北部绕过印度半岛即可到达阿拉伯海。斯里兰卡自古以来就是东西方经济文化交流的中转站和海上贸易中心。

2. 地形、地貌、气候和降水

斯里兰卡中、南部地势较高，北部地势较低，最高峰皮杜鲁塔拉格勒山海拔2524米。斯里兰卡河流以中央高地为中心，呈辐射状分布，主要有马哈韦利河等，境内还有多条运河和湖泊。

斯里兰卡靠近赤道，终年如夏，无四季之分，为热带季风气候。根据海洋源流的转换、风向的变化和雨水的多少，斯里兰卡分为旱季和雨季两个季节，年平均气温28℃，各地年平均降水量1283~3321毫米。

3. 资源禀赋

斯里兰卡农业资源和动植物资源丰富，盛产宝石。

（1）农业资源

斯里兰卡土地肥沃，盛产热带经济作物，具有发展农业经济的良好条件。斯里兰卡可耕地面积占国土总面积的61%。茶、橡胶和椰子既是其农业经济收入的三大支柱，也是出口创汇的重要组成部分。

（2）矿产资源

斯里兰卡矿产资源的种类并不丰富，但盛产宝石和石墨，自古以来就享有"宝岛"的美誉，宝石的种类多，蕴藏量大，已有2000多年的开采历史。世界上许多宝石珍品都是在斯里兰卡发现，宝石出口一直是斯里兰卡出口创汇的重要项目之一。除了宝石，斯里兰卡最主要的矿藏还有石墨、钛铁矿和磷酸盐等。

（3）动植物资源

斯里兰卡植物种类极其丰富，有"植物王国"之美誉，分布有多种名贵树种，如麻栗树、黑檀、柚木和铁木等。斯里兰卡热带经济作物品种繁多，主要是茶叶、橡胶、椰子和香料等。这些作物是斯里兰卡的主要出口作物，尤其是橡胶和香料，是斯里兰卡出口换汇的主要产品。斯里兰卡也是一个动物资源丰富的国家，有着自己独特的动物种群，分布有大量的哺乳动物、爬行动物、鱼类、鸟类、蝴蝶等，许多动物都是世界上其他国家或地区所没有的。

4. 人口及行政区划

2020年，斯里兰卡总人口2192万人。斯里兰卡行政区共划分为9个省，分别是西方省、中部省、南方省、西北省、北方省、北中省、东方省、乌瓦省和萨巴拉加穆瓦省。各省下设行政区，共有25个行政区。

5. 首都和主要城市

科伦坡是斯里兰卡的政治、商业和文化中心。其立法首都是位于科伦坡市郊的科特市，议会和部分政府机关已搬迁至科特市办公。科伦坡位于斯里兰卡人口稠密的西南海岸，素有"东方十字路口"之称，也是世界上重要的港口之一。斯里兰卡的其他主要城市有康提、贾夫纳、亭可马里等。

18.3 政治环境

1. 政治体制

斯里兰卡实行总统共和制，三权分立。斯里兰卡现行宪法于 1978 年 9 月 7 日生效，是斯里兰卡历史上第 4 部宪法。1982 年后，斯里兰卡多次修改宪法。2015 年 4 月，斯里兰卡议会通过宪法第 19 修正案，对总统权力进行限制。2020 年 10 月，议会通过宪法第 20 修正案，恢复并强化了行政总统制。根据现行宪法的规定，立法权由民选议员组成的议会行使，议会为一院制议会，设有 225 个席位，按比例由民选产生，任期 5 年。总统既是国家元首，又是政府首脑和武装部队总司令，行使行政权，由民选产生，任期 5 年，可连选连任，但最多不得超过两届。总理和内阁其他成员均由总统任命，总统有权解散议会。司法权由议会通过法院和其他司法机构行使。宪法规定斯里兰卡所有官员包括议员在内，必须宣誓反对分裂主义，维护国家统一。

拓展视频 18-4

2. 政治党派

斯里兰卡的主要政党有斯里兰卡人民阵线、斯里兰卡自由党、统一人民力量、统一国民党、泰米尔全国联盟、人民解放阵线等。

3. 司法体制

司法机构由三部分组成：法院，包括最高法院、上诉法院、高级法院和地方法院等；司法部，负责司法行政工作；司法委员会，负责法院人事和纪律检查。

4. 对外关系

斯里兰卡奉行独立和不结盟的外交政策，支持和平共处五项原则，反对各种形式的帝国主义、殖民主义、种族主义和大国霸权主义，维护斯里兰卡独立、主权和领土完整，不允许外国对斯里兰卡内政和外交事务进行任何干涉，其外交重点是在解决国内民族问题上寻求国际社会的理解和支持。斯里兰卡关心国际和地区安全，主张建立国际政治、经济新秩序，全面彻底裁军，包括全球核裁军，坚决反对国际恐怖主义，呼吁加强国际反恐合作。1998 年 1 月，斯里兰卡成为《联合国反恐怖爆炸公约》第一个签字国。斯里兰卡积极推动南亚区域合作，2007 年 7 月，成为东盟地区论坛第 27 个成员国。斯里兰卡还是联合国和南盟等国际组织成员，截至 2019 年年底，已同 140 多个国家建立外交关系。

中斯友好交往历史悠久。1957 年，斯里兰卡与中国建交，此后，两国关系在和平共处五项原则的基础上顺利发展，政治往来不断，经济合作与贸易关系逐步加强。2013 年，斯里兰卡总统马欣达对华进行国事访问，两国宣布建立真诚互助、世代友好的战略合作伙伴关系。2014 年 9 月，习近平主席对斯里兰卡进行国事访问。2017 年，斯里兰卡总理维克拉马辛哈来华出席"一带一路"国际合作高峰论坛。

18.4 经济环境

1. 经济发展状况

拓展视频 18-5

拓展视频 18-6

由于受到殖民统治的影响,早期斯里兰卡的经济畸形发展,除了种植园迅速膨胀扩张,其他经济部门没有得到相应的发展,形成了单一出口的畸形经济,工业基础十分薄弱,经济结构单一。1978 年,开始实行经济开放政策,大力吸引外资,推进私有化,逐步形成市场经济格局。2008 年以来,受国际金融危机影响,斯里兰卡外汇储备大量减少,茶叶、橡胶等主要出口商品收入和外国短期投资下降。2009 年,斯里兰卡结束长达 26 年的国内武装冲突,进入和平发展时期,安全形势明显好转,政府采取了一系列积极应对措施,经济保持较快增长。2016 年以来,斯里兰卡政府推出国企私有化改革、公积金和职业信托基金改革,同时为了更好地吸引外资,积极研究探讨外汇管理法等金融政策改革。但整体改革步伐较为缓慢,对经济的推动作用成效尚不明显。2020 年,受新冠肺炎疫情影响,斯里兰卡经济陷入衰退期,据斯里兰卡中央银行统计,2020 年,斯里兰卡国内生产总值总额为 807 亿美元,同比下降 3.6%,人均国内生产总值为 3682 美元,位居世界第 95 位。

2. 经济结构

经过多年发展,斯里兰卡的经济结构发生了根本性变化,已经从单一种植园出口型经济转变为农工并重的外向型出口经济,产品朝着多样化的方向发展。从 1995 年起,制造业在国内生产总值中所占的比重就已经超过了农业。据斯里兰卡中央银行统计,2020 年,斯里兰卡农业、工业和服务业占 GDP 比重分别约为 7%、25.5% 和 58.7%。建筑业、采矿采石业、食品制造业和纺织服装业是斯里兰卡工业的四大支柱产业。服务业已发展为国民经济的主导产业,并已成为斯里兰卡经济增长的主要驱动力。旅游业、通信业异军突起,发展势头迅猛,增势强劲。

3. 经济基础设施

政府加大对基础设施投入,涵盖电力能源、航空航运、交通运输、水利水务、通信等领域,投资环境得到显著改善。斯里兰卡对全国高速公路网络进行道路升级改造,地方道路运输能力大大提升;能源结构进一步完善;通过扩建科伦坡港、新建汉班托塔港,其在国际航运界的竞争力进一步增强。

(1) 公路

2019 年全国有公路约 11.7 万千米,其中 A 级和 B 级公路达到 1.22 万千米,C 级和 D 级路(相当于省道)总里程达到 1.65 万千米,E 级路(农村道路)及其他级路总里程达到 8.87 万千米。全国公路密度达到 1.6 千米每平方千米,在南亚国家中排名靠前。

(2) 铁路

斯里兰卡全国铁路总里程为 1607 千米,干线以科伦坡为中心,连接各大城市。境内均为普通铁路，时速较慢，无高铁设施。2020年，铁路客运里程为39亿千米，较2019年减少46.6%；货运里程约1.14亿千米，较2019年减少1.1%。

(3) 空运

斯里兰卡主要有两大国际机场。班达拉奈克国际机场（也称科伦坡国际机场）是斯里兰卡第一国际机场。拉贾帕克萨国际机场（也称马特拉国际机场）是斯里兰卡第二国际机场，2013年3月投入使用。2016年，中斯两国签署谅解备忘录，将双方运力额度增至每周各70班，完全开放昆明与斯里兰卡之间的直达航空运输市场。受新冠肺炎疫情影响，2020年斯里兰卡两个国际机场共起降定期客运航班19442架次，同比减少68%；起降临时客运航班1300架次，同比增长31%。共运输出港旅客123.19万人次，同比减少75%；运输进港旅客114.09万人次，同比减少77%。

新冠肺炎疫情之前，中国国际航空公司执行成都至科伦坡直达航班，中国东方航空公司执行上海、昆明至科伦坡直达航班，中国南方航空公司执行广州至科伦坡航班，旅客可以搭乘中国民航班机，通过成都、上海、昆明、广州等口岸转机到达科伦坡；同时，斯里兰卡航空公司执行北京、上海、广州和昆明至科伦坡直达航班；旅客也可通过曼谷吉隆坡等地转机来科伦坡。新冠肺炎疫情之后，在双方政府防疫要求下，截至2021年3月31日，中斯间航班执行情况为：中国东方航空公司每周五执行科伦坡到上海的直达航班，每周二执行科伦坡到昆明的直达航班；斯里兰卡航空公司每周三执行科伦坡到广州的直达航班，每周五执行科伦坡到上海的直达航班。

(4) 水运

斯里兰卡是印度洋岛国，超过2/3的工业设施和超过80%的旅游设施位于沿海地区。斯里兰卡紧邻亚欧国际主航线，在货物转运、船舶中转和补给等方面具有独特优势。2020年，斯里兰卡靠泊船只共计4337船次，其中科伦坡港3806船次，高尔港22船次，亭可马里135船次，汉班托塔374船次。2020年，科伦坡港在全球集装箱港口排名中名列第24位。其中，招商局集团投资的科伦坡港南集装箱码头项目已成为科伦坡港最大的集装箱码头。2020年，南集装箱码头共停靠船舶超过1300艘，吞吐量超过290万标箱，占科伦坡港的42%。

(5) 通信

近几年来，斯里兰卡的电信业也得到了一定的发展，设备不断升级换代。2020年，虽受新冠肺炎疫情影响，电信行业仍保持8%左右增长。随着视频业务和无线移动业务的发展，通信业将继续增长。

(6) 电力

斯里兰卡电力主要依赖火力发电，2020年，斯里兰卡总发电量为15714吉瓦时。其中，锡兰电力局所属电厂发电量占全国总发电量的70.9%，其余均从独立发电商购买。经过多年努力，斯里兰卡成为南亚唯一告别电荒的国家。

4. 贸易与投资

(1) 对外贸易

对外贸易在斯里兰卡经济中占有重要地位，但斯里兰卡长期处于逆差地位，究其原因主要有：①早期的殖民经济造成的路径依赖；②经济结构单一，工业基础薄弱，出口后劲不足；③资源相对贫乏，不能满足发展工业所需的原料；④国内种族冲突导致政府对国外军火的大量需求以及国际石油价格上涨引起的外汇支出增加；⑤人口增长过快，粮食、药品、化肥等基本生活和生产资料不能自给自足；⑥国内实施大规模的经济发展计划而增加了进口需求等。经过长期的努力，贸易逆差的局面至今尚未发生根本变化。

斯里兰卡在对外贸易政策方面执行的是贸易自由化政策，除政府控制石油进口外，其他商品均可自由进出口。斯里兰卡政府采取各种措施促进外贸发展，鼓励发展出口型产业，增强出口产品竞争力，打造具有本国特色的出口导向型经济，以保证国民经济的可持续发展。2020年，斯里兰卡进出口贸易总额为261.02亿美元，同比下降18.1%。其中，出口100.47亿美元，同比下降15.9%；进口160.55亿美元，同比下降19.5%。因限制非必要商品进口、国际供应链受阻和国际原油价格下跌等因素，贸易逆差大幅收缩，由2019年的79.97亿美元降至60.08亿美元，创2010年以来最低纪录。斯里兰卡出口的主要商品有纺织服装、茶叶、橡胶、椰子和石油等。2020年，中国超越印度成为斯里兰卡的第一大贸易伙伴，美国为第三大贸易伙伴。2020年，斯里兰卡与中国、印度、美国贸易额共105亿美元，约占对外贸易总额40%，但较2019年的126亿美元减少了21亿美元。受新冠肺炎疫情影响，与其他主要贸易伙伴双边贸易额亦有所下降。2020年，欧美国家仍为斯里兰卡主要出口目的地。斯里兰卡对美国出口最多，占出口总额的24.9%，其次为英国、印度、德国和意大利。2020年，亚洲国家仍然是斯里兰卡的主要进口来源地。中国连续第二年成为斯里兰卡第一大进口来源国，自中国进口占其进口总额的22.0%；其次为印度、阿联酋、新加坡和马来西亚。经过多年发展，斯里兰卡出口贸易结构发生根本性变化，已由过去的农产品为主转变为以工业品为主。

斯里兰卡与中国之间的贸易长期以来稳步发展，双边贸易保持快速增长势头，但贸易不平衡问题严重，斯里兰卡长期处于逆差地位。2020年，中斯双边贸易总额为41.6亿美元，同比下降7.3%，其中中国对斯里兰卡出口38.4亿美元，同比下降6.1%，中国自斯里兰卡进口3.2亿美元，同比下降20%。

（2）外商直接投资

斯里兰卡自20世纪70年代中期实行对外开放的经济政策以来，一直采取鼓励外国投资的政策，制定自由市场政策，加强基础设施，积极营造有利于投资和经济增长的政策环境。斯里兰卡积极引进外资和技术，大力发展出口加工业，先后建立了12个出口加工区和工业园区，全国已建立4个自由贸易区。随着国内安全局势的改善及外资申请程序的进一步简化、投资政策和法律法规透明度的进一步提高，斯里兰卡的外国投资明显增长，据联合国贸发会议发布的《2021年世界投资报告》显示，2020年，斯里兰卡吸收外资流量为4.3亿美元，截至2020年年底，斯里兰卡吸收外资存量为127.78亿美元。排名前六位的外资来源地分别为印度、意大利、新加坡、马来西亚、荷兰和英国（并列第五）。截至2020年年底，斯里兰卡吸收外资存量为138.32亿美元，对斯里兰卡投资存量前五位的国家是中国、印度、荷兰、新加坡、马来西亚，金额分别为21.88亿美元、18.1亿美元、15.56亿美元、14.24亿美元、10.95亿美元。

2020年，中国对斯里兰卡直接投资流量约9817万美元；截至2020年年底，中国对斯里兰卡投资存量5.23亿美元。近年来，中资企业对斯里兰卡投资取得跨越式发展，有多个大型投资项目签约。主要项目包括招商局集团投资的汉班托塔港、科伦坡港南集装箱码头；中国交通建设集团有限公司投资的科伦坡港口城；中航国际（香港）集团公司投资的科伦坡三区公寓等项目。中国民营企业赴斯里兰卡投资发展也十分迅速，涉及酒店、旅游、农产品加工、渔业、家具制造、纺织、饲料、生物质发电、自行车和仓储物流等多个领域。

国外援助在斯里兰卡经济生活中作用突出，几乎所有大型项目均依靠外援兴建。过去几十年中，对斯里兰卡提供援助的多边合作伙伴主要包括世界银行国际发展协会、国际农业发展基金、联合国开发计划署、石油输出国组织国际发展基金、欧洲投资银行、亚洲开发银行等，双边合作伙伴主要包中国、日本、印度、法国、德国、荷兰、丹麦、美国、澳大利亚、韩国、瑞典等。援助形式包括官方无偿援助、无息贷款、长期低息贷款、混合贷款等。

5. 金融与货币

斯里兰卡货币的基本单位是卢比。斯里兰卡自2017年1月1日起，开始公布人民币直接兑换斯里兰卡卢比的汇率。

斯里兰卡金融体系主要由中央银行、商业银行、保险公司和证券市场等构成。斯里兰卡两家最大的国营银行是锡兰银行和人民银行，国营银行在存款和贷款方面大约占56%的市场份额，银行集中度较高。

在金融业对外开放方面，斯里兰卡政府取消了对外国银行开办分支机构的限制，放宽对外资的限制，将商业银行中外国资产净值的限额提高至60%，允许外国独资银行不受限制地经营分支机构，外资在保险公司的最高限额提高至90%，允许外国投资信托和股票经纪等。

18.5 社会环境

1. 人民生活

2020年，斯里兰卡人均GDP为3682美元，位居世界第95位。政府长期以来实行大米补贴、免费教育和全民免费医疗等福利措施，医疗卫生支出总数占GDP比重为1.6%（2019）；平均每万人拥有医生约8.95人、护理和助产人员17.2人、牙医1人、阿育吠陀医师约11.9人（2020）；平均每万人拥有医院床位3.5张（2020）。2020年，斯里兰卡人均寿命为77岁。斯里兰卡获得改善水源的人口占比为79%；2021年，劳动参与率男性为68%，女性为31%。

2. 教育

长期以来，国家在教育方面居于主导地位，斯里兰卡政府实行强制教育和免费教育，公立学校居大多数。免费教育不仅免学费，政府还免费提供课本、午餐和校服。2019年，居民识字率为92.5%，是南亚识字率最高的国家。截至2020年年底，斯里兰卡有大学 15 所，在校学生 10.63 万人；中小学 1.11 万所，在校学生 424.04 万人，教师 26.48 万人。

斯里兰卡的主要大学有佩拉德尼亚大学和科伦坡大学。除了政府办的学校，各个宗教在宣扬宗教思想的同时，也积极参与教育事业。其中，佛教教育占有重要地位，佛教机构办的佛教学校称为佛学院，斯里兰卡全国的佛学院有 300 所左右，佛学院还附设中学。基督教会在办学方面也很积极，仅罗马天主教教会就开办了几百所教育机构，从幼儿园到中学应有尽有。穆斯林也有自己的学校。

3. 新闻出版与传媒

斯里兰卡全国有报刊 200 余种，主要有：《每日新闻》，是斯里兰卡最大的英文日报；《每日太阳报》，是最大的僧伽罗文日报。斯里兰卡有 4 个报业系统，分别为锡兰联合报业公司、乌帕里集团报业公司、维贾亚报业公司、快快报业公司。

拓展视频 18-7

斯里兰卡没有国家通讯社，只有 1978 年由几家报业公司联合创办的半官方新闻机构——兰卡通讯社。负责全国广播的是斯里兰卡广播公司及其在全国各地设立的 11 座转播台。1982 年，斯里兰卡国家电视台开播，它是斯里兰卡最大的电视台，每天用英语、僧伽罗语、泰米尔语 3 种语言播出。

18.6 文化环境

1. 民族

斯里兰卡是多民族国家，主要民族有僧伽罗族、泰米尔族、摩尔族等。斯里兰卡的土著民族是现在已为数不多的维达人。2019 年，其中僧伽罗族约占 74.9%，属印度雅利安人种；泰米尔族约占 15.4%，与印度次大陆的泰米尔人同属达罗毗荼人种；摩尔族约占 9.2%，其他民族约占 0.5%。

斯里兰卡民族划分的一个显著特点是民族与宗教和语言的同一性，即除信仰天主教的人外，基本上都是信仰同一宗教的人讲同一种语言。

2. 宗教

斯里兰卡是个多宗教的国家，居民大多信奉佛教、印度教、伊斯兰教、天主教和基督教。宗教无论在历史上还是在现实生活中，都对斯里兰卡的政治、经济、社会发展和文化艺术教育等方面都有着重要影响，已成为维系民族团结和统一的纽带。

斯里兰卡佛教信徒大约占其居民人口的 70.2%。殖民统治时期，佛教遭受沉重打击，失去了教育和文化上的统治地位，但仍然是僧伽罗人民族精神的象征，在凝聚民族力量反抗殖民统治方面起到了巨大作用。1948 年，斯里兰卡国家的独立带来了佛教的复兴，时至今日，斯里兰卡佛教不仅在国内活跃，在国际佛教界的影响也很大。

印度教在斯里兰卡是仅次于佛教的第二大宗教，绝大多数斯里兰卡泰米尔人都信仰印度教。至今，斯里兰卡约有 12.6% 的居民信奉印度教。

伊斯兰教是斯里兰卡第三大宗教，约有9.7%的居民信奉伊斯兰教。在斯里兰卡人民争取独立的斗争中，穆斯林也发挥了巨大作用。

天主教和基督教伴随着西方殖民者的大举入侵而逐渐发展起来，并成为殖民主义者对当地居民思想统治的工具，斯里兰卡独立后，信奉天主教和基督教的人口比例逐渐降低，约有7.4%的居民信奉天主教和基督教，一般都是僧伽罗人和泰米尔人的知识阶层和上层人士以及欧亚混血儿。

3. 语言与传统

僧伽罗语、泰米尔语同为斯里兰卡官方语言和全国语言，商务活动中通用英语。各个民族长期以来构成各自的内向型封闭民族群体，基本上不混居、不交往，各自都有自己的村庄，或分别居住在一个村庄的不同部分。在城市里，他们也都有各自专门的街区，每个民族都信奉自己的宗教，供奉自己的神灵，使用各自的语言，按照自己祖先的传统方式生活。

4. 社会生活习俗

（1）服饰

僧伽罗人的传统服装是纱笼，男人和女人都穿纱笼。男人的纱笼是白色的，而女人的纱笼是各色各样的，有时色彩很鲜艳。欧洲人来到斯里兰卡以后，僧伽罗男人开始穿中间带纽扣的白色竖领长上装。沿海地区的僧伽罗人经常穿衬衫，有时穿西服。泰米尔女人穿纱丽。摩尔人与僧伽罗人和泰米尔人的服饰差别不大，女人也穿纱丽，男人下身也穿纱笼，上身是西式衬衫，衣襟散露在外面；不同的是，摩尔人戴帽子、穿鞋，女人们一般都有很多首饰。

进入宗教场所时，斯里兰卡人都要穿戴整齐，赤身、露体进入寺庙的现象是没有的。不仅如此，进入这些场所必须脱鞋、摘帽子，以示虔诚。斯里兰卡禁止无上衣日光浴。

（2）饮食

斯里兰卡人以食用大米为主。在不产稻谷的地方，人们主要食用龙爪稷、玉米、木薯等。椰子是斯里兰卡人饮食中必不可少的，椰子肉的脂肪含量很高，是斯里兰卡人脂肪的重要来源；椰汁是一种重要调料，几乎所有菜肴都需用这种调料。僧伽罗人对椰子的消耗量相当大，在各种食品中仅次于大米。

食辣是僧伽罗人饮食的一大特色，人们从很小的时候就开始吃辣，红辣椒每餐必用，此外还要加上大量的调料，如肉桂、咖喱粉、小豆蔻、丁香、柠檬、番红花等，吃起来口味很重。

在斯里兰卡吃饭的时候，一般是用手抓。用右手的3个手指搅拌均匀，捏成小团放入口中。就餐时，要为每个人准备一碗清水和一杯凉开水，清水是用来洗手的，凉开水是在吃饭时饮用的。如果不想喝这杯水，可以用手轻轻碰一下杯子，表示婉拒。

喝红茶是斯里兰卡人的一大嗜好，茶里要放些糖，有时还加牛奶。斯里兰卡人还有嚼槟榔的习惯，僧伽罗人喜爱甜食，尤其是喜庆的日子都要制作甜食。

（3）礼仪

斯里兰卡人在传统上没有握手的习惯，与人相见或告别的时候，双手合十，即双手在胸前合拢，微微弯腰颔首，表示敬意。女人行合十礼时，腰弯得要比男人更低一些。

僧伽罗人左右手分工明确，吃饭一定要用右手；与人握手，必须伸出右手，如果伸出了左手，则是不礼貌的，会被看成对别人的侮辱；向别人赠送礼品、递交东西时，或者用双手，或者用右手，绝对不能只用左手；用右手递东西时，要用左手轻轻托住右手小臂。在斯里兰卡宾客临门，主人要送上一叠蒟酱叶和几片槟榔，有时还要为客人戴上花环，表示尊敬。

僧伽罗人是虔诚的佛教信徒，对僧侣十分尊敬，这一点在他们的日常生活中也充分表现出来。在比较正式的场合，要让和尚先行，不能与和尚抢路；在公共汽车上设有和尚专座，举行重要集会或庆典，要请和尚出席，并为其设专座。

(4) 婚姻

僧伽罗人在传统上实行种姓内婚，即只能和本种姓的人结婚，如果违反种姓内婚就要受到严厉惩罚，甚至被逐出种姓，成为被遗弃的人。随着社会的不断进步和人们思想的逐渐开化，种姓观念已经有所淡化，种姓已不是人们决定婚姻关系时唯一看重的条件，但无疑仍然起着很大作用。知识阶层对不同种姓之间的婚姻比较宽容。

5. 主要节日

斯里兰卡是世界上节假日最多的国家，实行5天工作制，每星期六和星期日休息。此外还有公共节日4个，宗教节日21个，职工可休假14天，可请事假7天，病假21天，这样斯里兰卡人每年的非工作日在150天以上。除国庆日等节假日外，佛教、印度教、伊斯兰教和基督教都有各自的节日，基本上每个月的月圆日都是节日。但由于许多宗教节日都是按佛历计算，因此，每年的具体节日日期都不完全一致。斯里兰卡主要的宗教节日有卫塞节、普桑节、康提佛牙节等。

18.7 商业环境

1. 贸易政策法规

(1) 贸易主管部门

斯里兰卡有多个贸易促进和管理部门，主管对外贸易的主要有出口发展局、商务司、进出口管理局、海关、标准局、出口信用保险公司、茶叶局、工业发展局、农产品出口局等。

(2) 贸易法规体系

斯里兰卡是关贸总协定创始成员国之一，也是世贸组织创始成员国之一。斯里兰卡贸易管理和法律体系大致与世贸组织的货物贸易、服务贸易和知识产权一致。斯里兰卡主要进出口法律有：《进出口管制法》《进出口商保护法》；法规有1969进出口管理一号法令、1979斯里兰卡出口发展法案40号、海关条例（1946年43号法案、1974年35号修订案）。斯里兰卡现为WTO、联合国贸发会议、国际咖啡协会、国际天然橡胶协会和天然橡胶生产国协会的成员，此外，还参加了一些区域性的贸易互惠组织，如曼谷协定等。

(3) 关税制度

斯里兰卡海关根据海关法对进出境货物征收关税。除了征收关税，还要缴纳12.5%的货物和服务税和4.5%的国防税。2002年8月1日后，斯里兰卡政府以上两种税合并为增值税。在自由贸易协定下，当产品增值达到35%时，一国向另一国出口时享受关税优惠待遇。根据不同的商品和产业政策，关税削减幅度达25%、50%和100%等。

(4) 进出口管理限制

货物进出口商必须在海关登记注册，否则不允许进出口。斯里兰卡控制出口品包括珊瑚、贝壳、木材、木制品（不包括木玩具）、象牙、50年以上的古玩。某些情况下海关允许货物不交关税暂时入关，如参展样品。

2. 投资政策与法规

(1) 投资主管部门

斯里兰卡投资局是斯里兰卡政府主管外国投资的部门，主要职责是核查、审批外国投资，促进和推动外国企业或者政府在斯里兰卡的投资。

为了方便外商投资，加快项目审批进程，投资局为投资者提供"一条龙"服务，在投资的各个环节提供咨询和帮助，审批程序采用流水线方式，以简化手续，增加政策的透明度。投资局主要提供以下服务：为投资者提供信息和指导；向投资者介绍合适的斯里兰卡合作伙伴；帮助选择项目厂址；帮助筹建项目，对工厂厂房建设及水、电、通信设施的配置提供参考意见；通过投资局的有关机构，为在出口加工区内的投资者办理进出口清关手续和签证；为投资者提供雇工方面的建议和帮助；等等。

通过加强国际合作和简化企业设立程序，斯里兰卡解除了大量的贸易限制，成为东南亚、南亚投资约束较少的国家之一。一般情况下，在斯里兰卡设立企业程序比较简便，只需向投资局提出申请，获得批准后，即可到注册局办理注册登记手续。

(2) 投资相关法律与政策

《斯里兰卡宪法》规定私人和外国投资不容侵犯，其157条规定：①保护外国投资不被国有化；②必要时可对外国投资实施国有化，但将给予及时和足额的赔偿；③确保投资和利润的自由汇出；④可通过《国际投资纠纷解决公约》处理争端。斯里兰卡外商投资法律主要有《斯里兰卡投资局法案》（1978年第4号）及其修订条款和细则等。其他涉及投资事务的法律有《1987年证券交易法》（2003年最新修订）、《1995年收购兼并法》（2003年最新修订）。其中，《斯里兰卡投资管理局法案》是监管外国投资的主要法律。2016年，投资局给予外国投资者的优惠政策仍沿用Section16和Section17法案。

(3) 投资优惠政策

自20世纪90年代起，斯里兰卡政府在投资政策方面做了一系列调整，鼓励发展私营经济，对国有企业实行私有化，对外国投资实行更优惠的政策，降低卢比利率，放松外汇管制，降低和减免部分产品的关税，为投资者创造一个更好的投资环境。斯里兰卡为了吸引外商、振兴经济，制定了多项促进外商投资政策：几乎允许外资进入国民经济的所有领域，且对外资的份额不设限；外商投资获取的收益，可以不受法律限制汇出和汇入；外商投资权益享有斯里兰卡宪法保护；对外商投资提供减税，甚至免税，在关税和税收政策方面，依据投资的规模、产品出口比例、创造就业人数以及投资领域，斯里兰卡政府给予外资企业（包括独资和合资）程度不等的关税和税收优惠；对投资金额达到一定限度需特别审批的战略性投资项目，可提供更为优惠政策；在土地优惠政策方面，外国投资者可以购买或租借土地兴建企业，外国投资者可享有国民待遇。斯里兰卡与包括中国在内的27个国家签署了《双边投资保护协定》，与包括中国在内的38个国家签订了《避免双重征税协定》。

根据世界银行营商环境便利度排名（2020），斯里兰卡在全球190个国家和地区中排名第99位，在南亚及周边区域中位列前茅。斯里兰卡也是多边投资担保机构的初始会员，多边投资担保机构是世界银行的一个投资担保机构，这为外商在斯里兰卡可能遇到的征用、没收，以及非商业风险提供了保护。

（4）投资领域

禁止外资进入的领域：典当业、投资低于500万美元的零售业、近海渔业等。

鼓励外资进入的重点领域和产业有旅游业、娱乐业、公路、桥梁、电力、供排水等基础设施建设，信息技术产业，农业和畜牧业，进口替代产业和出口导向型产业，等等。

（5）投资方式

斯里兰卡政府没有任何限制，鼓励外国企业或自然人在其境内设立代表处、分公司、子公司、有限责任公司等。鼓励外资企业参与当地的基础设施建设，参与除部分限制领域外的任何产业投资。

3. 商务活动

中资企业到斯里兰卡开展贸易与投资活动，要深入进行可行性研究，充分了解当地的地方性法律、法规和国情，谨慎选择合作伙伴，签订合同务求严谨，妥善处理好劳资关系，可根据斯里兰卡投资局招商引资的政策要求申请税费减免等优惠。企业要充分重视跨文化管理与科学管理方法的应用，提高国际化经营能力，主动适应当地的商务环境。企业要了解当地的风土人情，充分尊重当地民风习俗和宗教信仰；加强与当地企业的合作，做好风险防范；加强文化沟通，识别文化差异，通过员工属地化和尊重当地风俗习惯的方式更好地融入当地社会。

本 章 小 结

斯里兰卡地理位置优越，自然资源、人力资源较为丰富，吸引外资的优惠政策较多，为开展经济合作奠定了良好的基础，但多年来内战对经济的破坏、自然灾害、国库空虚、财政赤字巨大、债务严重等因素给斯里兰卡的经济发展带来重重困难。尽管如此，由于政府积极推行自由竞争和对外开放的经济政策，加之得到国际社会慷慨捐款资助，因此斯里兰卡经济继续保持着良好发展势头并创造出有利于投资和经济增长的营商政策环境，使斯里兰卡成为亚太地区最具吸引力的投资地之一。在斯里兰卡开展商务活动时，必须注意尊重当地居民的风俗习惯。此外，随着斯里兰卡内战的结束，国内经济开始走上和平发展的道路，政府工作的重心将转向经济发展，经济前景较好。

思 考 题

1. 如何理解僧伽罗人与泰米尔人的文化差异?
2. 斯里兰卡在促进外商直接投资方面采取了哪些积极措施?
3. 在斯里兰卡投资、经商面临着哪些机遇和挑战?

第 19 章

尼 泊 尔

拓展视频 19-1

尼泊尔全称尼泊尔联邦民主共和国。

19.1 简　　史

　　尼泊尔是一个有着悠久历史和古老文化的国家，早在公元前 6 世纪就创立了王朝，并产生了影响世界的佛教。约在公元 250 年，北印度的李查维在尼泊尔取得统治地位，建立李查维王朝，尼泊尔有记录的历史从此开始。13 世纪初，马拉王朝兴起，大力推行印度教。1768 年，沙阿王朝崛起并统一全国。

　　18 世纪末，英国殖民者以印度为基地开始向北进犯尼泊尔，并于 1816 年 3 月 4 日迫使尼泊尔与其签订了萨高利条约，在尼泊尔享有种种特权，最终使尼泊尔沦为英国的附庸国。1846 年，拉纳家族依靠英国支持夺取军政大权，并获世袭首相地位，实际统治了尼泊尔，使国王成为傀儡。1923 年，英国承认尼泊尔独立，并与尼泊尔签订了《永久和平条约》。

　　1950 年，尼泊尔人民掀起了声势浩大的反对拉纳家族专政的群众运动和武装斗争，国王特里布文和王储马亨德拉在印度的支持下，通过谈判恢复王权，1951 年 2 月 18 日，特里布文国王颁布临时宪法，宣布实行君主立宪制，结束拉纳家族 105 年的世袭统治，权力重新回到沙阿家族。1959 年，沙阿王朝举行了尼泊尔历史上第一次大选，大会党取胜，组建内阁。1960 年 12 月，沙阿国王（马亨德拉国王）宣布取缔政党，实行无党派评议会制，宪法规定"尼泊尔是印度教君主制国家""尼泊尔的主权属于国王"。1962 年，国王建立一党制，即评议会制度，并沿用了 28 年。

　　1990 年，尼泊尔爆发大规模"人民运动"，一党制被推翻，沙阿王朝比兰德拉国王宣布实行多党议会制，并通过颁布新宪法，明确规定尼泊尔是一个"君主立宪制王国""主权属于人民"，尼泊尔进入多党争权时代。1996 年，尼泊尔共产党激进派宣布退出议会，成立尼泊尔共产党（毛主义中心），开展"人民战争"。2001 年 6 月 1 日，尼泊尔发生震惊世界的"王室惨案"，国王比兰德拉惨遭杀害，其胞弟贾南德拉继位。2006 年 4 月，尼泊尔七党联盟与尼泊尔共产党（毛主义中心）联手领导了尼泊尔历史上第二次人民运动，贾南德拉国王被迫交出部分权力。2008 年 5 月 28 日，尼泊尔制宪会议通过决议，正式废除君主制，成为联邦民主共和国，至此，延续了 240 年的尼泊尔沙阿王朝宣告终结。2015 年

9月20日，尼泊尔新宪法正式颁布。2018年2月15日，根据新宪法选举产生的联邦政府正式成立，省和地方政府此前已经按照宪法规定选举产生，尼泊尔正式建立起三级政府组成的联邦政体。尼泊尔是经联合国确定的最不发达国家之一。

19.2 自然环境

1. 位置与面积

尼泊尔位于喜马拉雅山南麓，以喜马拉雅山王国著称，是一个山地内陆国，北部与中国接壤，东、南、西三面与印度相连，边境线全长2400千米，国土面积147516平方千米。

2. 地形、地貌、气候与降水

尼泊尔地形北高南低，从北面海拔8000米的世界屋脊经过中部高山、丘陵地带，到南部海拔200米的平原，在200千米的距离内形成了自北向南高差不等的四大阶梯状地貌，即喜马拉雅高山区、山地河谷区、低山丘陵区和平原区。

尼泊尔海拔5200米以上的地区终年积雪，其喜马拉雅山区意为"雪之家"。全世界海拔在8000米以上的10座高山中，有8座位于尼泊尔境内。世界最高峰珠穆朗玛峰就位于尼泊尔与中国两国边境最高点。在这些高山之间的峡谷中，在冰雪融化形成的河流冲击下形成的天然山口，就成为中国和尼泊尔人民往来的通道。在中尼边境，这种山口有20多个。

山地河谷区一般海拔为1500~3000米，这一区域的特点是山峦重叠、岭谷交错、河流纵横、森林密布。在山地河谷区有许多山间盆地，其中著名的有加德满都谷地和博卡拉谷地。

低山丘陵区是山区到平原的过渡区，一般海拔为300~1500米，在缓缓的坡地上森林密布，栖息着各种野生动物，尼泊尔著名的野生动物园就在这一地区。

低山丘陵以南地区是一片绿洲，在尼泊尔称"特莱"，是平原的意思，这里是尼泊尔的粮仓，全国60%以上的耕地都集中在这里，由于河流纵横、地势平坦、交通方便，"特莱"成为尼泊尔工业和农产品加工的基地和经济中心。

尼泊尔的气候和降雨量主要受其地势和来自印度洋的季风影响，气温随地势的变化而变化。尼泊尔从北向南气候大致依次分为高寒气候、寒冷气候、温带气候和亚热带气候。尼泊尔全国降雨量为1500~3500毫米，季风雨占全年降水的75%以上。尼泊尔北部冷季最低气温为-41℃，南部夏季最高气温为45℃。尼泊尔年平均降雨量：南部约2300毫米，中部约1500毫米，北部仅有500~600毫米。全年90%的降雨量集中在雨季。

3. 资源禀赋

尼泊尔有多种的矿物资源、动植物资源和水能资源。矿物资源：尼泊尔的主要矿产资源有铜、铁、铝、锌、磷、钴、石英、硫磺、褐煤、云母、大理石、石灰石、菱镁矿等，探明储量不大，均只得到少量开采。动植物资源：尼泊尔由于地势高低不同，气候差异大，形成了热带、亚热带、温带、寒带等多样性的植被，具有丰富的动植物资源。水能资源：尼泊尔水电蕴藏量达8300万千瓦，约占世界水电蕴藏量2.3%，其中4300万千瓦可用于发展水力发电，但开发率较低。

4. 人口及行政区划

2020年，尼泊尔总人口约2950万人，约63%的人口生活在城市和城镇。自1768年加德满都成为尼泊尔首都以来，一直是全国政治、经济、文化的中心和交通枢纽，也是主要产粮区之一，人口约500万人，是全国人口最多的地区，主要居民为尼瓦尔人。南部特莱平原地区人口密集，北部山区人口数量稀少。

尼泊尔行政体制由联邦、省和地方政府三级构成。联邦政府设在加德满都，全国划分为7个省，省下设市、县、乡级政府。全国共计设立753个地方政府，包括6个大都市、11个次级大都市、276个县、460个乡。

19.3　政治环境

1. 政治体制

尼泊尔总统为礼仪性国家元首和军队统帅，总理由议会大多数党领袖担任，联邦议会实行两院制，由联邦院和众议院组成。总理拥有行政权，总统、副总统、总理由制宪会议选举产生。制宪会议为最高立法机构，主要职责是制定新宪法。

2. 政府

2008年4月10日，尼泊尔举行了议会选举，尼泊尔共产党（毛主义中心）在选举中获胜，与其他政党组成执政联盟。尼泊尔共产党（毛主义中心）领导人普拉昌达当选为尼泊尔共和国时代的首任总理。

2016年7月，尼泊尔共产党（毛主义中心）退出联合执政政府，并在议会提出弹劾总理奥利的不信任案迫使其下台。2021年，德乌帕就任尼泊尔总理。

3. 政治党派

尼泊尔有70多个党派，主要有尼泊尔大会党、尼泊尔共产党（联合马列）和尼泊尔共产党（毛主义中心）。

4. 司法体制

尼泊尔司法体制由国家审判机关（法院）、国家法律监督机关（检察院）、行使司法职能的行政机关，以及社会团体构成，设首席法官和总检察长各一名，新宪法规定尼泊尔法院分为三级：最高法院、高级法院和地方法院。

5. 外交关系

尼泊尔政府在外交上遵守联合国宪章的原则和宗旨，奉行平等、互利、相互尊重和不结盟的政策。尼泊尔政府在和平共处五项原则基础上同世界各国发展友好关系，积极拓展外交空间,努力发展同西方国家的关系,争取西方的经济援助和投资。截至2019年年底,尼泊尔已同167个国家建交。

尼泊尔高度重视发展同中国、印度两大邻国友好关系,重视加强同美国、英国等西方国家关系,争取经济援助和外商投资;积极加强与南亚国家间的合作,是南亚自由贸易区和孟加拉湾多层次经济技术合作机制成员,在促进南亚区域合作联盟发展方面发挥了巨大作用。尼泊尔也是世贸组织成员和上海合作组织对话伙伴国。

1955年尼泊尔与中国建交以来,两国人民之间的传统友谊和友好合作关系不断发展,高层往来不断,建立了世代友好的睦邻伙伴关系。2015年,中国"一带一路"倡议提出后,尼泊尔给予了积极的支持与肯定。2017年5月,中尼签署"一带一路"合作谅解备忘录。2019年4月24日—5月2日,尼泊尔总统班达里对中国进行国事访问,并出席第二届"一带一路"国际合作高峰论坛和2019年北京世界园艺博览会开幕式。2019年10月12—13日,中国国家主席习近平对尼泊尔进行国事访问,见证签署了涉及国计民生各领域的20份合作文件,为中尼世代友好开辟了新的光明前景。

19.4 经济环境

1. 经济计划与发展状况

尼泊尔是一个山地内陆农业国,经济发展受地理和资源以及其他诸多因素的制约,至今仍较落后,属世界最不发达的47个国家之一。尼泊尔为了发展经济和实现国家经济的现代化,一直采取国家直接干预和政府指导的经济政策,实行公私并举的混合经济体制。尼泊尔政府制定了为期三年或五年的连续性周期发展规划,计划委员会正在起草第十五个发展规划。

历年的经济发展规划及发展战略主要集中在:①农业发展战略,主要解决温饱问题,为工业发展提供原料和市场;②工业和贸易发展战略,实施进口替代政策和贸易多元化,增强经济的独立性,主要是摆脱对印度的经济贸易依赖;③满足人民基本需求的战略;④经济自由化战略。20世纪80年代末,尼泊尔政府进行积极的改革,引进市场机制,在国际机构的支持下,在90年代出台了以经济自由化为中心的改革计划,积极引进外资,实施"自由、开放和出口型经济的政策"。从1956年实行经济发展计划以来,经过50多年的努力,尼泊尔的经济结构发生了巨大变化,主要表现在产业结构变化、就业结构变化、分配结构变化等方面。

2. 经济结构

据世界银行数据,2020年尼泊尔GDP约为336.5亿美元,2019/2020财年,尼泊尔三大产业GDP贡献率分别为26.2%、13.4%、60.4%。尼泊尔农业人口占总人口约80%,主要种植大米、甘蔗、茶叶和烟草等农作物。尼泊尔工业基础薄弱,规模较小,机械化水平低,发展缓慢,主要有制糖、纺织、皮革制鞋、食品加工、香烟和火柴、黄麻加工、砖瓦生产和塑料制品等。旅游业是尼泊尔经济发展的重点产业。由于尼泊尔独特的地形地貌和丰富的旅游资源，每年都有大量的外国游客前来旅游，2019年，接待外国游客共计119万人次。

3. 经济基础设施

尼泊尔的经济基础设施主要由公路、航空、铁路、索道、无轨电车和通信设施组成，交通运输以公路和航空为主。尼泊尔公路基本上四通八达，实现了县县通公路，尼泊尔各等级公路里程共计31393千米，其中，沥青路14102千米，砂石路7881千米，土路9410千米。

尼泊尔共有56个机场，包括1个首都国际机场、3个地区中心机场和52个小规模机场。尼泊尔国内主要城镇有班机通航。29家国际航空公司开通了到尼泊尔的航线。2018年6月21日，中国交通运输部与尼泊尔基础设施和交通部在北京共同签署了《中华人民共和国交通运输部与尼泊尔基础设施和交通部关于开展铁路项目合作的谅解备忘录》。中尼两国政府还发布《中华人民共和国和尼泊尔联合声明》，双方同意加快落实两国政府《关于在"一带一路"倡议下开展合作的谅解备忘录》，加强包括铁路在内的互联互通，打造跨喜马拉雅立体互联互通网络。

尼泊尔基本建成了完整的邮电和电信体系，邮电局遍布全国主要地区，全国41个城市开通了特快专递邮件业务，与世界上23个国家有邮件业务联系。尼泊尔电信业经过多年发展，建成了能覆盖全国主要城市的电信网络系统。同时，尼泊尔与印度接壤的6个边境口岸均有通信光缆连通。2018年1月12日，中国电信集团公司与尼泊尔电信公司在尼泊尔首都加德满都举行两国跨境光缆开通仪式，标志着尼泊尔正式通过中国的线路接入互联网。截至2020年年底，尼泊尔共有各类电话用户约4000万户，其中，移动电话用户3756万户。

4. 贸易、投资、金融与外汇

（1）贸易

20世纪90年代以前，尼泊尔政府基本上执行的是贸易保护主义政策，限制进口以保护民族工业发展。1992年，尼泊尔政府推行经济自由化政策，对外贸政策进行了调整，鼓励私人和外国投资者发展出口型企业，给予政策性优惠。2003年，尼泊尔以最不发达国家身份加入WTO，并与南亚各国签订了《双边自由贸易协定》。

据世界银行数据显示，尼泊尔2019/20财年对外贸易总额为12945亿卢比，同比下降14.6%。尼泊尔进出口贸易长期发展不平衡，贸易赤字大。尼泊尔贸易逆差达13214亿卢比。出口产品竞争力不足。2020年，尼泊尔贸易逆差达10991亿卢比，进口占国内生产总值的百分比为29.65%，出口占国内生产总值的百分比2.75%。尼泊尔主要贸易伙伴有印度、美国、中国、欧盟等。尼泊尔主要进口商品是钢铁及其制品、石油制品、车辆及配件、谷物、药品、机械及配件、电子电气设备、药品、电讯设备及配件、黄金、化肥等，主要出口商品是羊毛地毯、豆蔻、纱线、羊绒制品、钢铁制品、成衣、茶叶、麻布箱包及袋子等。

在对外经济贸易关系方面，由于地理原因，尼泊尔与印度的经贸关系十分密切。长期以来，印度对尼泊尔提供大量的援助，尤其是在基础设施建设方面。尼泊尔与印度之间有23个边境贸易出入点，印度给予尼泊尔产品免税进入印度的优惠待遇。20世纪60年代以前，尼泊尔的贸易几乎都是与印度进行的。20世纪90年代，推行经济自由化后，尼—印贸易只占尼泊尔贸易的40%左右。2018/2019财年尼、印贸易额占尼泊尔对外贸易总额的64.7%，印度是尼泊尔最大的进口来源地和最大的出口目的地。受交通条件所限，尼泊尔进出口商品运输主要通过印度加尔各答港进行。

随着中尼贸易发展迅速，尼泊尔已成为中国通往南亚市场的重要通道。2013年，中国对尼泊尔正式实施95%零关税优惠政策，涵盖7831个税目商品。2014年，两国签署中国对尼泊尔97%税目产品输华零关税待遇的换文，涵盖8030个税目商品。2016年，中尼签署《中尼政府间过境货物运输协定》，并宣布启动中尼自由贸易协定联合可行性研究。

2020年，中尼双边贸易额11.8亿美元，相比2019年降低了21.9%。其中中方出口额11.7亿美元，同比下降21.2%；中方进口额0.2亿美元，同比下降51.5%。中国是尼泊尔第二大贸易伙伴。中国向尼泊尔出口的主要商品有通信设备、机械及配件、电子电气设备、成衣、化肥、电视及配件等；中国从尼泊尔进口的主要商品有手工艺品（金属、羊毛和其他类）、羊毛地毯、成衣、羊绒披肩、香薰产品、茶叶等。

（2）投资

在投资方面，尼泊尔经济发展对国外援助和贷款的依赖性较大。尼泊尔制定了一些吸引外资的优惠政策，绝大部分行业对外开放。据尼泊尔工业局统计，2018/2019财年，尼泊尔吸收外资流量为557亿卢比，尼泊尔吸收外资存量为2937亿卢比。联合国贸发会议发布的《2020年世界投资报告》显示，2019年，尼泊尔吸收外资流量为1.85亿美元（估计值）；截至2019年年底，尼泊尔吸收外资存量为18.92亿美元（估计值）。中国对尼泊尔直接投资存量5.39亿美元，流量2.07亿美元。

从投资领域来看，制造业、能源业、服务业既是外国投资的主要领域，也是尼泊尔政府积极鼓励引进外商直接投资的主要领域。尼泊尔对外投资的国别主要是印度、巴基斯坦和孟加拉国等，投资金额很小。据尼财政部统计，2018/2019财年尼泊尔政府共接受外部援助17.93亿美元（含贷款），其中，国际社会官方发展援助15.78亿美元，国际非政府组织援助2.15亿美元，主要集中在医疗卫生、教育、民生及妇幼4个领域。

（3）金融与货币

尼泊尔金融业从20世纪90年代开始逐步结束了由国家银行和财政部双重控制的银行体系，并放松了外汇管制，允许私人开设银行。尼泊尔的银行体系由尼泊尔国家银行、尼泊尔商业银行、尼泊尔工业发展银行、农业发展银行和农村发展银行组成，尼泊尔国家银行是中央银行。1981年，尼泊尔还开办了国家证券交易中心（非金融机构），由尼泊尔国家银行和尼泊尔工业发展银行控制。1994年尼泊尔正式组建尼泊尔证券交易所，共有210家上市公司。中资银行尚未在尼泊尔开设办事机构或分行。

尼泊尔货币单位是尼泊尔卢比。

（4）外汇

尼泊尔实行外汇管制政策，大额用汇须经央行审批。外国游客可在一些货币兑换处将美元、欧元、人民币等进行小额兑换。外资企业开立外汇账户须取得尼泊尔中央银行的批准。尼泊尔政府规定，外国人携外汇入境超过5000美元的须申报，出境时携带超过5000美元或等值外币也须申报并提供来源证明。

19.5 社会环境

1. 人民生活

尼泊尔是世界上最贫困国家之一，收入分配极不平衡。2015年，联合国根据人均国民收入超过1242美元、人力资产指数66分以上、经济脆弱性指数低于32分的指标来评估尼泊尔，认为其已从最不发达国家毕业进入发展中国家，但尼泊尔为了享受最不发达国家的有关优惠措施和国际援助，申请放弃按照人力资产指数和经济脆弱性指数评估的毕业结果，要求重评。2021年，联合国建议尼泊尔从最不发达国家行列"毕业"。

2. 医疗卫生保健

尼泊尔的医疗保健及卫生体系主要由医院、保健中心、保健站等构成。全国有公立医院100余所，1100多个医疗站，2600多个村级医疗站，200多个初级保健中心，110余家私立医院。公立医院医生约2000人，注册护士为11000多名。平均每4000名尼泊尔人有1名医生。2016年，人均寿命为61.3岁。

3. 教育科研

尼泊尔的传统教育发端于古代，在寺院中一直有梵文教学传统，传授梵文和宗教经典。西式教育始于1850年拉纳家族的第一任首相访问英国回来后开设的一所英式学校，学校开设英语、梵语、印地语、历史、地理、逻辑学、算数等多门课程，后来学校还开设了孟加拉语、波斯语和汉语。

尼泊尔现行教育体制分为初等、中等和高等三级。此外，尼泊尔还有学前教育、校外教育、成人教育、职业教育、女童教育、远程教育和开放教育等多种形式的教育。尼泊尔实行12年义务教育，虽然公立学校免收学费和书本费，但辍学率较高。

1957年，尼泊尔皇家学院成立，紧接着又建立了尼泊尔皇家科学技术学院，统管科技规划和研究事业，该院是国家拨款的自治组织。1992年，尼泊尔政府成立了科学技术部，并制定了国家科技发展规划，但是由于科技人力资源缺乏，科学研究主要集中在发展替代能源、农业科技、传统手工艺改造、植物资源研究、环境保护研究、无线电通信研究、高原科技等领域。尼泊尔主要的科研机构有特里布文大学应用科技研究中心、尼泊尔农业研究委员会、皇家药品研究实验室、小型工业局、水利能源委员会、勘察局等。

4. 新闻出版和传媒

尼泊尔目前登记注册发行报刊约7521份。同时，在尼泊尔派驻记者的中方媒体有新华社、中新社、中国国际广播电台、文汇报。新华社在尼泊尔创办报纸《亚太日报》，中国国际广播电台在尼创办尼泊尔语杂志 *Hot Nepal*。

尼泊尔国家通信社成立于1962年4月，是尼泊尔唯一官方通讯社，由新闻和通讯部管理，以尼泊尔文和英文两种文字发稿，无国外分社和驻外记者，国际新闻主要采用法新社、美联社、路透社、共同社和新华社的消息。

尼泊尔电视台成立于1984年，登记注册的电视台共计34家，其中，政府运营电视台2家。

5. 文化基础设施

自20世纪50年代以来，尼泊尔逐步建立了一系列的文化基础设施，主要由尼泊尔皇家学院、尼泊尔文化公司、考古局、尼泊尔国家档案馆、博物馆，以及各类演出、展示、影剧院、艺术演艺团体和艺术学校等组成。

19.6 文化环境

1. 民族

尼泊尔是一个多民族国家，主要有尼瓦尔、古隆、拉伊、林布、达芒、马嘉尔、夏尔巴、塔鲁等130多个民族。

2. 宗教

尼泊尔主要有印度教、佛教、伊斯兰教和其他宗教。印度教在尼泊尔是主流宗教，信奉人口约占总人口的86.2%。

佛教在尼泊尔历史悠久，由公元前543年出生在尼泊尔境内蓝毗尼园的释迦牟尼创立，后来分化为大乘佛教和小乘佛教。佛教教徒约占尼泊尔总人口的7.8%。

伊斯兰教大约在12世纪传入尼泊尔，信奉人口大约占总人口3.8%。

3. 语言

尼泊尔有90多种语言，其中尼泊尔语为国语，英语也是尼泊尔重要的商业语言之一，上层社会通用英语。

4. 社会生活习俗

尼泊尔最常见的礼节是合十礼。在尼泊尔人的观念中，左手是不洁净的，收授物品时要用右手或双手。尼泊尔人在回答问题时，惯于用摇头表示同意。不要轻易抚摸小孩的头，因为尼泊尔人相信神住在人的头顶。到尼泊尔人家做客，进门先要脱鞋，在室内不要跨过他们的身体或脚，而应绕道或请他们让一让。在尼泊尔不要爬在神像上拍照或玩耍。

5. 重要节日

尼泊尔较为重要的传统节日主要有德赛节、十胜节、湿婆节、洒红节、赛马节等。每年5月29日为尼泊尔的共和国日。

19.7 商业环境

1. 贸易政策与法规

（1）贸易主管部门

尼泊尔贸易主管部门是工业、商业和供应部，负责制定有关贸易法律和政策、签订国际和双边经贸条约、出口促进、管理和监督对外贸易活动及负责尼泊尔与商业、贸易和过境运输有关国际机构的联络等。

（2）贸易法规

尼泊尔的贸易法律及政策主要包括《进出口管理法（1957）》和《贸易政策法（2015）》。《贸易政策法（2015）》主要措施包括：为贸易促进创造有利环境，从而提高国际竞争力；加大增值产品出口，缩小贸易逆差；提高贸易产品和服务竞争力，从而增加收入和就业；将国内贸易和国际贸易有机结合，相互补充和促进。

（3）进出口管理

尼泊尔政府1992年制定了部分禁止进出口的商品目录及部分限量出口的商品目录，并对限量出口的商品实行许可证管理。这部分商品主要包括本地原材料和进口的原材料，具体品种根据市场的供需情况，由政府不定期地在"政府公报"上公布。尼泊尔政府正在积极减少这部分商品的数量，以达到自由贸易的目标。除尼泊尔政府规定禁止和限量出口的商品及禁止进口的商品外，其余的商品允许所有尼泊尔商人自由经营。

（4）关税

为鼓励出口，尼泊尔政府规定除少数出口商品外，绝大多数商品只需交纳每申报单100卢比的服务费，免交关税；对生产环节的一切税赋，出口时予以退还；对进料加工复出口的产品，免除原材料进口环节一切税收。在进口环节，尼泊尔海关主要征收四种税费：基本关税（0~80%）、消费税（0~100%）、海关服务收费（500卢比每申报单）和增值税（13%）。

2. 投资政策与法规

（1）投资主管部门

主管国内投资和外国投资的政府部门是尼泊尔工业部的工业局，下设许可登记处、外国投资和技术转让处、法务处、工业财产处、计划监督处、技术环保处等。

（2）投资政策法规体系

自20世纪90年代初实行市场经济以来，尼泊尔政府颁布了《1992年外国投资和技术转让法》《工业企业法》《公司法》《投资委员会法案2011版》等法案，为吸引国外投资提供了依据。

（3）鼓励投资领域

尼泊尔政府允许外国企业在绝大部分工业领域进行投资，并可拥有100%的股份。投资形式可采用独资、合资、合作和技术转让。尼泊尔政府提出5个优先和鼓励发展的领域：水电领域、交通领域的基础设施建设、农基领域（如灌溉等民生项目、食品、草药加工）、旅游和矿业。同时减少不对外国投资开放的行业数量，开放新的领域。

（4）投资限制

2015年，尼泊尔内阁通过了更新的"限制清单"，列出不对外国投资开放的行业，包括武器和弹药行业、火药和炸药行业、与放射性材料有关行业、房地产行业等。

3. 知识产权保护

尼泊尔是世界知识产权组织的成员。尼泊尔关于知识产权保护的法律法规有两部：一是《专利、设计和商标法》(1965)，执法机构是尼泊尔工业部下属的工业局；二是《著作权法》（2002），执法机构是尼泊尔文化、旅游和民航部下属的著作权注册办公室。

4. 商务活动注意事项

由于尼泊尔政局不稳、经济落后、法制不健全，社会治安问题较多，罢工、游行和示威频频发生。尼泊尔行政体系效率低下，吸引外资的政策尚不完善，现有优惠政策也无法充分落实，外资企业和本地企业的待遇区别不大。因此，企业到尼泊尔开展商务活动，应认真进行市场调研，谨慎决策。贸易方面，企业应杜绝贸易欺诈行为，保障出口产品质量，避免陷入法律纠纷。

本 章 小 结

尼泊尔绚丽多彩的文化、丰富的自然资源、独特的地形地貌、优越的地理位置、日趋完善的交通基础设施和经济的稳步发展等条件为在尼泊尔开展商务活动提供了良好的基础。但尼泊尔政治局势不稳定、罢工频发、工业基础薄弱、行业门类不全、市场相对狭窄、投资配套能力不足、能源电力短缺、劳动力素质低下、一定程度的贸易保护主义政策、政府行政服务效率低下等问题使得在与尼泊尔开展商务活动面临一定的风险。企业到尼泊尔开展商务活动前一定要对尼泊尔的商务环境进行认真分析，科学地做出评估并谨慎决策。

思 考 题

1. 尼泊尔的基本国情及优势资源是什么？
2. 在尼泊尔开展商务活动面临的主要风险有哪些？

第 20 章

拓展视频
20-1

不 丹

不丹全称不丹王国，又称"雷龙之国"。

20.1 简 史

公元 7 世纪起，不丹曾为吐蕃王朝属地，进入 9 世纪，成为独立部落。17 世纪初，西藏噶举派高僧阿旺·纳姆加尔来到不丹，将当地几个小而独立的部落统一，建立了政教合一的神权统治。18 世纪后期起遭英国入侵。1907 年，建立君主世袭制的不丹王国。1910 年 1 月，不丹同英国签订《普那卡条约》，规定不丹对外关系接受英"指导"。1949 年 8 月不丹同印度签订《永久和平与友好条约》，规定不丹对外关系接受印"指导"。1961 年以来，不丹国王多次公开表示要保持自己国家的主权和独立。1971 年不丹加入联合国，1973 年成为不结盟运动成员，1985 年成为南亚区域合作联盟成员。1989 年为反对西方和印度文化对不丹的侵蚀，不丹推行了"振兴传统文化"运动。1998 年以来，不丹实行政治体制改革，到 2008 年结束了长期实施的君主制，改为议会民主制的君主立宪国家。

20.2 自然环境

1. 地理位置及面积

不丹是南亚次大陆北部一个"袖珍型"的喜马拉雅山内陆王国，其边界与中国西藏、印度的西孟加拉邦和阿萨姆邦接壤，面积约 3.8 万平方千米。

2. 地形、地貌、气候及河流水系

不丹山地占全国总面积的 95% 以上，素以山国著称。不丹北部大喜马拉雅高区的多数山峰海拔高度都在 6000 米以上，许多山峰终年积雪，人迹罕至，气候寒冷；中部为气候温和的喜马拉雅山河谷地区，面积约占不丹总面积的 1/2，是国家重要的经济文化中心；南部杜瓦尔丘陵平原地区湿热多雨，属亚热带气候，该区最低海拔为 150 米。

不丹主要有阿莫河、旺河、普纳昌河和玛纳斯河四大河流水系，全境河流密布，降水丰富，河水补给充足。

3. 资源禀赋

不丹全境森林覆盖率达到72%，为世界之首，有"绿色王国"之称。不丹境内野生动物多达165种以上，多系珍禽异兽，每平方千米就有植物3281种，已建成6个国家公园和9个生态保护区。

调查结果表明，不丹矿藏资源丰富，并极具经济价值，如石灰石、大理石、白云石、石膏、石墨、铜、锌、铅、煤等。

不丹水力资源丰富，水电蕴量约3万兆瓦，目前仅约1.5%得到开发利用。

4. 人口及行政区划

世界银行在2020年统计数据显示，不丹人口约77万人。2003年，不丹全国划分为4个行政区（相当于省）、20个宗（县）、205个格窝（区）、5000多个自然村。不丹首都为廷布，其主要城市还有普拉卡宗、帕罗宗。

20.3 政治环境

1. 政治体制

2008年3月24日，不丹举行了历史上第一次真正的民主选举，31.8万个不丹选民参加了投票。选举后的不丹将结束君主制，成为民主的君主立宪政体国家。不丹议会实行两院制，由国王、国家委员会（上院）、国民议会（下院）组成，拥有立法权。不丹现国王吉格梅·凯萨尔·纳姆耶尔·旺楚克仍然是政府和武装部队的最高元首，国民议会为不丹最高立法机构，由政府代表、地方代表和喇嘛代表组成，主要负责制定法律、审批政府高级职员的任命和对国家重大问题向国王或政府提出建议等。

2. 政府

根据不丹宪法，在国民议会选举中获多数议席的政党领导人将由国王任命担任首相，负责组阁。首相任期不得超过两届，各政府部门大臣人选通过首相推荐由国王任命。经三分之一以上议员同意，国民议会可对政府提出不信任动议，如动议获国民议会三分之二以上投票通过，则国王有权解散政府。2018年10月，不丹统一党在第三届国民议会选举中获胜并组建新政府，洛塔·策林担任首相。

3. 政党

不丹正式注册的政党有：不丹统一党、繁荣进步党、人民民主党等5个。各党治国理念虽有不同，但政治纲领没有太大的区别，都坚持老国王以"不丹模式"为基础的五年发展计划。

 背景知识

不丹模式

所谓"不丹模式",就是不丹在社会经济建设中注重、强调物质和精神的平衡发展,将环境保护和传统文化的保护置于经济发展之上,其衡量发展的标准是"国民幸福总值"。该概念于 1970 年经不丹前国王吉格梅·辛格·旺楚克提出,由四大支柱组成:社会经济均衡发展、保护自然环境、坚持传统文化和实行善治良政。吉格梅·辛格·旺楚克认为,"人生基本的问题是如何在物质生活和精神生活之间保持平衡",国家政策制定依据应考虑"在实现现代化的同时,不要失去精神生活、平和的心态和国民的幸福"。幸福不一定与国民的货币收入、物质财富的多寡成正比,不一定与 GDP 有关。在这种执政理念的指导下,人均 GDP 较低的不丹,人民却感觉生活很幸福。30 余年来,追求"国民幸福总值"最大化是不丹政府的奋斗目标,其结果是政通人和,国泰民安。

4. 司法体制

高等法院为最高司法机构,但国王拥有最高司法权力,包括受理最高上诉案件。高等法院包括首席法官在内共有 8 名法官,其中 2 名由国民议会选出,任期 5 年;其余由国王指派,任期由国王决定。各宗设有地方法院,由国王任命的宗长和地方法官负责处理地方诉讼案件。不丹法规,尤其是民法和刑法仍保留了佛教的传统戒律的实质精神。

5. 对外关系

不丹奉行不结盟政策,主张大小国家一律平等,在和平共处的基础上同所有国家发展友好合作关系;维护独立和主权、实现经济自力更生是不丹对外政策的两大目标。不丹是联合国及 75 个国际组织的成员国,已同印度等 54 个国家及欧盟建立外交关系。但不丹与联合国安理会五大常任理事国还没有建交。1998 年,不丹成为 WTO 的观察员,现申请成为正式成员。

不丹与印度关系特别密切。2007 年 2 月 8 日,不丹和印度签署经过修订的《不印友好条约》。根据新条约,印度对不丹的外交"指导"取消,而不丹不能损害印度的国家安全和利益。条约体现了印不关系的平等相待和经贸方面的互利合作,而不是如过去那样,只对印度单方面有利。

不丹虽与中国尚未建交,但两国关系友好。1998 年,中不签署了第一个边界和平协议,其后双方经过了 12 轮边界会谈,对两国共同的利益和合作交换了意见,对所取得的谈判成果表示满意。截至 2021 年 7 月,双方共举行了 24 轮边界会谈以及 10 次边界问题专家组会议,双方共同致力于边界问题的早日解决。

20.4 经济环境

1. 经济计划及发展状况

自 20 世纪 80 年代末开始推行"国民幸福计划",2013—2018 年,不丹第 11 个五

年计划，总投资约 29.46 亿美元，较上一个五年计划增长 45.8%，主要目标是实现社会经济自给自足、包容、绿色发展。2018—2020 年，GDP 增长率分别为 3.76%、5.76%、-10.08%。其中第三产业发展最快，其次分别为制造业、电力和建筑业。2018—2020 年，通货膨胀率分别为 2.72%、2.73%、5.63%。2002 年开始，制造业和服务业率先对外资开放，外资控股最高可达 70%。

2. 经济结构

随着现代部门的出现，不丹农业生产在 GDP 中所占的比重逐年下降，工业（包括能源、矿业和建筑）在 GDP 中所占的比重逐年上升，电力、旅游业和集邮成为不丹外汇收入的重要来源。2020 年，不丹农业约占 GDP 的 19.23%。第二、三产业近年来发展较快，2020 年分别占 GDP 的 34.41% 和 46.36%。水电资源丰富并向印度出口，水电及相关建筑业已成为拉动经济增长的主要因素。

3. 经济基础设施

经过近 50 年的建设，不丹发生了历史性的变化。截至 2020 年年底，全国公路总里程达 18264.1 千米，注册机动车辆 109663 辆。1983 年，不丹航空公司成立，拥有距首都 65 千米的帕罗国际机场，航线包括从帕罗至新德里、加尔各答、加德满都、达卡、曼谷和仰光，无国内航线；2020 年，载客量 6.21 万人次。近年，在印度的援助下不丹开始修建国内第二个国际机场——更勒普国际机场，并重新铺设了帕罗国际机场。

不丹邮政网络相当完善，全国所有行政区首府、人口稠密区和商业中心全都建立了现代电信通信业务，农村的电信覆盖面已达 80%，各大城市间均可进行电报业务往来。2020 年，不丹共有固定电话用户 22987 户，移动用户 745137 户。不丹电力供应充足，78% 的农村人口用上了自来水。

4. 贸易、金融与外援

（1）贸易

外贸在不丹国民经济中占有较大比重，但其对外贸易主要在南盟成员间进行。2019/2020 财年，不丹进口额 664.56 亿努，出口额为 207.32 亿努。不丹对印进、出口额分别占总进、出口额的 77.04% 和 77.12%。其他主要贸易伙伴有中国、韩国、泰国、新加坡、日本等。其中，不丹与孟加拉国之间签有优惠贸易协定。

不丹主要出口产品为电力、化学制品、木材、加工食品、矿产品等，主要进口产品为燃料、谷物、汽车、机械、金属、塑料等。

不丹同中国还没有建立正式的贸易关系，2020 年，双边贸易额 1366 万美元，同比增长 24.7%，其中自中国进口约 1363 万美元，同比增长 24.9%，向中国出口约 3 万美元，同比下降 30.7%。

（2）金融与货币

不丹政府的金融机构主要有皇家货币局（中央银行）和不丹银行。不丹非银行系统的金融机构有不丹皇家保险公司、不丹信托公司、政府雇员救济基金等。1996 年，不丹政府允许金融部门公开发行股票，并与亚洲开发银行和花旗银行签署协定，允许它们购买不丹国家银行不超过 40% 的股份。为加强投资重点，政府还考虑建立工业和农业银行。

1974年，不丹财政部正式发行官方货币努扎姆，简称努。

（3）外援

外援在不丹经济建设中起着极其重要的作用。自20世纪60年代以来，不丹通过科伦坡计划组织从发达国家获得各种机械、设备、车辆、家畜和种子等援助，也从国际组织和外国志愿者处接受各类经济和技术援助。2016/2017财年，不丹接受外援（净额）129.87亿努，较上一财年减少12.77%。其中，印度是最大援助方。此外，不丹还接受来自日本、丹麦、联合国开发计划署、奥地利、荷兰、瑞士、亚洲开发银行、世界银行等方面的援助。

20.5 社会环境

1. 基本情况

不丹没有战乱，社会安宁，生态环境良好，生活节奏缓慢悠适，传统习俗浓郁，人民安居乐业，国民对物质财富的享受远远低于精神上的追求。

2. 人民生活

虽然用"经济GDP"来衡量不丹，其发展水平不算高，2019年，在联合国发展署发表的全球人类发展报告中，不丹2018年排名第134位。但用"幸福GDP"来衡量，不丹无疑名列世界前茅。不丹在"全球快乐排行榜"中名列第八，仅次于人民生活以高福利、高收入、高税收、高消费为特征的瑞士及北欧诸国之后。

3. 社会保障

不丹国民得到政府有效的免费医疗卫生服务，享受基础医疗的人口超过90%，2/3的国民可进行定期体检，一旦国内医疗水平无法治愈公民的疾病，政府会送其去国外免费治疗。1998年，不丹在日内瓦建立世界首个健康信托基金，保证提供基础医疗用的疫苗和基本药物。从2004年年底起，不丹全国范围内禁烟。到2007年，全国基本医疗覆盖率增加到95%以上，90%以上的儿童接受了预防接种，婴儿死亡率降至60.5‰，农村食用自来水人口达到78%，环境卫生覆盖率达到88%；饮水供应和道路使用也都免费。2020年，不丹有各类医疗机构917家，其中医院58家，医生406名；婴儿死亡率为每千人40人。

4. 教育和科研

不丹实施儿童免费教育。自1961年起学校实行双语制，不丹语"宗卡"为必修课。不丹强调职业技术教育，以适应社会需要。2003年6月，不丹建立第一所大学不丹皇家大学。2012年7月，不丹第一所医科大学正式开学。2021年，不丹全国有各类学校1711所、教员12216名、在校学生250587名。但不丹的科学技术研究十分落后，国家的一些科研活动主要由政府各部门自行负责，研究领域仅局限于农业、畜牧业、林业、医疗卫生和部分社会历史研究方面。

5. 艺术舞蹈

不丹人擅长绘画、雕刻、铸造、建筑和手工纺织。能歌善舞是不丹人民的一大特点，其音乐和舞蹈往往结合在一起，旋律优美。不丹舞蹈主要有宗教面具舞、牦牛舞、化装舞、古代剑舞等。

6. 出版和展馆

《昆色尔》为不丹国家正式出版报纸，并在互联网上更新。2006 年，两份私人报纸《不丹时报》和《不丹观察家报》开始发行。不丹另有《德鲁克·洛塞尔》季刊，用宗卡、英语和尼泊尔语出版。全国只有不丹皇家政府一家出版社，国家图书馆和国家博物馆分别设在首都廷布和帕罗市。

7. 传媒

不丹政府设有不丹新闻与广播机构，负责全国广播、电视事务。1973 年，不丹成立广播公司，用不丹语、英语、尼泊尔语等语言广播。1999 年，不丹广播公司开通电视服务。

20.6 文化环境

1. 民族

不丹的主要民族是不丹族，占全国总人口的 50%，基本是中国西藏人血统和印蒙血统的后裔，以及土著人的后裔；其次是尼泊尔族，约占 35%；最后还有约占 15% 的是土著人和移居者。

2. 宗教和语言

不丹是个宗教王国，不丹族普遍信奉藏传佛教（噶举派），藏传佛教为国教；尼泊尔族居民信奉印度教。不丹语"宗卡"为国语，英语为官方语言，南部尼泊尔人则使用洛昌语（其前身是尼泊尔语）。

3. 生活习俗

不丹人尊奉宗法制，崇尚几代合住的大家庭。女子在家操持家务，从事农活；男子外出做工、经商、当兵。在不丹，东西部唯长子有继承权，中部唯长女有继承权。不丹的男子有出家当喇嘛的习俗。

1980 年，不丹颁布《婚姻法》，宣布实行一夫一妻制，废除一妻多夫和一夫多妻制，禁止童婚，允许离婚。

4. 服饰

不丹的男人穿称"果"的过膝长袍，腰佩短剑，头戴牦牛帽；女人通常穿一种从肩拖到踝关节的，称"克拉"的服装。不丹人喜欢佩戴珠宝饰物，戴戒指、手镯和耳环。

高级军官除穿军服外，一般穿红黄两色相间的长袍；僧人一般穿一种深紫红色长袍。

长袍的一角松松地搭在左肩上,裸露右臂。不丹除了高级僧人,现在大多数僧人仍打赤脚。在集会或宗教仪式等正式场合,不丹人往往穿一种皮底绣花布帮传统长鞋。

尼泊尔族人则习惯穿衬衫、裤子、纱丽、罩衫等。

5. 饮食习惯

不丹人的饮食主要以小麦、青稞炒面为主,多食牛、羊肉,也吃猪肉、奶酪,爱喝酥油茶和青稞酒。

不丹人热情好客,待人很有礼貌。在不丹,无论是富人还是穷人,主人总是非常热情地招待客人。不丹人喜食槟榔,待客先献茶,客人一般不应拒绝饮第二杯茶,以表示愿意做主人的朋友。

6. 礼节

在不丹第一次见面时,主人习惯向客人献哈达。欢迎宾客的普遍形式是主人面向客人,上半身向前弯曲,同时伸出双臂。

7. 节日

不丹的节日可分为传统节日、非宗教节日和宗教节日。不丹重要节日有国庆日、国王生日、加冕日等,此外,还有各种各样的宗教节日。每逢节日,不丹人通常都要举行祈祷仪式和进行宗教舞蹈、戏剧表演。

20.7 商业环境

为了进一步加大对工业的投入,不丹政府于2002年12月3日制定了允许外国在不丹直接投资的新工业政策。政策规定:不丹向外国直接投资开放一切经济领域,外国投资者在制造业和服务业方面可控股70%;在制造业的投资资金不得少于100万美元,主要包括矿产、农业产品加工、以家畜为基础的服务、电子和电力等行业;在服务业的投资资金不得少于50万美元,主要包括信息技术和旅游业,并鼓励外资参与基础设施建设。此外,不丹政府还鼓励发展私营工业企业,希望私企通过使用资金、技术和市场来推动国家工业的发展。

不丹在推动现代化的进程中,为保持独特的文化传统和自然环境优势,没有把"经济列车"的"油门"开到最大,而是采取了一种"限制性发展和渐进式开放"的发展模式。因此,不丹的市场开放有限,商务环境还不发达,投资准入限制较多。不丹以其最重要的创汇产业旅游业来看,其发展也是受到严格控制的。

不丹的国有林区伐木必须经过严格审批。不丹政府每年还从国外进口林木产品,以加强对国内森林资源的保护。不丹政府还规定每年6月2日为全国植树日,要求所有公民都参加植树,绿化祖国。1999年,不丹政府宣布该国为无塑料国家,人们用手工藏纸来包装东西。2004年,不丹全面禁止烟草的销售,成为世界上第一个全面禁烟的国家。

本章小结

不丹素有世界上"最后的香格里拉"的美誉,生态环境十分优良,社会安宁有序,政权稳固有加,经济处于稳步发展的阶段。不丹在保护第一、限制性发展的前提下,采取了渐进式开放、适度开发的"中间道路",努力在发展现代化和保护生态环境两者之间寻找"平衡点",试图将经济活动对环境破坏的程度降至最低程度。"限制性发展使不丹在保持经济增长的同时,有效地保护了生态环境,从而为可持续发展创造条件。而渐进式开放则使不丹在融入世界的同时,又坚持了自己独特的生活方式、浓重的民族风情、单一的传统文化"。

思 考 题

1. 不丹在经济社会现代化的建设进程中强调"国民幸福总值"的意义是什么?
2. 不丹为何不大幅度开放旅游市场,以"最后的香格里拉"的绝佳资源、美誉来换取丰厚的商业利润?

第 21 章

马尔代夫

拓展视频 21-1

马尔代夫全称马尔代夫共和国,中国史籍中把其称为"伏在水下的山脉(流沙)",或"溜山国""溜洋国"。

21.1 简　　史

公元 12 世纪,马尔代夫建立伊斯兰教苏丹国,全民信仰伊斯兰教。中国明代郑和曾两度率船队到过马尔代夫,其间,马尔代夫苏丹王优素福也数次遣使来中国。中国史籍记载和马尔代夫首都马累博物馆陈列的中国瓷器和钱币,反映了历史上双方的友好往来和贸易关系。

从 16 世纪起,马尔代夫先后遭受葡萄牙、荷兰殖民主义的入侵和统治,1887 年,沦为英国的保护国,1932 年,改行君主立宪制,1952 年,成为英联邦内的共和国,1954 年,又恢复君主立宪制,1965 年 7 月 26 日,宣布独立,1968 年 3 月,废除苏丹制,同年 11 月 11 日,建立马尔代夫共和国,实行总统制。

21.2 自 然 环 境

1. 位置与面积

马尔代夫位于印度洋上的马尔代夫群岛上,距离印度南部 600 千米和斯里兰卡西南部约 750 千米。该国南北长约 820 千米,东西宽约 130 千米,总面积 11.53 万平方千米(含领海面积),陆地面积约 298 平方千米。

2. 地形、地貌、气候与降水

马尔代夫是印度洋上的群岛国家。全国由 26 组自然环礁共计 1192 个珊瑚岛组成,分布在 9 万平方千米的海域内,其中 187 个岛屿上有人居住。马尔代夫地势低平,平均海拔 1.2 米。由于马尔代夫跨越赤道,年平均气温为 28℃左右,日夜温差不大。马尔代夫受印度洋季风影响,5—10 月气候较湿润,雨水较多,11—4 月气候较干燥,相对雨水较少,全年平均降水量约为2143毫米。

3. 人口及行政区划

截至2022年6月底，马尔代夫人口为55.7万人。马尔代夫全国分21个行政区，包括18个行政环礁、3个市。首都马累是全国政治、经济中心，也是贸易港口，首都地区居住人口超过20万人，占全国总人口二分之一左右。

4. 资源禀赋

马尔代夫拥有丰富的海洋资源，有各种热带鱼类及海龟、玳瑁和珊瑚、贝壳之类的海产品。形状各异的珊瑚岛成为马尔代夫全年均可观光旅游的地方。

21.3 政治环境

1. 政治体制

马尔代夫为总统制国家。马尔代夫现行宪法于2008年生效，宪法规定，马尔代夫是完全独立的主权国家，伊斯兰教为国教；立法、行政、司法权分别归属人民议会、总统和法院；人民议会为最高立法机构，任期5年，由48人组成，议会以简单多数通过法案；总统候选人由人民议会提名，全体选民过半数选举产生，任期5年，议员均有权利参加总统竞选。

现行宪法保护穆斯林，规定马尔代夫人在法律面前人人平等；不得违反伊斯兰教法和马尔代夫法律；年满21岁的马尔代夫公民有选举权；公民必须学习阿拉伯文和迪维希语，背诵古兰经。

2. 政府

在马尔代夫，总统为国家元首、政府首脑和武装部队统帅，拥有全部行政和指定副总统权力，有权批准法律、召开国民议会特别会议、颁布临时法令、实行大赦、任命部长。总统任期不得超过两届。内阁由副总统、部长和总检察长组成。内阁成员由总统任命，经议会批准。2018年11月，新任总统萨利赫在首都马累宣誓就职。

3. 司法机构

宪法规定司法权归属最高法院、高等法院和审判法庭。首席法官由总统任命，首都设有高等法院和其他专门法院。马尔代夫外岛还设有地方法院。

4. 主要党派

马尔代夫的政党主要有民主党、进步党、共和党。民主党成立于2003年，是马尔代夫第一个注册成功的政党，2019年4月，该党在马议会选举中大获全胜，成为马尔代夫史上首个在议会拥有绝对多数的党派，民主党是马尔代夫最大政党，截至2020年年底，拥有5万名党员。进步党成立于2011年，截至2018年年底，拥有3.8万名党员。共和党成立于2008年，该党虽然人数不多，但在马尔代夫政坛有一定影响力，在历次总统大选中都发挥了重要作用。

5. 对外关系

马尔代夫奉行独立、和平和不结盟的外交政策，同一切尊重马尔代夫独立和主权的国家友好，传统上重视发展和印度、斯里兰卡、日本以及阿拉伯国家的关系；积极参与不结盟运动和南亚区域合作联盟；支持建立国际经济新秩序；主张全面裁军，包括禁止核试验和彻底核裁军；维护世界和平，已同164个国家建交。马尔代夫既是英联邦成员，也是联合国、南亚区域合作联盟、世界银行、国际货币基金组织、亚洲开发银行、世界贸易组织等众多国际组织的成员。

马尔代夫是"小岛屿国家联盟"主要代表国，自2015年起担任联盟轮值主席国。马尔代夫特别提倡维护小国安全，强调气候变化事关小岛屿国家的生存权，极为关注全球气候变暖使海平面上升对马造成的威胁。马尔代夫签署《联合国气候变化框架公约》《气候变化和生物多样性公约》《京都议定书》等。

1972年10月14日马中建交后，双方关系稳步发展，政府领导人多次互访。中国一直向马提供无偿援助，援建了马外交部大楼、马国家博物馆等项目。2011年11月8日，中国正式在马尔代夫设立大使馆。2014年9月，国家主席习近平对马尔代夫进行国事访问，这是中马两国建交42年来中国国家主席首次访问马尔代夫，中马关系进入一个崭新的时代。双方达成一系列共识，一致同意构建中马面向未来的全面友好合作伙伴关系。2019年9月，外长沙希德对华进行正式访问。2020年4月，王毅国务委员兼外长应约同马尔代夫外长沙希德就新冠肺炎疫情和中马关系等通电话。

21.4 经济环境

1. 经济概况及发展战略

马尔代夫陆地资源匮乏，经济单一，技术落后，原材料和生活必需品严重依赖进口。20世纪90年代以来，马尔代夫实行经济改革和对外开放，提高进口、放宽私人企业的出口限制，允许更多外资进入，加快经济状况改善。尤其在旅游业的带动下，马尔代夫经济一直保持较快增长，年均7%以上，建筑、通信、交通、服装加工、手工艺等产业也有较大发展。为进一步促进经济社会发展，马尔代夫实行小规模开放型经济政策。马尔代夫坚持在保护环境的基础上，发挥自身资源优势，积极吸收国外资金与援助，加快经济发展。2013年，马尔代夫经济发展部发布《马尔代夫经济多元化发展战略》，提出到2025年各领域的发展目标，包括人均GDP达到1.25万美元，GDP年增长率不低于7%，总量达到50亿美元，失业率降低至10%，以及旅游、交通、卫生、教育、基础设施建设等各领域发展目标。

受新冠肺炎疫情的影响，2020年，马尔代夫GDP为37.58亿美元，实际增长率－33.2%，人均名义GDP 6611.3美元。

2. 经济结构

2020年，马尔代夫GDP中三大产业的比重分别为：第一产业4%、第二产业16%、第三产业80%。旅游业、渔业和船运业是马尔代夫的三大支柱产业。旅游业每年为马尔代夫带来超过6亿美元的收入,对GDP的贡献多年保持在25%~30%。受新冠肺炎疫情影响,2020年,赴马游客55.5万人次,同比下降67.4%;渔业是马尔代夫的传统经济产业和唯一的本国商品出口产业,也是马尔代夫重要的外汇收入来源之一。马尔代夫,农业十分落后,全国可耕地面积6900公顷,土地贫瘠。当地蔬菜和水果品种主要有空心菜、小白菜、黄瓜、西红柿、辣椒、茄子、丝瓜、冬瓜、南瓜、椰子、木瓜、西瓜、香蕉、木薯等,家禽养殖业数量极少,粮食及其他蔬菜、水果、肉类、蛋类、奶制品全部依赖进口。

3. 经济基础设施

马尔代夫对经济发挥作用的基础设施主要是海运、航空运输和电信业。

(1) 海运

海运业主要经营中国到波斯湾和红海地区及国内诸岛间的运输业务,马尔代夫国家船运有限公司拥有极其发达的船运网络,它是进口产品的唯一运送商,也是旅游产业的生命线。

(2) 公路

马尔代夫陆地面积非常有限,公路主要集中于首都马累及周边地区、南部阿杜环礁。中国在南部拉穆环礁援建的岛屿连接公路,是马尔代夫全国最长的公路,约15千米。中马友谊大桥开通后,首都马累将与机场岛和葫芦马累地区实现公路联通。

(3) 空运

马尔代夫民航事业较落后,有4个国际机场和6个国内机场,当地有4家航空公司。随着旅游业的快速发展,马尔代夫民航业取得较大发展,全球已有超过50家航空公司开通了多国至首都马累的客运或货运服务。

(4) 电信

马尔代夫十分重视电信业发展,进入21世纪以来电信业发展很快,主要居民岛和旅游岛均有网络覆盖,当地电信运营商主要有两家。

(5) 电力

马尔代夫现有电力基本为柴油发电,能源供应主要依靠进口,电力供应较为紧张。在世界银行、亚洲开发银行以及有关国家的资助下,马尔代夫政府正在积极发展太阳能等清洁能源。

4. 投资、贸易、金融和外汇

(1) 投资

马尔代夫外国投资较少,马尔代夫政府坚持在保护环境的基础上,通过发挥自身的资源优势,积极吸收国外资金与援助,加快经济发展。据马尔代夫国家货币局提供的信息显示,2019年,马尔代夫吸收外资流量为10.87亿美元;截至2019年年底,马尔代夫吸收外资存量为49亿美元,吸引的外资集中在旅游、基础设施、交通通信、海水淡化以及银行领域。马尔代夫政府鼓励外资进入的行业有旅游、基础设施、新能源、金融等领域。自1972年始,中国一直坚持向马尔代夫提供无偿援助。2019年,中国对马尔代夫直接投资流量694万美元;截至2019年年底,中国对马尔代夫直接投资存量约8247万美元。

(2) 对外贸易

马尔代夫国内市场狭小，资源贫乏和产业落后，对进口严重依赖，贸易规模有限。2019年，贸易总额为32.47亿美元，其中出口3.6亿美元，进口28.87亿美元，贸易逆差25.27亿美元。进出口贸易一直是马尔代夫国民经济的重要部门，主要出口商品为海产品和成衣，进口纺织品、石油产品、食品和生活用品。美国、泰国、斯里兰卡、新加坡、英国、日本是马尔代夫的主要贸易伙伴。

自2006年中国对马尔代夫部分产品实施零关税政策起，中国自马尔代夫进口贸易额剧增。2017年12月7日，中马在北京签署自由贸易协定，该协定于2018年8月起正式生效。马尔代夫成为继巴基斯坦之后第二个与中国达成自贸协定的南亚国家。根据协定，中马两国间95%以上的货物贸易产品将实现零关税，双方还就金融、医疗、旅游等服务部门做出市场开放承诺。2020年，中马双边贸易总额2.81亿美元，同比下降26.5%，其中中国出口2.75亿美元，同比下降21%，中国进口0.06亿美元，同比下降82.9%。

(3) 金融货币

近10年来，马尔代夫受自然灾害、全球金融危机，以及本国政局动荡等因素影响，经济增长放缓，经济波动较大。2019年，马尔代夫国家财政收入15.6亿美元、同比增长8.3%；支出19亿美元，同比增长9.6%，赤字为3.4亿美元；GDP占比为2.0%，同比下降7.6%。2019年马尔代夫外汇储备7.53亿美元，同比减少3%；外债12.3亿美元，占GDP的76%。

马尔代夫银行是唯一的国有银行，全国有20家分支机构，在全世界拥有250家合作银行。

马尔代夫货币名称为拉菲亚（又称卢菲亚），可以兑换美元和其他主要货币。

(4) 外汇

马尔代夫无外汇管制，任何数额的资金都可以无限制、无税赋地带入和带出马尔代夫。

21.5　社会环境

1. 人民生活

马尔代夫大部分居民以鱼、椰子和木薯为主食。马尔代夫医疗卫生较落后，全国有23家医院，176个卫生中心，最大的医院在马累，有94张床位。据世界卫生组织统计，2020年，马尔代夫全国经常性医疗卫生支出占GDP的13%，按照购买力平价计算，人均经常性医疗卫生支出2000美元左右；2020年，马尔代夫人均寿命79岁。

2. 教育

马尔代夫实行免费教育，现全国已消除文盲，是发展中国家中识字率最高的国家之一。截至2016年年底，马尔代夫全国高中以下学校共459所，其中公立学校213所，私立学校122所，各种社区、团体学校124所，在校学生约8.8万人。首都马累有38所学校，在校学生约 3 万人。马尔代夫国立大学是马尔代夫唯一的大学。马尔代夫各环礁设有一个教育中心，主要向成年人提供非正规文化教育。

3. 新闻出版

马尔代夫有三家日报，《今日》《新早报》《晚报》，均用迪维希语出版，其中三个版面是英文，介绍一些重大消息和经济信息。另外，还出版英文周刊《月光》。马尔代夫新闻和文化部用英文出版《马尔代夫新闻公报》周刊。"马尔代夫之声"电台建于 1962 年，用英文和迪维希语对全国广播。马尔代夫电视台于 1978 年 3 月建成启用，同年修建了卫星通信站，可通过卫星转播世界各地的节目。马尔代夫当地有线电视台有 CNN、BBC、中央电视台四套、凤凰卫视等世界主要媒体的电视节目转播。马尔代夫当地电视频道均使用迪维希语演播。马尔代夫网络媒体已成为当地民众了解时事新闻的重要渠道。

21.6 文化环境

1. 民族

马尔代夫民族比较单一，全部为马尔代夫族。现在的马尔代夫人是历史上从印度、阿拉伯国家以及非洲和其他地区迁移来的各种人种的混血后裔。

2. 宗教

马尔代夫以伊斯兰教为国教，岛上的居民均属于伊斯兰教的逊尼派，在日常的司法实践中深受《古兰经》和"伊斯兰教法"的影响。

3. 语言

迪维希语是马尔代夫的官方语言，是僧伽罗语、泰米尔语、波斯语和阿拉伯语等多种语言的变异语种，属于印欧语系。现在当地学校普遍使用了英语和当地语双语教学，官方和上层社会通用英语。

4. 家庭与社会生活

马尔代夫人一般按伊斯兰教社会的习俗和要求组织家庭，个人的社会行为规范必须符合伊斯兰教教义，同时强调社会平等。马尔代夫妇女在社会中地位较高，社会阶层的身份变化是可以变通的，一个人可以通过政治、财富和教育获得的学位和能力获得相应的社会地位及尊重。

5. 习俗

马尔代夫人不吃猪肉，不饮酒。传统上当地居民以鱼、椰子和木薯为主食，但随着经济发展，大米、面粉等进口食品已成为主食。尽管在各处景点可以购买和饮用酒水，但如果将酒精饮品或其他伊斯兰教忌讳的东西带入马尔代夫都是非法的，并且禁止在公开场合宣扬伊斯兰教以外的教义。

6. 节假日

马尔代夫的主要宗教节日：开斋节、斋戒日、圣诞节、宰牲节、穆斯林新年。马尔代夫的固定假日：新年、国庆节、独立日、战胜日、共和国日、渔民节。

21.7 商业环境

1. 贸易法规与政策

（1）贸易主管部门

经济发展部是马尔代夫的贸易主管部门，主要负责贸易政策的制定和实施。

（2）贸易法规

马尔代夫对外贸易的基本法是《进出口法规（法律编号 31/79）》。以此为核心，形成了由《可流通票据法规（法律编号 16/95）》《货物销售法规（法规编号 6/91）》和《消费者保护法（法律编号 1/96）》共同组成的对外贸易法律体系。

（3）进出口管理

马尔代夫对货物进口实行严格的许可证管理制度。对进出口商品实行分类管理，包括禁止进口的商品、限制进口的商品、需提供有关证明（许可）可进口的商品、禁止出口的商品。对进口商品实行较严格的检疫检验，重点是对动物进口要求卫生许可证和进口许可。

2. 投资法律法规

（1）主管部门

马尔代夫经济发展部负责审批旅游业以外所有领域的投资；旅游部负责审批旅游业的投资。

（2）投资法律法规

马尔代夫政府鼓励外商投资。根据1979年《马尔代夫外国投资法》规范外商投资行为。

（3）投资行业的规定

马尔代夫市场开放度较高，除个别行业外，原则上鼓励外国资金进入几乎所有领域。马尔代夫鼓励利用当地劳动力、当地无法生产、只能利用外国先进技术和资源的投资项目，包括财务顾问、保险业务、水上体育、商业潜水（海上救助）、国内航空服务、服装制造、水生产、水产加工、医疗服务等。

根据马尔代夫政府有关规定，渔业捕捞禁止外资进入，零售业须与当地人合资经营。

（4）税收

马尔代夫没有个人所得税、企业所得税和房地产税，外国投资者可以将全部利润抽调回国而不必纳税，他们还可以拥有对企业100%的所有权。

（5）土地

马尔代夫宪法规定不允许外国人在该国购地，但土地对外租赁期可达99年。该修正案新规定,外国人可通过投资超过 10 亿美元的购地项目永久拥有该国土地,但其中 70% 须是新生土地。

(6) 商务活动注意事项

马尔代夫整体市场规模小而分散,国家的经济实力有限,中资企业在与马尔代夫开展经贸合作时,一定要充分考虑马尔代夫政府的还债能力和由此带来的经济风险;马尔代夫为伊斯兰教国家,节假日多,到马尔代夫经商不仅要尊重当地宗教信仰和风俗习惯,还要考虑节假日因素,避免因此耽误工期。马尔代夫物资极度匮乏,在马尔代夫从事经贸活动几乎所有物资都需要进口,从而会大幅增加企业经营成本。

本 章 小 结

作为印度洋上的岛国,马尔代夫丰富的海洋资源及自然形成、各具特色的海岛美景成就了该国最大的产业——旅游业。然而投资旅游业并非马尔代夫唯一的"理想方向"。在马尔代夫 2025 年的远景规划中,提出要利用其区位优势,把其建成南亚区域性的自由贸易中心。随着全球气候变暖,马尔代夫正面临着棘手的"气候之忧"。马尔代夫法律体系相对健全,涉及海外投资、贸易、公司、宗教、土地、旅游、就业、环保等相关法律均已出台,但政府信息公开程度有限,赴马尔代夫开展商务活动需做深入调查和研究。

思 考 题

1. 马尔代夫值得关注的投资领域主要表现为哪些方面?
2. 全球气候变暖对马尔代夫造成什么影响?

第 22 章

南亚地区经济一体化及区域合作

22.1 一体化初期表现——南亚区域合作联盟建立

自 20 世纪 70 年代以来，随着世界科学技术的不断创新进步和国际经济合作及贸易的迅速扩大，世界经济步入了全球化和区域一体化的发展进程。在欧共体成功合作及东盟不断发展壮大的示范刺激作用下，渴求尽快摆脱贫困状况的南亚各国领导人开始意识到顺应世界潮流，开展区域合作，以加强国际经济竞争力，尽快缩小与发达国家之间经济差距的重要性。

1980 年 5 月，时任孟加拉国总统齐亚·拉赫曼率先提出开展南亚区域合作的倡议并迅速得到该地区各国首脑的积极响应。经过 5 年多的协商和准备，南亚七国首脑于 1985 年 12 月 6 日在孟加拉国首都达卡举行会议，一致通过了《南亚区域合作宣言》（以下简称"达卡宣言"）和《南亚区域合作联盟宪章》（以下简称"宪章"），宣布"南亚区域合作联盟"正式成立。2005 年，阿富汗加入南盟。南盟成员国有印度、巴基斯坦、孟加拉国、尼泊尔、不丹、斯里兰卡、马尔代夫和阿富汗 8 个国家。据世界银行统计，南盟总面积约 514 万平方千米，2019 年总人口约为 18.36 亿人，GDP 约为 3.6 万亿美元。中国、日本、美国、欧盟、韩国、澳大利亚、缅甸、伊朗和毛里求斯 9 个国家为南盟观察员国。

"宪章"声称，其目标是：①促进南亚各国人民的福利并改善其生活质量；②加速区域内的经济增长、社会进步和文化发展，并向每个人提供体面的生活和发挥他们全部潜力的机会；③促进和加强南亚国家间的集体自力更生；④为相互信赖、理解和正确评价彼此的问题做出贡献；⑤促进在经济、社会、文化、技术和科学领域的积极合作和相互支持；⑥加强与其他发展中国家的合作；⑦就共同关心的问题加强在国际讲坛上的合作；⑧与具有类似目标和目的的国际和区域组织进行合作。

"宪章"将南盟最高决策机构的首脑会议制度化，每年举行一次，必要时可随时召开，轮流在各成员国举行，并成立了部长理事会、常务委员会、技术委员会、秘书处、特别部长会议、经济合作委员会和区域中心等必要的机构，以保证有关决定得以贯彻实施。"宪章"规定运行和基本的管理工作原则如下。

① 各级决议应在协商一致的基础上做出。

② 不审议双边有争议的问题。

③ 联盟框架内的合作应给予尊重主权平等、领土完整、政治独立、不干涉别国内政和互利的原则。

④ 联盟框架内的合作不应取代双边和多边合作，而是它们的补充。

⑤ 合作不应与双边和多边义务相抵触。

南盟成立以来在多个方面取得进展，积累了宝贵经验，并在消除贫困、农业、旅游、交通、能源、通信、教育、卫生、环境、气象、文化、体育、妇女儿童等领域开展了广泛的合作。

但总体来看，作为南盟核心内容的经贸合作仍发展缓慢。在南盟成立后的10年间，南盟区内贸易占七国对外贸易总额的比重只从3%稍稍上升至3.7%。而在欧共体，这个比重高达60%，在东亚和太平洋地区为30%，拉丁美洲也达到20%。

22.2 一体化提速——建立自由贸易区

1990年，南盟提出了建立自由贸易区的设想，并于1995年5月第八次南盟成员国会议正式通过了原则上建立自由贸易区的《南盟特惠贸易安排协定》。

2002年1月6日，南亚七国领导人在尼泊尔加德满都首脑会议上宣布，"七国将在今年年底敲定南亚自由贸易协定稿本，将逐步取消关税与非关税壁垒，以便建立自由贸易区，并锐意扩大贸易和金融活动网络。七国还主张成立跨政府的贸易自由化组织，并让这个组织早日开始运作。"到2003年，南盟各成员国共降低了约3000种商品的关税，减让的幅度在10%～60%，主要是一些小商品，大宗的贸易商品还没有进入减税的目录。

2004年1月6日，在南盟第12届首脑会议上，七国领导人签署了《南亚自由贸易协定框架条约》。在25条框架条约规定中，涉及宗旨、基本原则、自由贸易计划、原产地规则、制度安排、磋商与争端解决程序、保障措施、其他共识等，为南亚区域自由贸易发展制定了宏伟蓝图。

2005年11月13日，在孟加拉国首都达卡举行的南盟第13届首脑会议上，七国领导人在经济合作领域达成三项协议：《避免双重征税协议》《海关协议》和《成立南盟仲裁委员会协议》，同时南盟各国还同意在本地区简化签证程序，以推动地区内人员的交往。分析认为，三项协议的签署，将成为实现南亚自由贸易区远景目标的重要步骤。

2006年1月1日，《南亚自由贸易协定框架条约》正式生效。

2007年4月，在新德里举行的第14届南亚区域合作联盟首脑会议上，南盟经济贸易区域合作取得了新的进展，印度承诺将向经济最不发达的南盟成员国开放市场，免除其产品的进口关税。南盟一体化进程取得了一些成绩，成员国内部联系得到加强，对外还加强了与欧盟等组织的联系，在扶贫、旅游、基础设施、交通等各方面展开了各种以项目为基础的广泛合作。

22.3 南亚次区域经济合作

1. "南亚增长四角"经济合作

1997年4月,印度、孟加拉、尼泊尔和不丹四国宣布成立次区域合作组织,定名为"南亚增长四角",旨在加强四国在经济领域中如自然资源的开发和利用、运输、通信、能源等一些特定项目上的互利合作,以推动本地区经济全面发展。

2. 环孟加拉湾"孟印缅斯泰经济合作组织"

1997年,印度、孟加拉国、斯里兰卡、缅甸、泰国五国成立合作组织,成为南亚和东南亚国家之间第一个环孟加拉湾地区的区域性经济合作组织。该组织成立宣言表示,将以平等和伙伴关系的精神,在贸易、投资和工业、科学技术、人力资源开发、旅游、渔业和农业、能源、基础设施和交通等方面开展合作,促进本地区的和平、进步与繁荣。

2004年7月,印度、孟加拉国、斯里兰卡、缅甸、泰国五国经济合作组织在曼谷召开会议,吸收尼泊尔和不丹两个国家入盟,使其进一步扩大为七国。

3. 恒河—湄公河合作计划

2000年11月,在印度的提议下,印度、柬埔寨、老挝、缅甸、泰国和越南五国成立了"恒河—湄公河流域合作组织",以加强印度与东盟成员国在交通、文化、教育和旅游等领域的合作。

2014年11月12日,印度总理莫迪在第12届"印度—东盟峰会"及"东亚峰会"上,进一步强调了关于在未来数年内推进东盟—印度经济关系的具体建议,包括建立专门的项目融资工具、兴建信息高速公路、邀请东盟成员国家参与兴建印度"新智慧城市"、进行科学技术与教育层面的合作、太阳能项目的研究,以及在传统医学、气候变化、环境与森林等议题上全面开展合作。

4. 双边自由贸易协定

在推动贯彻南盟自由贸易区计划的同时,南盟区内外的双边自由贸易协定也层出不穷。

① 印斯自由贸易协定。1998年12月28日,印度与斯里兰卡首次签订自由贸易协定,到20世纪90年代末,双方已有900项商品开始免税,至2002年协定生效后,又有1000项商品进入免税范围,其他除禁止贸易的商品外,均减税50%。印度是斯里兰卡的第二大贸易国。

② 印泰自由贸易协定。2004年8月30日,印度和泰国签订了双边贸易协定书,规定从2004年9月1日起,将两国双边贸易项下82项产品的进口关税降至当前税率的50%;2005年9月1日起降至当前税率的25%;从2006年9月1日起,82种商品的进口关税完全减免,到2010年完成印度与泰国自由贸易区建成。

③ 印度—东盟自由贸易协定。2009年8月13日,东盟与印度双方经济部长在泰国曼

谷签署了印度—东盟自由贸易协定,宣告了一个约 17 亿人口的庞大"自由贸易区"的诞生,协定于 2010 年 1 月生效。

④ 斯巴自由贸易协定。2002 年 8 月 1 日,斯里兰卡与巴基斯坦签署自由贸易协定,随着协定从 2005 年 6 月 12 日生效,将从深度和广度上扩大双方现有的贸易基础。巴基斯坦对斯里兰卡商品给予高达 30%的进口关税减免,而斯里兰卡国内市场也将获得更多巴基斯坦优质廉价的工业产品和日用百货商品。

⑤ 中巴自由贸易协定。2006 年 11 月 24 日,中国与巴基斯坦在巴基斯坦首都伊斯兰堡签署了《中华人民共和国政府和巴基斯坦伊斯兰共和国政府自由贸易协定》。中巴自由贸易协定的目标是:第一,加深缔约双方相互之间的友谊;第二,鼓励缔约双方间贸易的扩大和多样化;第三,取消缔约双方间货物贸易壁垒,并便利缔约双方间货物的跨境移动;第四,为缔约双方间的贸易提供公平的竞争条件;第五,建立进一步双边经济合作的机制以扩大和增强本协定的效益。2019 年 12 月 1 日,《中华人民共和国政府和巴基斯坦伊斯兰共和国政府关于修订〈自由贸易协定〉的议定书》(以下简称"议定书")正式生效。根据"议定书"规定,降税安排实施后,中巴两国间相互实施零关税产品的税目数比例将从此前的 35%逐步增加至 75%。此外,双方还将对占各自税目数比例 5%的其他产品实施 20%幅度的部分降税。《议定书》降税安排的实施,将进一步扩大两国间市场开放,使两国企业和消费者享受到更多优惠,推动中巴自贸区建设进入新阶段。

⑥ 中斯自由贸易协定。2013 年 8 月,中国与斯里兰卡启动了自贸区联合可行性研究。中斯自贸协定谈判启动于 2014 年 9 月 16 日,两国签署了《关于启动中国—斯里兰卡自由贸易协定谈判的谅解备忘录》。2017 年 1 月,中国—斯里兰卡自贸区第五轮谈判在斯里兰卡首都科伦坡举行。双方就货物贸易、服务贸易、投资、经济技术合作及货物贸易相关的原产地规则、海关程序和贸易便利化、技术性贸易壁垒和卫生与植物卫生措施、贸易救济等议题深入交换了意见,取得了积极进展。

⑦ 中马自由贸易协定。2017 年 12 月,中国与马尔代夫签署了《中华人民共和国政府和马尔代夫共和国政府自由贸易协定》。中马自贸协定是我国商签的第 16 个自贸协定,也是马尔代夫对外签署的首个双边自贸协定。在货物贸易领域,中马自贸协定实现了高水平关税减让,双方承诺的零关税产品税目数和贸易额比例均超过 95%。

5. 中国与南亚的合作

中国与南亚毗邻,南亚许多国家与中国边境相连、地理相通,与南亚国家发展友好关系,对中国贯彻执行睦邻周边友好政策、繁荣稳定边疆省份、深入推进西部大开发、确保中国能源安全通道畅通意义重大。自 2005 年中国成为南盟观察员以来,中国与南盟的双边合作关系不断深化,除不断创造条件扩大彼此间的贸易投资规模、与南亚条件成熟国家签署双边自由贸易协定外,一些新的合作形式也开始发生作用。

① 孟中印缅地区合作论坛。1999 年 8 月,第一次"孟中印缅地区经济合作与发展国际研讨会"在昆明召开,会议结束后形成的《昆明倡议》提出,要在和平共处五项原则的基础上强调平等互利、可持续发展、优势互补,采用国际标准来发展基础设施建设,以加强联系、促进最大可能的区域经济合作。2013 年,孟中印缅地区合作从地区层面提到了国家的层面。

2019年，第二届中国—南亚合作论坛提出进一步深化区域经贸合作，加快推进孟中印缅经济走廊建设，提高贸易投资便利化水平，优化营商环境，助力地区经济增长。孟中印缅地区合作论坛成立20年来，在凝聚亚洲共识、促进各方合作等方面取得了丰硕成果。党的二十大报告指出，中国坚持在和平共处五项原则基础上同各国发展友好合作，推动构建新型国际关系，深化拓展平等、开放、合作的全球伙伴关系，致力于扩大同各国利益的汇合点。未来10年，四方将应继续携手完善合作机制，不断优化互联互通政策性软环境，维护多边主义和自由贸易，进一步深化社会人文领域合作，推动区域文明交流互鉴，夯实民心相通基础，不断深化孟中印缅区域合作，推动孟中印缅经济走廊建设不断向前发展。

② 中国—南亚博览会。中国—南亚博览会成立于2013年，以"促进中国—南亚全面合作与发展"为宗旨，以"相互开放、务实合作、互利共赢、和谐发展"为主题，力争打造集商品贸易、服务贸易、投资合作、旅游合作和文化交流等为一体的高水平综合性展会，成为中国与南亚国家互利合作的重要桥梁，成为中国和南亚国家扩大与其他国家和地区经贸交流的重要平台。

③ 中国—南亚合作论坛。2018年6月，由中国商务部、外交部和云南省人民政府共同主办，以"加强南亚区域合作、推动地区包容性发展"为主题的首届中国—南亚合作论坛（简称"南亚论坛"）于14—15日在云南省玉溪市抚仙湖畔举行。这是云南省在南博会（中国—南亚博览会）、商洽会（南亚东南亚国家商品展暨投资贸易洽谈会）基础上搭建的交流合作新平台，也是中国首个面向南亚国家的政府间合作机制。南亚论坛的举办有助于坚定中国和南亚国家间推进开放合作、谋求互利共赢的信心，提高大家参与全球化、应对风险挑战的能力，促进各方发展经济、造福地区人民，打造中国和南亚各国全方位合作的新格局。

④ "一带一路"倡议推进的合作。自2013年中国国家主席习近平提出"丝绸之路经济带"和"21世纪海上丝绸之路"倡议以来，越来越得到南亚更多国家的理解与支持，许多围绕"一带一路"建设的重大项目计划在上述地区正加快推进。比如，中巴经济走廊计划，中斯汉班托塔港建设计划，中孟港口建设合作计划，中尼、中马基础设施建设合作计划，等等，都已取得令人瞩目的成绩或者已提上议事日程。随着"一带一路"倡议的深入，更多促进南盟一体化进程的项目和计划还会在南亚地区得到开展，这对扩大中国与南亚国家的经贸合作友好关系十分有利。

22.4 对南亚经济一体化的评述

进入20世纪90年代，受世界各大洲区域经济一体化浪潮的深入影响，南亚地区的经济一体化进程在历经多年缓慢曲折的发展后，进入了自由贸易区建设的快车道，翻开了南亚国家经贸合作新的一页。纵观南亚国家自20世纪90年代以来区内区外频频展开的各类经济合作，无不体现了对实现经济一体化的急盼与渴求，符合该地区广大人民的利益与希望。"全世界12亿贫困人口中有43%居住在南亚地区，该地区成为世界上贫困人口最多的地区之一。巴基斯坦有近三成的人口生活在贫困线以下，而印度生活在贫困线以下的人口也占总人口的1/4。通过自由贸易，应该能够增加就业，扩大生产，提高本地区居民的生活水平"。

鉴于南亚地区国家经济发展存在的客观差异和各式纷繁复杂矛盾的一时难以彻底解决，决定了南盟自由贸易区的建立和南亚地区经济一体化的进程道路并不平坦，任务依旧艰巨。原因在于以下几点。

① 南亚国家除印度经济门类较全外，大部分都是以农业为主的国家，而且这一地区的贫困人口面积较大，经济总量、人均GDP、贸易额都很低，贸易扩张的幅度较小。

② 南亚自由贸易协定对非关税限制措施基本没有涉及，这就给深化贸易合作带来问题，如果农业补贴、商品配额限制、服务贸易、金融货币、劳动力流动、知识产权、其他非关税措施等问题得不到解决，要达到自由贸易区的目标就很困难。

③ 印度和巴基斯坦都是南亚举足轻重的大国，分别占南盟经济实力的80%和11%。多年的教训表明，双方之间的紧张关系不仅迫使两国把有限的财力用于军事建设而非经济发展，阻碍了两国的贸易往来和外国投资，而且直接影响了南亚整个地区的经济合作。两国之间的冲突，以及政治互信关系不稳定，将始终是影响自由贸易区形成的重要因素。事实如此，第19届南盟峰会原定于2016年11月在巴基斯坦首都伊斯兰堡召开，但因巴基斯坦迟迟不愿就"反恐"议题承诺与南亚国家共同打击恐怖主义，印度愤而宣布不出席高峰会议。接着，与印度较为亲近的不丹、孟加拉国和阿富汗也紧随印度，宣布不参与。其后斯里兰卡、尼泊尔和马尔代夫也相继跟进。最终导致第十九届南盟峰会被无限期搁置，不能召开。

④ 长期以来，南盟成员国的贸易虽然主要与西方大国进行，其内部之间却没有太多的贸易交往。统计数据表明，南盟国家的总贸易额中只有5%是来源于成员国之间的相互贸易，贸易额每年只有3亿美元。如果南亚自由贸易区一再因各种矛盾而进展缓慢，就必然会降低区内国家的合作兴趣，而转向区外与其他国家进行双边经贸合作或签署双边自由贸易协定，从而形成贸易转向，降低本区域内的贸易和经济凝聚力。

⑤ 印度在南亚虽位居无可争议的强势地位，但按其经济实力看，还难以带动全地区发展。按印度设想，南亚区域合作应当以欧盟为参照模式，在不远的将来实现其希望的五大目标，即在南盟国家内部实现自由贸易、开放边界、统一货币、建立共同市场，并最终通过各国在经济上的共同发展达到在政治上建立更密切关系的目的。印度通过经济合作来密切政治关系的愿望能否获得其他南亚国家的赞同暂且不论，就以当前南盟8个成员国的经济发展水平看，其整体水平都还比较低下，均属于全球贫困国家，这样一种经济发展水平要在短期内达到印度心目中的欧盟榜样看来并不容易。

尽管困难重重，但是开展区域经济合作，建立自由贸易区，走经济一体化的道路毕竟代表了当代经济全球化和区域经济一体化的发展潮流，符合南亚地区的实际需要，是南亚地区国家和人民的共同选择。

由此可见，在全球化潮流的影响下，在其他区域合作组织一体化成功的示范下，已在区内外取得初步合作成效的南亚各国，在21世纪显然依旧会紧紧依靠南盟组织，求大同存小异，不因困难而气馁、不因挫折而放弃，一步步通过对《南亚自由贸易协定框架条约》的贯彻和执行，来加快自由贸易区的建设，"通过最有效地利用南亚国家的人力和物力资源，来加速各自国家的经济和社会发展进程，从而促进该地区各国人民的福利和繁荣，并改善他们的生活质量"，为最终实现地区经济一体化，实现《南亚区域合作联盟宪章》所设定目标的历史宏愿，做出不懈的努力。

本 章 小 结

南盟作为南亚地区最重要的合作平台,其作用逐步被释放。作为世界上资源和劳动力都非常丰富的地区之一,南盟在能源、经贸等领域有着广阔的发展前景,区域合作也有着巨大的开发潜力。南盟各国经济的快速发展以及南盟与外部联系的日益增强,使南盟越来越受到世人的瞩目。随着中国与南盟各国关系发展取得显著成就,体现为政治关系大幅提升、务实合作成果喜人、人文交流更加活跃及双方在诸多国际和地区问题上的共同利益显著增多,在应对国际金融危机、气候变化等重大问题上保持了良好的沟通与协调。

思 考 题

1. 简述南亚地区经济一体化的主要内容及其阶段性发展表现。
2. 简述中国参与南亚地区的区域合作形式。
3. 简述南亚国家各类区内外的区域合作对其一体化进程的支持与促进。
4. "一带一路"倡议对中国参与南亚经济合作带来的影响有哪些?

参 考 文 献

宫占奎，孟夏，刘晨阳，等，2003. 中国与东盟经济一体化：模式比较与政策选择 [M]. 北京：中国对外经济贸易出版社.

韩越，2016. 印度贸易保护主义研究 [M]. 北京：经济科学出版社.

刘稚，2004. 走进柬埔寨 [M]. 昆明：云南美术出版社.

陆水林，2004. 巴基斯坦 [M]. 重庆：重庆出版社.

吕星，2008. GMS 研究：2008 [M]. 昆明：云南大学出版社.

马树洪，方芸，2004. 老挝 [M]. 北京：社会科学文献出版社.

马燕冰，黄莺，2007. 菲律宾 [M]. 北京：社会科学文献出版社.

尚会鹏，2001. 种姓与印度教社会 [M]. 北京：北京大学出版社.

孙士海，1998. 南亚的政治、国际关系及安全 [M]. 北京：中国社会科学出版社.

托巴兹，麦克格雷戈，2004. 商业制胜之泰国 [M]. 东方启达翻译中心，李清清，徐树祥，译. 北京：中国水利水电出版社.

汪慕恒，周明伟，2002. 东盟国家外资投资发展趋势与外资投资政策演变 [M]. 厦门：厦门大学出版社.

王成家，2002. 新版各国概况：非洲 [M]. 北京：世界知识出版社.

王士录，1994. 当代柬埔寨 [M]. 成都：四川人民出版社.

王受业，梁敏和，刘新生，2006. 印度尼西亚 [M]. 北京：社会科学文献出版社.

杨翠柏，谢代刚，等，2008. 南亚国家贸易与环境保护法律问题探讨 [M]. 成都：巴蜀书社.

杨眉，2006. 印度尼西亚共和国经济贸易法律指南 [M]. 北京：中国法制出版社.

尤努斯，2006. 穷人的银行家 [M]. 吴士宏，译. 北京：生活·读书·新知三联书店.

赵伯乐，2007. 南亚概论 [M]. 昆明：云南大学出版社.

朱在明，唐明超，宋旭如，2004. 不丹 [M]. 北京：社会科学文献出版社.

朱振明，1992. 当代泰国 [M]. 成都：四川人民出版社.

朱振明，1995. 当代马来西亚 [M]. 成都：四川人民出版社.

邹启宇，谢远章，等，1988. 泰国 [M]. 上海：上海辞书出版社.